吉田松陰

川口雅昭
Masaaki Kawaguchi

致知出版社

吉田松陰●目次

装　幀——川上成夫
編集協力——柏木孝之
写真提供——下田市観光協会
萩市観光協会

第一章

兵学者・吉田松陰の誕生

生誕地より萩城下を望む

杉家の教育

吉田松陰（幼名大次郎《だいじろう》、通称寅次郎《とらじろう》、本名矩方《のりかた》）は、文政《ぶんせい》十三年（一八三〇）八月四日、長州藩の下級武士（家禄二十六石）杉百合之助《すぎゆりのすけ》二十七歳、瀧《たき》二十三歳の次男として、長門《ながとの》国萩《くにはぎ》の東郊松本村《まつもとむら》（現山口県萩市椿東椎原《ちんとうしいばら》）に生まれた。松陰が生まれた時、杉家には、両親の他、祖母、叔父吉田大助《よしだだいすけ》、同玉木文之進《たまきぶんのしん》、そして、二歳上の兄梅太郎《うめたろう》がいた。その後、千代《ちよ》、寿《ひさ》、艶《つや》（松陰十四歳の時に夭逝《ようせい》）、文《ふみ》の四人の妹と弟敏三郎《としさぶろう》が生まれた。これらが、六畳二間、三畳二間、狭い台所、そして、別棟の厩《うまや》と納屋《なや》を一棟とした家で生活していた。

杉家は貧しい武士であり、農業を中心とした生活をしていた。しかし、父百合之助は、心ある人物で、当時の国家や社会のあり方を憤《いきどお》り、真剣に学問をするとともに、皇室《こうしつ》を大変尊敬していた。叔父玉木文之進は、更に輪をかけた人物であったという。

父百合之助や叔父玉木は、皇室や楠木正成《くすのきまさしげ》に関するものなどをテキストとして、梅太郎、松陰兄弟を教育した。その教場は主として田畠の中であった。田んぼのあぜに松陰兄弟を座らせ、農作業をしながら、素読《そどく》を教えたのである。

この時の教育の厳しさについては、後、明治四十一年（一九〇八）、インタビューに応えた妹千代の次のような逸話が残っている。

父も叔父も大変厳しい人であったので、幼児に対するものとは思われないようなこ

とが度々《たびたび》ありました。母などはその側にいて、それを見ることに耐えられず、「早く立ち去れば、こんなつらい目にはあわないのに。なぜ寅次郎（松陰のこと）はためらってるんだろうか」ともどかしく思ったとのことでした。

このような父、叔父の教えを受け、松陰兄弟が幼心に、淡いとはいえ、皇室に対する敬慕の気持ちをもって育ったであろうことはまちがいない。

また、杉家では、女子も例外なく厳しい教えを受けた。千代は長女として、幼少より母瀧に従って、食事の手伝い、また、家の馬の世話などをしたという。

しかし、杉家は大変仲のよい一家であった。安政《あんせい》元年（一八五四）正月、松陰は妹千代あての手紙に、「杉家のおきてに世の中の及ぶことのできないすばらしいものがある」として次のように述べている。

第一に先祖を大切にしていることです。第二は神様を尊ぶこと。第三は親戚一同仲がよいこと。第四は、学問が好きということ。第五は仏教の教えに惑わされないこと。第六は農業をみずから行っていることです。これらはみんな私共兄弟がうやまい、模範として見習わなければならないことです。みんなよく心掛けるべきことです。これがつまり孝行ということですよ。

松陰という人物は、実にこのような環境の中で幼少期を過ごしたのである。

なお、杉家はこの後、嘉永《かえい》元年（一八四八）に同じ松本村の清水口《しみずぐち》へ、更に、同六年三月には、新道《しんみち》に転居している。清水口、新道、共に地名ではなく、俗称である。ちなみに、新道の住居跡が今の松陰神社の松下村塾がある場所といわれている。

吉田家を継ぐ

天保《てんぽう》五年（一八三四）、五歳の松陰は叔父吉田大助の仮の養子となった。吉田家は代々、「山鹿流《やまがりゅう》 兵学師範《へいがくしはん》」、山鹿素行《やまがそこう》（会津若松出身）の始めた、今でいう軍事学を教える教師として、毛利家に仕える家であった。

しかし、大助は翌年死去した。そのため、松陰は杉家に住みながら、吉田家を継いだのである。ただ、松陰が幼少であったので、藩政府では叔父玉木文之進、家学《かがく》（山鹿流兵学のこと）の高弟 林真人《はやしまひと》らに代理教授をさせた。

天保十一年（一八四〇）、松陰は初めて藩主毛利敬親《もうりたかちか》（敬親は天保八年、将軍徳川家慶より一字を与えられ慶親《よしちか》と改めた。しかし、正式名は敬親であるので、本書では敬親とする）に呼ばれ、藩主の前で講義をした。十一歳であった。敬親はその素晴らしさを称え、家来に、「師匠は誰か」と聞いたという。側近が、「玉木文之進です」と応えたことはいうまでもない。

その後も、松陰は度々御前講義をした。その中でもとりわけ藩主敬親を喜ばせたのは、嘉永三年（一八五〇）、「籠城《ろうじょう》の大将《たいしょう》 心定《こころさだ》めの事《こと》」と題した講義であった。松陰二十一歳の時のことである。それは敬親を大将とし、内容をより具体的に語ったものであった。

なお、この間の嘉永元年、松陰の成長に伴い、それまで松陰の後見人（補佐役のこと）を命じられていた叔父玉木らはその職務を解かれた。十九歳にして、松陰は長州藩における山鹿流独立師範となった。

西欧列強認識

松陰の学問進捗《しんちょく》の理由である。それは弘化《こうか》二年（一八四五）、藩士山田亦介《またすけ》との出会いにある。

弘化二年、松陰は幼少時からの後見人の一人であり、その「教育に最も力をつくし、将来の方向性を与えた」といわれる山田宇右衛門《うえもん》の教示により、当時、長州藩を代表する洋学者であった山田亦介《またすけ》から長沼流《ながぬまりゅう》兵学《へいがく》を学び始めた。初めて訪ねた日、山田は次のように語ったという。

近頃、西欧諸国は国力が充実しており、アジアを侵略している。インドがまず侵略を受け、そして、清国《しんこく》がその餌食となった。その勢いは止まらず、琉球を狙い、長崎の様子もうかがいに来ている。天下の人々は非常に心配し、防禦《ぼうぎょ》を最優先事項と考えている。しかし、彼らがアジアを侵略するのは、必ずその中心にすぐれた人物がいるからだということに気づいていない。すぐれた人物がいれば、その国は強く盛んになり、また、国が強ければ敵はいなくなる。

国家が遠大な戦略を立てようとする時には、他国に準備する暇を与えないようにすることが大切である。どうして、防禦とばかりいうのであろうか。考えるに、我が国は世界の一流国である。しかし、昔から、その威力を海外に輝かせた者は、古くは神《じん》功皇后《ぐうこうごう》、最近では北条時宗《ほうじょうときむね》・豊臣秀吉《とよとみひでよし》ら数名しかいない。お前は才能にあふれ、将来が期待できる。益々気合いを入れて努力し、その名が世界に聞こえるような人物にならなければだめだぞ。

山田は、西欧諸国のアジア侵略は、インド、清国にとどまるものではないとして、我が国の琉球や長崎への来航状況を述べる。しかし、結局は人間の問題だと述べ、我が国がこのような状況下にある今、益々努力するよう松陰を激励したのである。ただ、この記述より、松陰がすでに、この弘化二年（一八四五）という時点で、アヘン戦争の情報を得ていたことが分かる。山田三十七歳、松陰十六歳のことであった。

さて、当時十六歳の松陰が兵学、海防を担当することとなる長州藩は本州の西端に位置した。よって、その後、「夷狄《いてき》」（野蛮な異民族のこと。ここでは西欧諸国のこと）情報の収集に努めたであろうことはまちがいない。事実、その後、嘉永四年（一八五一）頃までに収集した情報を整理すると次のようになる。

彼は「以前、兵隊の数や強兵《きょうへい》（強い軍隊のこと）か否かなど、我が国と西欧諸国を比べてみた。その結果、西欧諸国ではロシアと英国が最も盛強《せいきょう》（勢いが盛んで、強いこと）である」と述べており、ロシア、英国を「盛強」国とみていた。また、「西欧諸国は貿易を生《なり》業《わい》としている。しかし、もっぱら侵掠《しんりゃく》（他国を侵略し、その領土や財物を奪い取ること）を行っている」と記しており、生業は「貿易」、それも「侵掠」と考えていた。また、その目的については、「西欧諸国が知恵をしぼり、倦《う》まず休まず追求しているのは利益だけである」と述べていた。更に、彼らは「利益を争うだけ」であるから、「道理《どうり》（人の行うべき正しい道のこと）も真の勇気もない」として、「相手を弱いと見れば侵略し、強い場合には恐れる」という、「侵掠」の状態まで認識していた。

では、一方、松陰は「侵掠」を防ぎ得なかった清国の国内事情をどのように考えていたのであろうか。彼は、「国家を治める重要な法律と細則がすたれ、ゆるんで、すぐれた人物が活用されなかった」ため、「あるべき道理を提唱する者」がいなかったからだという。そして、「西欧諸国が行った実際の状態を理解するためには、彼らがアヘンを持ち込んだという事実より、適切なものはない」と記し、その背景にはアヘン問題があったことを指摘している。更に、「最も憂いとするべきは、漢奸《かんかん》（中国でいう、売国奴《ばいこくど》、国家への裏切り者のこと）が内部から敵を引き入れたこと」であるとして、「キリスト教の影響」を挙げている。これらより、松陰が清国「瓦解《がかい》（くずれ去ること）」の背景に、「綱紀廃弛《こうきはいし》（規律がすたれ、ゆるむこと）」による「漢奸」の存在、アヘン問題、「キリスト教」の弊害らがあったと見ていたことが分かる。

しかし、この時点で、松陰は、清国人とはちがう人情をもち、また、法律などがきちんと整備、施行され、敵を手引きするおそれのない日本人が一致して西欧諸国に当たれば、清国の二の舞となることはないと考えていた。

　そして、そのような西欧諸国を打ち払うことは、正当な権利であり、更に、我が国には頼むべき各地の諸侯《しょこう》（大名のこと）、また、それに代々仕えてきた武士がいる、と自信を見せていた。

　しかし、それらの期待は、後、嘉永六年（一八五三）のペリー来航に際して、木っ端《こっぱ》みじんに砕かれることとなる。

平戸遊学

　嘉永三年（一八五〇）八月二十五日早朝、松陰は従者新介《しんすけ》を連れ、勇躍、平戸をめざして萩松本村清水口の自宅を発った。松陰二十一歳、初めての藩外遊学であった。これは松陰の、「長年の疑問や自分の無知を、どうか先生のご教導で正させていただきたい」という願いに、平戸藩の葉山左内《はやまさない》が応えたものであった。葉山は佐藤一斎《さとういっさい》の高弟、陽明学者であり、平戸藩家老であった。この遊学は長州藩政府が認めた「自費」遊学であった。

　実は、松陰がこの平戸遊学を考えるようになった主因は、前年嘉永二年（一八四九）の「北浦巡検《きたうらじゅんけん》」にあったものと思われる。北浦とは、山口県の日本海側の海岸地方をいう。

　松陰は初めて北浦の海防施設を巡視してみて、自分の兵学者としての見識の狭さ、また学問不足などを痛感したものと思われる。それが平戸遊学となったのであろう。

松陰と新介は、萩から赤間関《あかまがせき》（現下関市）、小倉、黒崎、飯塚、佐賀、嬉野などを経て、九月五日、長崎の長州藩邸に着いた。八日、松陰は新介を萩へ帰し、一人となった。

長崎での松陰は、遊学中の長州藩士郡司覚之進《ぐんじかくのしん》や在地の砲術家高島浅五郎《たかしまあさごろう》などを訪ねた。また、諏訪神社、出島のオランダ屋敷、唐寺の崇福寺《そうふくじ》などを回った。更に、十一日には、長崎奉行所の役人福田耕作の案内で、オランダ通詞《つうじ》らと共に、停泊中のオランダ船を見学した。オランダ人は酒やビスケットで歓待してくれたという。

十一日午後、松陰は長崎を発ち、佐世保を経て、十四日、目的地の平戸へ着いた。松陰はすぐに宿を決めるべく、旅籠《はたご》を何軒か訪ねたようである。しかし、どこの旅籠でも断られた。他藩の者に対する平戸藩の方針だったのであろう。そこで、葉山を訪ね、「拝謁《はいえつ》」をすませた。そして、その命により、「紙屋《かみや》」という旅館を平戸滞在中の宿とした。

平戸における松陰の生活である。その中心は、葉山を訪ねて、公務の余暇に教えを受け、また、その蔵書を借り、要点の抄出《しょうしゅつ》、写本、また、質問などであった。

この後、十一月六日、平戸遊学を終えるまでの五十余日の間、松陰が読破した書籍はほぼ八十冊にのぼる。そのほとんどは葉山から借りたものであった。

その主なものは『伝習録《でんしゅうろく》』、『聖武記附録《せいぶきふろく》』、『阿芙蓉彙聞《あふよういぶん》』、『近時海国必読書《きんじかいこくひつどくしょ》』、また、後期水戸学を代表する会沢正志斎《あいざわせいしさい》（安《やすし》のこと）の『新論《しんろん》』などであった。当時、彼の関心がどこにあったかが分かる。後の回顧にも、「平戸で新しい書物を読めたことがよかった」と記している。

また、彼は葉山の紹介で、在平戸の山鹿万助《やまがまんすけ》の元へも通った。山鹿家は平戸藩家老格の武士で、山鹿流兵学の世界では、後、嘉永四年（一八四七）、松陰が入門することとなる、江戸の山鹿素水《やまがそすい》に対比される西の宗家であった。

十月十三日、松陰は兄梅太郎あての書中に、その山鹿の講義を評し、「山鹿先生の所へは何度も行っております。平戸の人が『武教全書《ぶきょうぜんしょ》』を読むのは、大変精密です」と賛美している。

しかし、平戸遊学中、松陰が最も教えを受けたのは葉山であった。日記によれば、松陰は、当時四十代半ばの葉山を「老師《ろうし》」とよび、滞在中に二十八回通っていることが分かる。実際、葉山のことを、「老師は手厚く、素直で真面目である。人のためにまごころを尽くしてくださる。また、上辺をいつわり、飾ることがない。初めてお訪ねした時には、麦ご飯を出してくださった。特に格好をつけるということがない。私はこの態度に心が安らぐものを覚える」と記している。初めての藩外遊学で、松陰は葉山に慈父のごとき親しみを感じていたのであろう。

一方、万助の元へ通ったのは、わずかに十四回でしかない。これは、講義内容は兎も角として、松陰が山鹿のことを、「威厳があって、重々しい雰囲気である」と評していることを見れば、山鹿に葉山ほどの人間的魅力を感じなかったからではないかと思われる。実際、山鹿はまだ三十歳を越えたばかりの人物であった。

また、二十一歳の松陰にとって、大きかったのは、同年齢の平戸藩士らとの交流であろう。天野勇衛・岡口等伝らとは頻繁に行き来している。この経験は、世間の広さを松陰に自覚させると同時に、改めて長州藩士としての自覚も促したものと思われる。

十一月六日、松陰は平戸遊学を切り上げ、ふたたび長崎へ向かった。郡司との間に熊本行きの約束があったからである。しかし、その郡司は赤間関《あかまがせき》（現下関市）へ一時帰国していた。それで、松陰は郡司を待ち、結局、ほぼ三週間滞在することとなる。彼はこの時にも、主に長崎遊学中の他藩士や通詞らを度々訪れ、また、読書に時間を使っている。特に、通詞の鄭幹輔《ていかんぽ》は何度も訪ね、兵学を中心に多くのことを学んだようである。この長崎滞在中、読書、また、要点を抄録《しょうろく》した書籍は二十数冊に及ぶ。とりわけ興味をもったのは、大塩平八郎《おおしおへいはちろう》の著『洗心洞劄記《せんしんどうさっき》』であった。彼はこの本を購入し、後、葉山左内に送った書中には、「大塩はいうまでもなく、すぐれた見識をもった武士です」とその感想を記している。

熊本・清正廟へ

十二月一日、松陰は郡司を待つことを断念し、熊本をめざして一人長崎を発った。この日天草の富岡《とみおか》へ着いた。そして、この後、原城趾《はらじょうし》、島原を経て、舟津から有明海を渡り尾島《おしま》（現熊本市小島）へ上陸、熊本へ着いたのは九日のことであった。

熊本へ入った松陰は最初に加藤清正《かとうきよまさ》の廟《びょう》を訪ねた。そして、その足で訪ねたのが池部啓太《いけべけいた》であった。池部は高島秋帆《たかしましゅうはん》の門人で、有名な天文・暦・数学者であった。しかし、池部は不在で、対面したのは翌十日であった。この日、松陰は終日池部と対話している。ところが、翌十一日、松陰は、この池部から、後、「他藩の同志中、最も深い交際があったもの」と評されるようになる人物を紹介される。宮部鼎蔵《みやべていぞう》である。宮部は文政《ぶんせい》三年（一八二〇）生まれ、松陰より十歳の年長であった。彼はこの年の九月に肥後藩《ひごはん》（熊本藩のこと）に兵学師範として採用されたばかりで、肥後勤王党《ひごきんのうとう》の林櫻園《はやしおうえん》に国学などを学ぶ青年武士であった。

さて、この熊本滞在中の一夜、松陰が一人で加藤清正廟に詣でたことは特筆すべきことであろう。実は、松陰の弟敏三郎は生まれつき言語が不自由であった。そこで、「今もって霊験あらたか」といわれていた清正廟に詣で、その「平癒《へいゆ》」を願ったのである。松陰という人は実にこういう心優しい青年であった。しかし、祈りが通ずることはなく、後、明治九年（一八七六）、敏三郎は言語不自由なまま、三十二歳で没することとなる。

さて、十二月十三日、松陰は熊本を発ち、柳川、佐賀、小倉を通り、帰国の途についた。彼が萩に着いたのは、十二月二十九日夜のことであった。

この平戸遊学中、松陰は「西遊日記《さいゆうにっき》」という記録を残している。そこには、当時の松陰の意識、また、一人の武士の旅の実態をうかがうことができる。

一点目は、この旅中、松陰が多くの人を訪ねていることである。それは平戸滞在中、しばしば訪ねた二十六名を除き、往復の旅中だけでも百余名にのぼる。彼が自分を触発してくれる人との出会いをいかに求めていたかが分かる。これはあくまでも推測ではあるが、この時点で、あるいは藩という枠を越え、同じ学問に志す者同士のネットワークらしきものがあったのかもしれない。

二点目は、各地を通過する際の、松陰の観察姿勢である。たとえば、往路、九州上陸直後の大里《だいり》を過ぎる時から、彼はすでに、「この地で外敵を防ぐには」などとして、具体的な作戦を立てていた。また、通過した各藩の人情・軍事調練などの観察もぬかりなく行っている。

この背景として考えられるのは、弘化二年（一八四五）の山田亦介からの教えであろう。兵学者松陰は着々と育っていた。

江戸遊学

松陰の帰国を待っていたのは父母や杉一族だけではなかった。長州藩主毛利《もうり》敬親《たかちか》も彼の帰国を待ち望んでいた。当時、敬親は「兵学会」開催を計画していたといわれる。それも、松陰の帰国を待って、という「条件」付きであった。また、嘉永四年（一八五一）は、江戸参府の年でもあった。それに、松陰を連れて行きたい、という希望を藩主がもっている、という噂も城下に流れていたようである。そして、それは帰国直後に現実のものとなる。

松陰は、嘉永四年正月二十八日付けで、「軍学《ぐんがく》（用兵戦術を研究する学問のこと）稽古《けいこ》の為《ため》」江戸派遣という、命令を受領した。

嘉永四年三月五日、二十二歳の松陰は初めての江戸遊学へ出発した。この時は公的な遊学であり、松陰は「冷飯《ひやめし》」という形で参加することとなった。「冷飯《ひやめし》」とは、藩主の参勤の行列には加わらず、藩士の食客となって行程を共にすることをいう。松陰は江戸手元役中谷《なかたに》忠兵衛《ちゅうべえ》の「冷飯」となった。

松陰は出発当日のみ「文学稽古」のため、江戸へ向かう井上壮太郎《いのうえそうたろう》と行動を共にした。しかし、翌日、最初の宿泊地であった山口からは、中谷の子息中谷正亮《なかたにしょうすけ》と二人で江戸をめざした。以後、松陰を生涯兄と慕い続けることとなる正亮との初めての出会いであった。

藩地を後にした二人は、広島藩の玖波《くば》から船で宮島へ渡り、厳島神社《いつくしまじんじゃ》を参拝した。その後、再び船で海田《かいた》へ渡った。それ以後、江戸までずっと徒歩の旅であった。その途中の三月十八日には、湊川《みなとがわ》で楠木正成《くすのきまさしげ》の墓に詣《まい》り、次のような漢詩を作っている。

道のため義のため豈《あ》に名を計《はか》らんや、誓《ちか》つて斯《こ》の賊《ぞく》と共《とも》に生《い》きじ。

【口語訳】道のため、義のためにこそ生きるのである。どうして、名前を残すためなどに生きようか。生きはしない。誓って、この足利尊氏のような賊とは生を共にはしない。

で始まる漢詩は、全般、楠木正成《くすのきまさしげ》絶賛に終始している。これも幼少期より彼が受けた教育によるものであろう。

また、この旅中、松陰は「東遊日記《とうゆうにっき》」という記録を残している。その中には、たとえば、広島藩に関し、「風俗と民衆教化の衰え、すたれている様子はあわれむべき状態である。子供達は道端で食べ物を売り歩き、饑《う》えて血色の悪い人間は乞食をしている」などという記述を見ることができる。彼は旅を続けながらも、各地の風俗、人情などの分析を行っていた。このような旅を続けながら、二人が無事江戸の上屋敷桜田藩邸《さくらだはんてい》へ着いたのは四月九日、朝八時のことであった。松陰は、その時のことを、「鳥が巣に帰ったようで、ほっとした」と記している。二人連れとはいえ、やはり緊張した旅だったのであろう。

江戸に着いた松陰は、早速兄梅太郎にあて、「三千里もの道を遠いとも思わずに参りました。私は学問に専念します。専念していれば、やがて奇抜なはかりごとや雄大な見識を得ることができるでしょうから」との決意を送っている。そして、遊学生仲間らと安積艮《あさかごん》斎《さい》へ入門し、また、藩邸の同志らと『中庸《ちゅうよう》』や『大学《だいがく》』の勉強会を開始した。そして、更に彼は山鹿素水《やまがそすい》などへも入門するのである。その他、藩邸での馬術や剣術の修行もあった。彼は兄あての手紙に、「一月三十回位の勉強会です」と記しており、その生活は超多忙なものであったことが分かる。

では松陰は順調にこれらの勉強会をこなしていたのであろうか。そうではない。確かに六月下旬、松陰は仲間である中村道太郎《なかむらみちたろう》にあて、「僕は江戸に来てすでに三カ月がたったが、まだこの人が師だという人がいない。思うに、江戸という土地には師とするべき程の人はいない」と送っていた。しかし、本当は、江戸の学問レベルの高さに直面し、苦悩していたのである。八月、松陰は兄梅太郎へあてた手紙に次のように記している。

天下に英雄豪傑は多いものです。彼らをしのぎその上にぬきんでることは、なかな

か私のような才能のない人間がすぐにできることとも思われません。私が一歩進めば、ライバル達もまた一歩進めているという状況です。そうでなくても、頭が悪く、間抜けな私のようなものは、人が十歩、百歩進む間に、やっと一歩進めるという状態です。

こんな状態ですので、とても三年や五年の修行では間に合うものではありません。そこで、「死《し》して後《のち》已《や》む（できるまでは決してやめない）」という教えを以て、自分を戒めております。これまで学問というもの、何一つできたものはなく、わずかに文字を知っていただけでした。ですから、不安で、心が混乱していることはいうまでもありません。

しかし、このような中でも、彼の学問は徐々にではあるが、確実に進んでいた。それは、九月十五日、兄にあてて、「中村道太郎に返信した手紙は大部分が、からおどしです。論じるほどのものではありません。江戸はさすがの大都会です。恐ろしくない先生はおられません」と記し、更に、「長州藩の学問は世間の学問に比べて、内容が偏っており、見識が狭いと思います。それに読書量も少ない。特に我が国のことについての知識が不足しているように感じます」と記していることにうかがうことができる。また、この手紙以後、松陰の口から学問上の苦悩が語られることはなくなる。彼が立ち直ったからであろう。

自己教育

では、なぜ、松陰は「落ちこぼれ」から立ち直ることができたのであろうか。主因は自《じ》己教育《こきょういく》を行なったからである。自己教育とは、「学習者が自分で自分を教育するという自覚をもって、学問の追究、人格形成などを行なうこと」である。現在においても、教育目的の中心の一つとされ、また、教育方法のそれといわれる。当時、松陰は「一月三十回位の勉強会」に出席していた。つまり、ほぼ毎日何らかの勉強会に参加しては、その都度、疑問点などを先生にただしていたものと思われる。

そして、それを基底で支え、推進したと思われるのが以下の二点である。一点目は確固たる学問の目的意識をもっていたことである。それは、後、安政三年（一八五六）九月、村塾二代目の主宰者であった外叔《がいしゅく》（母方の叔父のこと）久保五郎左衛門《くぼごろうざえもん》から依頼された「松下村塾記《しょうかそんじゅくき》」に、松陰が「学《がく》は、人たる所以《ゆえん》を学《まな》ぶなり」と記していることにうかがうことができる。つまり、学問とは、人間とは何か、人間はいかにあるべきか、また、立派な人間になるためにこそなすべきものである、という学問観である。あるいは、これは父百合之助《ゆりのすけ》または叔父玉木文之進《たまきぶんのしん》らから学習者としての松陰が教えられたものだったのかもしれない。松陰という人はそういう学問観をもっていた。

二点目は、松陰が父・叔父らから徹底した基礎教育を受けていたことである。玖村敏雄氏はその間の事情を、「四書五経《ししょごきょう》や歴史書の素読《そどく》は当時の士分の子弟には基礎的教養として授《さず》けられたものであるが、松陰兄弟はその手ほどきを父から受けたのである。而《しか》も多くは父母と田畝《でんぽ》の間に耕《たがや》し耘《くさぎ》りながら諳誦口授《あんしょうくじゅ》せられた。だからこの一家の耕耘《こううん》するところ親子兄弟の和する朗々《ろうろう》たる読誦吟詠《どくしょうぎんえい》の声が聞えたといふ（う）」と述べている。また、父百合之助については、「子弟にいましめて、『書を読まずして談話を事とするときは話柄《わへい》（話のたねのこと）正に尽くべし』と言つ（っ）てゐ（い）たや（よ）うに、好んで読書して内に養う」という程の人物であったと述べている。これより、松陰が徹底的に基礎学力を身につけていたと見てよかろう。

また、同時に、このような状態にあった松陰の気持ちを奮い立たせたものは、思いもかけなかった、肥後藩士宮部鼎蔵《みやべていぞう》との江戸での再会であった。五月九日、宮部も遊学のため、江戸に着き、山鹿素水に入門している。松陰はこの時の感激を、兄にあて、「（宮部は）山鹿先生のところでも日々交際している同志であります。昨年の冬、熊本でのこともあり、大変喜んでおります」と送っている。また、中村道太郎にあてては、「肥後人宮部鼎蔵は意志が強く、しっかりした武士です。私はいつも彼に肩を並べることはできないと思っております。交際していて、いつも益があると感じております」と記していた。これより、宮部の登場が松陰をどれ程元気づけたかが分かる。

その後、二人の間は急速に接近し、真摯《しんし》な兵学修行が行われることとなる。

やがて、宮部は松陰へ、我が国の海防をにらみ、「浦賀巡視」を提案した。彼らは頭の中だけではなく、具体的な海防政策の探究をめざしていた。松陰が即応したことはいうまでもない。

浦賀巡視

六月十三日、松陰は宮部と共に藩邸を後にした。この後、江戸に帰着する二十二日までの間、彼らは神奈川、鎌倉、猿島、浦賀、三崎、久里浜、館山などを回り、各地の地形、海岸の状況、砲台場、現地の民情、また、諸藩の警備状況の視察を行った。とりわけ、川越藩の台場では、当時、同藩に招聘《しょうへい》され、同地に駐屯していた砲術家喜多武平《きたぶへい》の話を聞いている。この喜多の話は、大変参考になったようである。

江戸帰着後、宮部は「房相沿岸防備図《ぼうそうえんがんぼうびず》」なるものを作成している。それには、「地形の距離などを測定し、水路・陸路の状態を覚えることは、私の学問において、最も最優先の課題である」とあった。また、松陰もこの間日記を記していたといわれる。しかし、これは後、長州藩の長井雅楽《ながいうた》に貸し出した後紛失したとされ、伝わっていない。現在、見ることができるのは、江戸帰着当日、兄梅太郎にあてた、「この度の浦賀巡視旅行は、肥後人宮部鼎蔵と一緒でして、旅行中、大変、益が多く、楽しゅうございました」との一節だけである。しかし、その後の彼の行動をみれば、この巡視が、いかに松陰に大きな収穫をもたらしたものであったかが分かる。

それは、後、更に、宮部から、海防上最も重要と思われた東北地方の巡視を提案された際、松陰が、公的な「遊学」を中断して、すぐにそれに応じたことからも分かる。松陰は、「浦賀巡視」に、大きな価値を認めていたのである。

七月十五日、松陰は次のような東北地方の巡視願いを藩邸に提出している。

私は現在軍事学研修のため、江戸へ派遣されております。そして、水戸・仙台・米沢・会津らが学問や武道が盛んであることを耳にしました。そこで、私費でこれらの地方を遊歴して、諸先生方をお訪ねし、また、それぞれの国柄などに触れられれば、私の研修の助けとなるのではないかと考えております。つきましては、この秋から来春までお暇をいただきたく、お願い申しあげます。

この願いは八日後には許可された。長州藩もその必要を認めたのであろう。

また、この間の七月二十日、松陰は佐久間象山《さくまぞうざん》（「しょうざん」ともいう）へ入門した。嘉永四年（一八五一）五月二十四日、松陰が松代《まつしろ》藩深川《ふかがわ》藩邸へ象山を初めて訪ねてより、約二カ月後のことであった。しかし、入門した頃の象山はすでに江戸木挽町《こびきちょう》に塾を構え、「蘭学や西洋砲術などを教えることにおいて、名声が次第に高くなり、その入門者の多いことは江戸で一番であった」といわれ、いわば得意の絶頂にあった。象山四十一歳、松陰二十二歳の夏のことであった。しかし、記録によれば、その後、松陰の象山《ぞうざん》塾への通学は、あまり熱心ではなかったことが分かる。松陰が象山の人間性や学問に魅力を感じなかったこと、つまり、象山の真の力量が理解できなかったことが主因ではないかと思われる。また、象山にとっても、長州という田舎から出てきたばかりの松陰は多くの門弟の中の一人に過ぎず、特別なものを感じなかったのであろう。この二人が師弟として真の邂逅《かいこう》をするには、松陰の人間的成長を待つ以外なかった。

ただ、松陰の目は江戸における宮部や鳥山新三郎《とりやましんざぶろう》宅での仲間との交流などを通じ、徐々にではあるが、長州藩の海防から我が国のそれへと、大きく見開かれつつあった。

第二章

亡命の波紋

松陰神社（萩）

江幡《えばた》五郎《ごろう》と鳥山新三郎

松陰の提出した東北巡視の旅行願いによれば、当初、嘉永四年（一八五一）秋から翌五年春に江戸を出発、期間は約十カ月となっていた。しかし、途中でこの旅に江幡《えばた》五郎《ごろう》が加わることとなり、出発は最終的に十二月十五日となった。

十二月十五日は、「忠臣蔵」で有名な赤穂義士討ち入りの日である。出発をこの日としたことには、江幡との出会いが大きい。

江幡は文政十年（一八二七）、出羽国大館《でわのくにおおだて》の藩医の次男として生まれた。その後、父が南部《なんぶ》藩に仕えることとなったので、盛岡へ移り、そこで藩主の近習《きんじゅう》に挙げられた。しかし、その後、志すところがあり、藩を出走《しゅっそう》、江戸へ出て安積艮斎《あさかごんさい》・東条一堂《とうじょういちどう》らに学び、その後、奈良五条の森田節斎《もりたせっさい》、更には、広島の阪井虎山《さかいこざん》に学んだ人物である。

実は、その広島遊学時代に、南部藩で内紛がおこり、兄春菴《しゅんあん》が巻き込まれた。春菴はあくまでも正義を主張し、藩主引退反対運動を行った。よって、反対派である田鎖左膳《たぐさりさぜん》一派から投獄され、獄中で服毒自殺に追い込まれたのである。

それを聞き、江幡が今後のことを相談した相手こそ、松陰の友人である長州藩士土屋蕭海《つちやしょうかい》であった。江幡はそこで兄の仇討ちを決意し、その後江戸へ出る。また、土屋も弟恭平《きょうへい》と共に江幡に前後して江戸へ出た。そして、江幡、土屋らが宿としたのが鳥山新三郎《とりやましんざぶろう》宅であった。

鳥山はもともと安房国《あわのくに》の農民であった。しかし、幼少にして志を立て、江戸へ出て、東条一堂に学んだ人物である。そして、嘉永元年（一八四八）、三十歳の頃からは、江戸で私塾を営んでいた。

松陰も嘉永四年の江戸遊学時、九月前後より、土屋の紹介により、宮部と共にこの鳥山宅へ出入りしていた。

記録によれば、これ以外に、当時、鳥山宅へは、来原良蔵《くりはらりょうぞう》・井上壮太郎《いのうえそうたろう》・中村百合蔵《なかむらゆりぞう》らの長州藩士、松田重助《まつだじゅうすけ》・永鳥三平《ながとりさんぺい》・佐々淳二郎《さっさじゅんじろう》らの肥後藩士、また、薩摩藩の肝付七之丞《きもつきしちのじょう》らが出入りしていたことが確認できる。

肝付《きもつき》は、すでに前年の嘉永三年、東北、佐渡地方などを遊歴し、北方事情に通じた人物であった。松陰が、肝付からの情報として、「北国の貨物船や漁船は、西欧人らにかすめ奪われるものが大変多い」と記しているところをみれば、宮部と松陰が企画した東北地方の巡視も、あるいは肝付の話に触発されたという、一面もあったのかもしれない。

いずれにせよ、当時、鳥山宅に会していた面々は、以後、松陰の生涯に大きな関わりをもつこととなる青年達であった。

過所事件

東北地方の巡視も差し迫った嘉永四年（一八五一）十二月、松陰に大きな問題がおこった。過所《かしょ》事件である。

過所は過書とも書く。奈良・平安時代以降、朝廷や幕府から付与された関所通行許可書をいう。江戸時代においては、藩士が他藩などを旅行する際、関所などで必要に応じて提示する身分証明書である。

松陰は東北地方巡視の許可は得ていた。しかし、過所の交付は受けていなかったのである。それを突然、出発間際になって、江戸藩邸の役人が問題としたのである。その上、過所の申請は国許の藩政府の許可がなければ下付できないという。そして、下付を受けるまで、出発を延期せよと迫ったのである。

松陰は大きな決断を迫られることとなった。

他藩人である宮部らとの約束を取るか、藩の国法を取るかである。結果的に松陰が選択したのは、宮部らとの約束であった。

では、松陰はなぜ、このような決断を下したのであろうか。

松陰は「殿への不忠、親への不孝となるこの度の行動を、誰が敢えて仕方のないこととして、簡単に行うであろうか。行いはしない。しかし、今回の東北遊歴を（肥後藩士宮部鼎蔵らと）承知・約束したことは、長州男児として、いいかげんにするべきことではない。この結果、流浪の身となっても敢えて避けるべきではない。たとえ、一時的に殿や親の恩義にそむくこととなろうとも、この遊歴は東北各地の形勢を探究し、国家百年の大計をたて、将来、君恩に報いるために、断行するものである」と記し、また次のように述べている。

私は、心ひそかに誓って、(私の決断を理解してくれた同志来原良三《くりはらりょうぞう》へ)「藩政府がもし許可しなければ、私は必ず亡命する。ここでぐずぐずし、ためらっていれば、人は必ず、長州人は優柔不断《ゆうじゅうふだん》である、というであろう。これは我が長州藩をはずかしめることである。亡命は藩にそむくことではあるが、その罪は私一身に止まる。これを、藩をはずかしめる罪と比べれば、その軽重はいかがであろうか」と話した。(中略)大体、立派な男児たる者が、一旦、自藩を後にしたからには、一言でもって藩の評判を高めたり、下げたりするのである。自藩の栄辱《えいじょく》がかかっている。どうして、小さな自分一身のことなど考えるべきであろうか。そうではない。

松陰はまず、武士たる者で、藩主への不忠である国法違反を、誰が無理を押してまで、仕方のないこととして行うであろうか、行いはしない、という。そして、他藩人である宮部らとの約束にふれ、もしも、長州藩士である自分がそれを守らなければ、彼らからは、「長州人は、ぐずぐずして決断のにぶい者である」といわれる。そして、それは長州藩の恥となり、ひいては、藩主への不忠になるというのである。

一方、国法にそむくこと、その罪は自分一身のことである。そして、たとえ、一時的に罪を犯したとしても、後でまだ藩へ忠義を尽くす道はあるであろうか、と結んでいた。

確かに、松陰は東北地方の巡視から江戸へ帰った直後、日記に「私は先に匹夫《ひっぷ》の諒《まこと》、思慮分別がなく、ただ血気にはやる勇気で決断し、亡命という突拍子もないことをして、上は藩政府の法を犯し、下は父母に心配をかけてしまった。その罪はいうまでもなく、天地共に許さないところである。しかしながら、誓って思っていることは、『犯してしまった罪は、いくら後悔してももうどうにもならない。ただ、全身全霊を尽くし、命をかけてこれからの実践に当たり、努力を続けて、将来、藩政府に貢献をして、これを償うだけである』ということだけだ」と記している。

しかし、その数年後、安政年間と思われる、長州藩士来原良三《くりはらりょうぞう》あての書中に、「先に、私が亡命したことは、まことにあなたがご存知のとおりです。どうして、このような機会がきたからといって、再び亡命するべきでないでしょうか。そうではありません。このような状況になれば、喜んで、快く対処し、中国地方の人間は煮え切らず、いくじがないという者の口を塞《ふさ》ごうと思う、というだけではありませんか。だから、せっぱ詰まって、このような思いもよらない事件を起こしたのではない」と述べていることを見れば、この時の選択が決して、「思慮分別がなく、ただ血気にはやる勇気」での「決断」でなかったことが分かる。この来原こそ、過所事件に際し、「ともかく（他藩士らとの）約束を守れ。後のことは俺が処理するから」と、松陰を激励した、その本人であった。

東北遊旅行――水戸・会津・佐渡

嘉永四年（一八五一）十二月十四日朝十時、松陰は過所を持たないまま、桜田藩邸をこっそり出発した。この日は追っ手を恐れ、松戸《まつど》の寺に松野他三郎《まつのたさぶろう》の変名で泊まった。

藩邸では、来原、小田村伊之助ら仲間が集まり、後始末のことなどを話し合っていた。

一人で旅を続ける松陰は、同月十七日、笠間《かさま》に着いた。松陰は、笠間藩の藩校時習館《じしゅうかん》教授森田哲之進《もりたてつのしん》に使いを出し、兵学・儒学修行のための来訪と告げた。翌日には、藩校を見学、また、そこで約二十五名の学生相手に、『孟子』の講義している。そして、翌十九日、水戸に着いた。水戸では江戸の仲間斎藤新太郎《さいとうしんたろう》の紹介で、水戸藩士永井政助《ながいせいすけ》を訪ねた。そして、翌年正月二十日、水戸を出発するまでの約一カ月間、この永井宅を宿とするのである。


やがて、二十四日、松陰の後を追いかけてきた宮部鼎蔵と江幡五郎が水戸へ着いた。この日は夜を徹して、三人の間で、話がはずんだようである。この時、松陰は二人から、江戸で来原《くりはら》が藩邸へ上書して罪をかぶり、結局、追っ手が出ていないことを知った。

その後、二十九日からは三人で常陸太田《ひたちおおた》を訪ね、水戸光圀《みとみつくに》が隠居生活を送った西山荘《せいざんそう》や瑞竜山《ずいりゅうざん》を見学した。瑞竜山は水戸徳川家代々藩主の墓地で、二代藩主水戸光圀や明からの亡命学者朱舜水《しゅしゅんすい》らの墓に詣《まい》った。彼らが水戸家の儒教式の墓に目をみはったことはまちがいない。その後、嘉永五年（一八五二）正月二日、一旦水戸の永井家へ帰った。しかし、正月のため、水戸の有志訪問を断念し、正月四日、再び、水戸藩内の小旅行に出かけた。この時には、鹿島神宮《かしまじんぐう》、また、利根川河口などを見学した。その後、十一日に水戸へ帰った。そして、水戸で、後期水戸学を代表する会沢正志斎《あいざわせいしさい》や豊田天功《とよだてんこう》（彦次郎《ひこじろう》のこと）などをしばしば訪ね、教えを受けるのである。

やがて、正月二十日、三人は水戸を発つ。二十三日、勿来《なこそ》の関《せき》を越え、白河《しらかわ》に着いたのは、二十五日のことであった。

二十八日、この日は兄の仇討ちに向かう江帾との別れの日である。前夜、三人は酒を酌み交わし、別れを惜しんだ。北へ直進する江帾、西へ会津道をとる松陰と宮部。宮部は激しく声をあげて泣きながら、江帾の名を呼んだという。松陰も嗚咽《おえつ》し、言葉を発することもできなかった。江帾が後ろを振り向くことはなかった。三人の上から、冷たい雪が降りしきっていたという。

松陰と宮部は、翌二十九日会津若松（現会津若松市）に着いた。会津若松では、藩士井《い》深蔵人《ぶかくらんど》を訪ねた。しかし、蔵人はすでに死去しており、応対してくれたのは、孫の茂松《しげまつ》であった。会津若松では黒河内伝五郎《くろこうちでんごろう》・藩校日新館教授高津平蔵《たかつへいぞう》・軍事奉行廣川勝助・医学生馬島瑞園《まじまずいえん》らを訪ねている。

当時、会津藩は房総《ぼうそう》警備に藩兵を送っていた。それもあってか、二人は会津若松には六日間滞在している。その間、二人はこれらの人々をしばしば訪ね、教えを受けた。また、これ以外にも多くの会津人と行き来したことが、松陰の旅日記より確認できる。しかし、松陰がとりわけ井深《いぶか》および馬島《まじま》と交換した漢詩をわざわざ記しているところをみれば、あるいは、この二人との交流が最も彼の心に残ったのかも知れない。

また、会津若松を発つ六日、二人は藩校日新館を黒河内《くろこうち》の配慮で見学している。松陰は建物の配置など、詳細な記録を残している。

その後、二人は、「降雪の深さは何丈あるのであろうか。測ることさえできない」という雪の中、新発田《しばた》を経て、十日、新潟に着いた。新潟では、江戸の斎藤弥九郎《さいとうやくろう》、会津の黒河内《くろこうち》と交流のあった剣客日野三九郎《ひのさんくろう》宅を訪ね宿とした。翌日よりは、日野の紹介で中川立菴《なかがわりゅうあん》・東菴父子らと交流した。

実は、二人は新潟から北海道の松前《まつまえ》へ渡航する積もりであった。そのため、日野、中川が船便を捜してくれた。しかし、船は彼岸《ひがん》まで待たねば出ないという。そこで、急ぎ予定を変更し、出雲崎《いずもざき》へ行って、佐渡《さど》をめざすこととした。しかし、二人を待っていたのは、冬の悪天候と荒れた日本海であった。結局、出雲崎には十三日間、逗留《とうりゅう》を余儀なくされている。

二十七日、二人はやっと佐渡に着いた。佐渡では早速に順徳天皇陵《じゅんとくてんのうりょう》を参拝した。そして、相川《あいかわ》へ行き、役人の案内で金鉱に入ったり、また、金の精錬などを見学した。更に、島内の砲台なども訪ねた。

閏《うるう》二月十日、二人は再び出雲崎《いずもざき》へ帰り、その足で北上、翌日、新潟に着いた。そして、そこで再び松前行きの船を探すこととした。

しかし、結局、日野や中川らの斡旋《あっせん》にもかかわらず、松前へ行く船の船頭は、武士の乗船を拒否した。そこで、二人は徒歩により、ひとまず青森をめざすこととした。

東北遊旅行——弘前・盛岡・仙台

閏《うるう》二月十八日、日野・中川らの見送りを受けて新潟を発った二人は、久保田《くぼた》、大館《おおだて》を経て、同月二十九日、弘前《ひろさき》に着いた。弘前では津軽《つがる》藩士伊東広之進《いとうひろのしん》を訪ね、藩内の防衛体制、外国船の情報、藩校稽古館の教育内容などを聞いた。

その後、二人は更に津軽《つがる》半島を北上し、三月四日には小泊《ことまり》に着いた。小泊は松前とはわずか七里（約二十八キロ）の距離である。翌日、宿からは松前の山々が近い所に見えたという。そして、翌日、二人は三厩《みんまや》、大泊《おおどまり》を経て、「上月」（正しくは袰月《ほろづき》カ）に着いた。この間、地元で感じたのであろう、松陰は竜飛岬《たっぴみさき》などに関し、外国船が堂々と目前の津軽海峡を通行しているのに、当局がそれに対して何の対策も立てていないこと。また、岬付近に住むアイヌ人に教育が実施されておらず、教育さえすれば、彼らの千島、樺太への進出なども容易であること。また、現地の商人らが、アイヌ人を不当に扱っていることへの憤りなどを日記に記している。

その後、二人は青森、小湊《こみなと》、八戸《はちのへ》、一戸《いちのへ》などを経て、三月十一日、盛岡《もりおか》に着いた。盛岡では翌日、早速に江幡の亡き兄春菴《しゅんあん》の門人の医者坂本春汀《さかもとしゅんてい》を訪ねた。坂本は二人を江幡の母、春菴の妻、遺児の所へ案内した。また、この時、春菴の墓にも詣った。二人が江幡のことについて、知る限りのことを語ったであろうことはまちがいない。

その後、二人は江幡の家族と別れ、中尊寺《ちゅうそんじ》・石巻港《いしのまきこう》・松島《まつしま》・塩竈明神《しおがまみょうじん》などを見学し、十八日、仙台へ着いた。仙台では、藩校養賢堂《ようけんどう》へ学頭大槻格次《おおつきかくじ》（習斎《しゅうさい》のこと）らを訪ね、教えを受けている。大槻は二人のため、わざわざ二名の教員に学校内を案内させてくれた。松陰はここでも詳細な記録を残している。

また、二十日、伊達政宗《だてまさむね》の菩提寺である瑞宝寺《ずいほうじ》や愛宕山《あたごやま》などを見学し、宿に帰った。そこへ、仙台人山本文仲《やまもとぶんちゅう》より、思わぬ情報がもたらされた。江幡五郎のことである。山本によれば、江幡はこの日、松陰ら二人を探して、潜伏地の塩竈《しおがま》から仙台へ出てきたという。しかし、松陰らがすでに仙台を発った、という誤報を信じ、午後二時頃、行く先も告げずに旅立ったというものであった。二人は大きな衝撃を受けた。

しかし、気を取り直し、夕方より、藩の勘定奉行である吉岡九左衛門を訪ね、藩政全般について、教えを受けた。翌二十一日、二人は藩校養賢堂および医学館を訪ね、仙台藩士らに別れを告げ、白石《しろいし》をめざした。

ところが、その途上、大河原《おおがわら》を過ぎた所で、二人は突然江幡と出会った。松陰は、その時の喜びを、「手を打ち、躍り上がって喜びをこらえることができない」と、日記に記している。三人が抱き合い、躍り上がって喜ぶ様子が目に浮かぶようである。彼らはその夜白石《しろいし》に宿を取り、酒を酌み交わしながら、一別以来の話に夜の更けるのも忘れた。

江幡によれば、正月二十八日、白河《しらかわ》で二人と別れた後、彼は石巻《いしのまき》へ行き、粟野木工右衛門《あわのもくえもん》の家に寄宿したという。そして、そこで軍事学を講義しながら、時折、仙台から福島の間を往復し、田鎖《たぐさり》の情報収集をしていた。そして、盛岡藩主の参勤日程が確定し、その中に、田鎖も加わることを知った。それで、仇討ち決行も間近となったので、松陰らに別れを告げるため、二人を求めて、塩竈と福島の間を探し歩いていたというのである。松陰らは、盛岡で得た、江幡の母らの近況を語った。

翌日、江幡は米沢をめざす二人を戸沢《とざわ》まで送った。しかし、結局、この日は別れがたく、翌日の別れを約束して、この夜は一緒に泊まることとなった。宿で、三人は地元の浄瑠璃《じょうるり》語りを雇い、忠臣蔵を語らせた。三人は心深く感動し、涙を流しながらそれを聞いた。

二十四日、再び浄瑠璃語りに忠臣蔵を語らせた後、二人は江幡を一人残し宿を発った。二人は、その後、米沢を経て、二十八日、再び会津若松へ着き、井深《いぶか》・黒河内《くろこうち》らと再会した。

そして、後、日光東照宮《にっこうとうしょうぐう》・足利学校《あしかががっこう》などを見学し、四月五日、江戸に帰着した。宮部は肥後藩邸へ帰った。しかし、松陰は江戸へ帰着したことさえ極秘とし、鳥山新三郎の家へ向かったのである。

東北遊旅行の意義

では、松陰にとり、この約四カ月にわたった東北遊旅行はどのような意義があったのであろうか。実は、この間、彼は約九十余名の学者などを訪ね、積極的に教えを受けている。松陰が自分を触発してくれるものとの出会いをいかに強く求めていたかが分かる。その中でも、とりわけ大きかったのは、水戸で、後期水戸学を代表する会沢正志斎《あいざわせいしさい》や豊田天功《とよだてんこう》から受けた影響である。それは、その後の彼の人生を規定するほどのものであった。一年後、松陰は畏友来原良三《いゆうくりはらりょうぞう》にあて、次のように書き送っている。

昨年の冬、水戸遊歴をした際、初めて会沢正志斎《あいざわせいしさい》先生や豊田天功《とよだてんこう》先生らにお会いした。そして、その語られるところを拝聴し、即座に、「我が身は、皇国《こうこく》（天皇をいただく日本のこと）に生まれながら、我が国の我が国であるいわれを知らないのであれば、何をもって天地に立つことができるであろうか。できはしない」と反省、憤慨した。長州へ帰国するや、すぐに六国史《りっこくし》（奈良・平安時代の朝廷で編集された六つの国史のこと。日本書紀《にほんしょき》・続日本紀《しょくにほんぎ》・日本後紀《にほんこうき》・続日本後紀《しょくにほんこうき》・日本文徳天皇実録《にほんもんとくてんのうじつろく》・日本三代実録《にほんさんだいじつろく》のこと）を手に取り、拝読した。古代の我が国においては、天皇自ら諸外国を恐れ、従わせられた雄大な計略を見る度に、「これが我が国の我が国たるいわれである」と、気持ちを奮い立たせた。

松陰が「皇国」と出会い、大きな衝撃を受けたことが分かる。つまり、彼は水戸で、それまでの長州藩という意識に加え、日本＝皇国という意識をもつようになったのである。ところで、この江戸および水戸を中心とした遊学でなぜ松陰は大きな変容をとげることが可能だったのであろうか。私はそれを自己教育の結果と考える。正に松陰はこの旅行を通じ、自己教育的学習者への転換をも成就した、と見ることができるのである。

帰国

江戸に帰った松陰は、ひっそりと鳥山の家に滞在を続けた。藩法を破ったという罪の意識がそうさせたのであろうか。しかし、松陰らの江戸帰着は、仲間内にはすぐに広まったようである。早速に、長州藩の山縣半蔵《やまがたはんぞう》（後の宍戸璣《ししどたまき》）や土屋蕭海《つちやしょうかい》らが鳥山宅に松陰を訪ねている。とくに山縣は藩邸へ帰るよう勧めた。松陰は断った。しかし、その松陰の心を動かしたのは、宮部鼎蔵《みやべていぞう》であった。宮部は諄　々《じゅんじゅん》と藩邸に帰ることを説いた。

四月十日、松陰は藩邸に帰った。その際、この日江戸へ帰着したと報告している。そしてこの日、藩邸で松陰は仲間である小田村伊之助《おだむらいのすけ》と面談している。小田村は松陰を咎《とが》めることもなく、夜、酒を酌《く》み交わした。

やがて、松陰は藩政府より、長州への帰国を命じられた。ただ、この時は、罪人の護送という形は取られず、役人二名が付き添うというものであった。

四月十八日、江戸を発った一行は、翌五月十二日、萩に着いた。ただ、この帰国の旅、途中の四日市《よっかいち》から江戸の宮部へあてた手紙をみれば、松陰の心は憂いに満ちたものであったことが分かる。しかし、それを慰めたのは、付き添いの役人であった。松陰は萩帰着後、その役人二人のことを、軍記物などに詳しく、また、各地の地形、人情にも通じていたので、大変「益友《えきゆう》」だったと記している。

屛居待罪《へいきょたいざい》

萩に帰った松陰は、藩命により「屛居待罪《へいきょたいざい》」、松本村清水口にあった実家杉家の一室にこもり、藩からの判決を待つ身となった。この時、帰国した松陰に対し、萩の城下中からはごうごうとした非難の声が上がっていた。中には、「松陰は馬鹿で愚かだから、このような結果になるということさえ分からずに亡命したにちがいない。死罪にならなくても、多分追放だろう」という声さえあったという。

しかし、父母や兄など、少なくとも杉家の人間が松陰を非難した、という史料は残っていない。

興味深いのは、松陰の師山田宇右衛門《やまだうえもん》の叱責《しっせき》である。

山田からの手紙には、「おまえが亡命をしたということを聞き、いつの日にか素晴らしい人物となり、大きな成果を上げることを楽しみにしていた。それなのに、今、空しく帰ってきた。おまえの志が確乎としたものではなく、また、大きなものでないことを何ともすることができない。おまえと交際を絶とうと思うが、どうしてもこれまでのこともあり絶つことができない。また、激励の言葉をかけてやろうと思うが、どうしてもその気持ちになれない」とあった。

この帰国を、藩邸の役人にだまされた、という意識をもっていた松陰は、山田に対し、この度の帰国は自分では恥じ、後悔している。しかし、それを口にだすことはしない、として次のような返書を送った。

先に帰国したこと、私の志が確乎としたものであるか否か、大きいものであるか否かは、私には分かりません。ただ、いつの日にか素晴らしい人物となり、大きな成果を上げるという志は、決して空しいものではありません。今、先生から絶交されたとしても、少しも恐れは致しません。ましてや、先生の小さな叱責など恐れは致しません。

これに対し、以後、山田からは一言もなかったという。

教育活動のはじまり

さて、屏居待罪《へいきょたいざい》という萩での蟄居《ちっきょ》生活である。この約八カ月にわたる蟄居生活はその後の松陰の学問および思想形成を見る上で大変重要である。と同時に、私共が初めて松陰の教育活動を見ることができる時期でもある。もちろん、松陰は十九歳の頃より、長州藩の明倫館兵学師範であり、多くの学生を抱え、つねづね兵学門下の教育にも心を配っていたことは、残された手紙よりうかがうことができる。しかしここで見ることのできる教育は明倫館兵学師範としてではなく、松陰個人としての教育である。松陰の教育活動はこの嘉永五年（一八五二）、萩での蟄居生活に端を発するのである。それは次のようなものであった。

玉木彦介《たまきひこすけ》（正弘《まさひろ》のこと。松陰の叔父玉木文之進の子。松陰の従兄弟）が来た。そこで、『詩経《しきょう》』を読んだ。口羽寿《くちばじゅ》（寿次郎《じゅじろう》のこと）が来た。『小学《しょうがく》』を講義した。佐々木《ささき》小次郎《こじろう》が来た。蘇轍《そてつ》の文章を読んだ。そして、最近、兄梅太郎と『名臣言行録《めいしんげんこうろく》』を読んでいる。久保清太郎《くぼせいたろう》も来て、会合している。清太郎と『雅片隠憂録《あへんいんゆうろく》』を読んでいる。玉丈人《たまじょうじん》（玉木文之進のこと）もまた来て、会合している。（中略）一日中、玉木彦介・口羽らに『詩経《しきょう》』を教え、読ませている。私は自分では、『犯疆録《はんきょうろく》』を筆写しながら、耳で彼らの読み方の善し悪しを聞き、まちがっているときには、修正している。

玉木彦介《たまきひこすけ》、佐々木小次郎《ささきこじろう》、久保清太郎《くぼせいたろう》は松陰の親戚、また、口羽《くちば》は松本村に居住していたといわれる。これより、血縁・地縁を中心とした勉強会であったことが分かる。

ではなぜこの時期に松陰は教育活動を始めたのであろうか。それは八カ月の蟄居生活で彼が何をしていたのかを見れば容易に想像できる。実家に帰った松陰が始めたことは国史関係の勉強であった。この主因は、東北遊旅行中の水戸で、会沢らの語るところから、いかに松陰自身が我が国のことを知らないかを教えられ、それを彼自身が恥ずかしい、と感じたことであろう。つまり、これも、江戸・水戸遊学以降の、自己教育の一つであった。そしてその際の視点は、「まず日本書紀《にほんしょき》三十巻を読み、これに続けて、続日本紀《しょくにほんぎ》四十巻を読む。この間、昔、四方の異民族を恐れ、従わせられた方法で、今の世に模範となるものがあれば、必ずこれを抜き書きして記録し、名付けて、『皇国雄略《こうこくゆうりゃく》』とした」との一文にうかがうことができる。「皇国」、我が国の歴史に学び、時務論、当面の具体的な政策などを得ることが目的であった。
嘉永五年、六、七月頃、松陰は来原にあてた書翰に、まず「昔の天皇らが諸外国を恐れ、従わせられた雄大な計略を見る度に、『これが我が国の我が国たるいわれである』と、気持ちを奮い立たせている」と記し、昔の天皇や朝廷が諸外国に対し、積極進取策を取っていたことを述べる。そして、当時の我が国の置かれた状況に関し、「これ程までに、国家の威光が衰え、崩れさっている状況は、かつてなかったことである」との認識を示している。
また、同時に目を向けたのが人材育成の重要性であった。それを、嘉永五年八月二十六日、松陰は山田宇右衛門《やまだうえもん》に次のように報告している。

私は日本書紀を読み、（中略）即座に、「人材を育成し、そして、国家を強大となすべきである」と、現在の我が国の現状を顧みて、気持ちを奮い立たせています。ああ、国家における人物というものの意味は、ちょうど、水に水源があり、木に根っこがあるようなものであります。これがなければ、水は涸れ、木も枯れてしまいます。（中略）大体、人の才能を伸ばし、人材にまで育てるには、大変不思議で、想像もできないようなものや、また、それまでの己れを恥ずかしく思ったり、飛び上がって喜ぶようなことを、できるだけ多く見聞させるのがよいかと思います。確かに、普段見慣れた平凡なことでも注意を喚起することは可能です。

しかし、それだけでは志や、やる気を更に奮い起こすことにはなりません。このような訳で、我が国の昔のすぐれた天皇は、遠くまで海外諸国を従わせ、その往復の職

務の間に人材を育成されたのであります。この雄大な計略こそ、私共が宜しく模範とするべきものであります。

松陰は「人材」が育たなければ、「国」も「かれる」という。また、人材育成の方法は、「著しく不思議で、想像もできないようなものや、また、それまでの己れを恥ずかしく思ったり、飛び上がって喜ぶようなことを、できるだけ多く見聞させる」ことだと述べていた。そして、例として、「我が国の昔のすぐれた天皇」をあげ、「人材」はその天皇の「海外諸国」制圧の、「往復の職務」の間になったと結んでいる。将《まさ》に遊学の勧めであった。

更に、嘉永五年、「中村百合三《なかむらゆりぞう》を送る序《おくじょ》」にも、「我が敬親公が藩主となられた際、(人材が育っていないという)現状をうれい、嘆かれ、昔のことをしのばれて、『天下に人物が生み出されるのであるが、どうして昔多くて、今少ないということがあろうか。そんなことはないはずである。ただ、人は日頃の経験に見合った人物にしかならないものだからなあ』といわれた。そこで、我が藩においては、広く天下から文武に抜きん出た武士を萩に招聘《しょうへい》し、全藩内の年少者を集めて、これらの師について学ばせた。また、その中でも、特にすぐれ、やる気のある者を選び、各地への遊学を許可し、自分から努め励まさせることとされた」と述べていた。

以上より、松陰が「遊歴」の重要性を自覚していたこと、また、その際大切なことは、「自分から努め励む」こと＝自己教育にあると認識していたことが分かる。

藩主敬親の温情

十二月九日、このような生活を送っていた松陰に藩から判決がくだった。判決は「御家人召放《ごけにんめしはなち》」であった。松陰は、藩主毛利家から吉田家へ代々与えられていた俸禄《ほうろく》を没収され、また、長州藩士としての籍をけずられ、浪人となったのである。しかし、同日、実父百合之助から「育《はぐくみ》」としたい、との申請が出され、それはすぐに許可された。「育」とは、長州藩の場合、一般的には一種の養子をいう。これにより後の出世などの条件をよくすることを目的とする制度である。ただ、松陰の場合、これにより、実父百合之助の五人組に編入され、その監督下に属することとなった。

この背景にあったのは、亡命事件およびこのたびの処置を聞き、「国の宝を失った」と嘆いたという藩主毛利敬親の存在であった。藩主の言葉を聞いた松陰は、その時の感激を、後、安政六年（一八五九）、高杉晋作へあてた書中に、幼少からの藩主との関係にふれながら、次のように記している。

私は幼少時より、殿から手厚く、心温まるご処遇をいただき、また、昔は、御前《ごぜん》の勉強会にも度々呼ばれて、直接お言葉までいただきました。それらは、全て心に深く刻み込まれております。その後、心に深く感じて、止めるわけにはいかない事情があり、（長州藩を）亡命いたしました。後に、ある方からお聞きしましたところでは、これは絶対に他言無用に願いますが、その時、殿は、「国の宝を失った」とおっしゃられ

た、とのことでした。私には身に余る程の感激であり、この世に生きてはおられない、と感じました。

また、この日、父百合之助は藩主敬親から、松陰に関し、十年間の諸国遊学願いを提出するよう、内々の指示を受けた。松陰父子の感激はいうまでもない。そして、願いはその日のうちに提出され、すぐに受理された。

第三章

米国艦隊来航の衝撃

三島神社の吉田松陰像（下田）

江戸再遊学

嘉永六年（一八五三）正月二十六日、冷たい雨の中、松陰は江戸をめざし、三田尻《みたじり》（現防府市）まで見送るという久保清太郎《くぼせいたろう》と共に萩を発った。萩の郊外までは兄梅太郎、従兄弟の玉木彦介らが見送った。この日、二人が三田尻警固《けご》町の飯田宅に着いたのは午後六時過ぎであった。

二十七日、天気はやっと回復し始めた。しかし、船が出る様子はなかった。そこで、松陰は久保らと、たまたま庄内《しょうない》藩（現山形県）から砲術の勉強に来ていた辻新内《つじしんない》をその宿に訪ねた。彼らは辻から庄内藩のことを聞きながら時を過ごした。とりわけ松陰が興味を覚えたのは、庄内藩では火薬の原料である硝石《しょうせき》や砂金が取れるという話であった。

二十八日、松陰を三田尻まで送った久保が萩へ帰る日である。別れに際し、松陰は次のような詩を送り、覚悟を披露している。

会稽辱《かいけいはじ》あり吾《わ》れ敢《あ》へ《(え)》て忘《わす》れんや、笈《きゅう》を負《お》ひ《(い)》自《みずか》ら憐《あわれ》む嘗胆《しょうたん》の情《じょう》。
いま君遠《きみとお》く来《きた(つ)》つて吾《わ》が行《こう》を送《おく》る、別《わか》れに臨《のぞ》んで一語君《いちごきみ》のために評《ひょう》せん。
講学《こうがく》徒《た》だともに口舌《こうぜつ》を争《あらそ(う)》ふ、蓋《なん》ぞ経国《けいこく》の大文章《だいぶんしょう》を作《つく》らざる。
人生《じんせい》の得喪一毛《とくそういちもう》より軽《かる》く、英雄常《えいゆうつね》に身後《しんご》の名《な》を要《もと》む。
嗟《ああ》、吾《わ》が微志《びし》或《あるい》は成《な》るあらば、巴城《はじょう》の下旧盟《もときゅうめい》を尋《たず》ねん。

【口語訳】中国の春秋時代、越王勾践《えつおうこうせん》は会稽山《かいけいざん》で呉王夫差《ごおうふさ》に敗れ降伏した。しかし、その後、多くの苦労に耐え、夫差を破ってその恥をすすいだという。私も昨年、東北遊旅行により、士籍剥奪《しせきはくだつ》という処分を受けた。しかし、今や諸国遊学の途上にある。今度こそは藩主や藩のためにしっかり学問をして、その恥をすすがなければならない。今、君は遠くまで来てくれ、私の旅立ちを送ってくれる。この別れに際して、一言君のために思いを述べたい。それは、今の世間で学問に励んでいる者の多くは口でもっていい争っているだけである。どうして、天下・国家経営のための文章を作ろうとする者がいないのであろうか。人生における得失などは、極めて軽いことである。英雄たる者は、常に死後も残る名前というものを考えなくてはならない。いつの日か私の微々たる志が成就することがあれば、必ず帰ってきて、萩城下での旧友を訪ねるから。

これより、当時、松陰がどれ程の覚悟と決意をもって、この度の遊学に臨んでいたかが分かる。

海路、大坂へ

翌日も、依然として、三田尻から船が出る気配がなかった。そこで、松陰は当時大坂行きの小型船が出ていた富海《とのみ》港（現防府市）へ向かった。

二月一日、松陰の乗った船はやっと富海を出港した。しかし、この日は晴れてはいたものの、風が強く、船は大津島《おおつしま》（現周南市）に急ぎ入港し、そこで一夜を明かすこととなった。船の揺れが強く、松陰も船底で伏せていたようである。すると、突然太鼓の音が聞こえ、二隻の船が入港してきた。聞けば、熊本藩の船で、参勤交代の藩主一行を下関へ迎えに来たものの、やはり強風を避けるため大津島へ避難したものという。以前より、船による参勤交代を主張していた松陰は、その船の威容に思わず目をみはった。当時の長州藩にはそのような大船は皆無だったからである。

　翌日は快晴で、風も順風であった。船は夜明けとともに出港した。しかし、室積《むろづみ》（現光市）を過ぎる頃から風、潮ともに逆となったので、船は一旦上関《かみのせき》の室津《むろつ》へ入った。しばらく時間があったので、松陰は上陸し、そこの台場を見学している。その後出港、小松（現大島町小松）を経て「津々《つづ》」（現岩国市通津）に入港したのは夜中の零時頃であった。

　三日、この日も夜明けとともに出港。船は新湊《しんみなと》（現岩国市新港）に入港した。ここで積荷の陸揚げということだったので、松陰はさっそく上陸し、錦帯橋《きんたいきょう》見学に出発した。この時、彼が最も感動したのは実は錦帯橋ではなく、岩国藩の行政であった。それは、錦帯橋のたもとに「諫櫃《いさめびつ》」が設けてあったことである。これは岩国藩の藩政に対する意見投入箱で、松陰は日記に「大変すばらしい」と感想を記している。その後、彼は新湊へ帰り乗船した。やがて、松陰を乗せた船は宮島《みやじま》をめざして長州を離れて行った。

　その後、船は宮島、音戸《おんど》、多度津《たどつ》などを経て、二月十日、大坂へ着いた。松陰はこの船旅の途中、厳島《いつくしま》神社と金比羅《こんぴら》社を参拝している。

文学か兵学か

大坂へ着いた松陰が最初に向かったのは和流砲術家坂本鼎蔵《さかもとていぞう》であった。教えをこう松陰に、坂本は自著を見せながら、大砲や各藩の状況などを語ったという。

その後、松陰は五条《ごじょう》の森田節斎《もりたせっさい》をめざした。森田は当時、谷三山《たにさんざん》と共に、「大和にこの人あり」といわれた高名な医者・儒者であり、また、江幡五郎《えばたごろう》の旧師であった。松陰は途中、仁徳天皇陵に参拝し、十三日、森田の所に着いた。

実は、この訪問は、江幡からの依頼による。それは江幡の仇討ちなど、近況を森田へ報告することであり、また、江幡から預かっていた決別の書などを届けることであった。その夜は、森田と、江幡の話に花が咲いたようである。松陰は「実に愉快である」と記している。

この後、松陰はすぐに江戸をめざす積もりであった。実際、この十一日付けの兄あての手紙には、二月末までには、是非江戸へ着きたいと記していた。しかし、松陰は森田によほど気に入られたのであろうか。翌日からの富田林行きへの同行を求められ、結局、それに従うこととなった。

ところが、富田林、岸和田と旅を続けるうち、松陰は次第に森田に惹かれるものを感じ始めていた。それは森田が行く先々で門人、同志らと交わす詩歌などの文学論であった。確かに、松陰は嘉永元年（一八四八）の「上書《じょうしょ》」において、「顔立ち・衣服・髪型その他、その時の流行に心をくだくような者は、必ず武士としての心がけが薄く（中略）文武興隆を妨害し、政治や教育をそこなうのは、遊芸《ゆうげい》・風流《ふうりゅう》・奢侈《しゃし》などに溺れることであります」と述べ、具体的に、「詩歌《しいか》」などを、その対象の一つとして取り上げ、「折々に、お戒めなされなくては、いけないことかと思います」と断じていた。しかし、それを忘れさせるほどの魅力を森田に感じたものと思われる。

この間、松陰は千早城趾《ちはやじょうし》に登って、大楠公《だいなんこう》を偲《しの》んだり、堺・大坂なども訪ねている。また、同時に、森田の紹介で多くの人々を訪ねていた。その中でも大きな影響を受けたのは、大和八木《やまとやぎ》の谷三山《たにさんざん》であった。それは、後、安政三年（一八五六）五月、当時江戸勤務中であった久保清太郎にあて、参勤交代に従って萩へ帰る際、休暇を取って、「水戸・日光・相模・伊豆・伊勢・大和・京都・大坂などを回られてはどうですか」と勧めた書中に、次のように記していることから分かる。

私がこのようなことを申しあげますのは、大和の国の八木《やぎ》というところに、谷昌平《たにしょうへい》（谷三山《さんざん》のこと）という、目が不自由ではあるが、学問のある人がおられます。この方が元気な内に、十日か十四、五日でも話をお聞きになれば、大益があると考えるからであります。私もこの方にお会いしたことは三、四回だけであります。しかし、お聞きしたことは、今もって耳に残っております。また、読書をしている際に、それらを度々思い出し、何かにつけ、新しい考えが浮かぶように感じるのであります。こういう訳で申しあげました。

これより、主眼は久保に谷の教えを受けさせることにあったことが分かる。

また、この間、松陰の身に、一つの事件が起こっていた。それは、森田から文学を専攻してはどうかと勧められたことである。「志は、このため、大いに動揺した」と記しているところを見れば、松陰も文学に興味をもっていたことが分かる。実際、森田の勧めは嬉しかったのであろう。しかし、彼は結果的に自分の置かれている立場を忘れることはなかった。やがて、四月二十日付けの兄あての手紙に、「私は文学を学ぶことに勢力を注ぐか、それとも、それを捨て去って、専一に兵学に注ごうかと、心は混乱しておりました。この度、きっぱりと決断し、江戸へ行って、兵学を修めることと致しました」と決意を書き送っている。しかし、松陰がこれ程悩んだということは、森田から受けた教えにどれ程大きな価値を認めていたかの証左となる。

伯父の激励

五月一日、五条を後にした松陰は再び八木に谷三山を訪ねた。そして、その後、郡山、奈良、上野、津などを経て、八日、伊勢に着いた。伊勢では早速外宮《げくう》を参拝している。また、翌日は足代権太夫《あじろごんだゆう》を訪ねて教えを受け、その足で再び津へ向かった。津では斎藤拙堂《さいとうせつどう》を訪ねた。

その後、松陰は中山道《なかせんどう》を通って、五月二十四日、江戸桶町河岸《おけまちかし》の鳥山新三郎《とりやましんざぶろう》宅へ着いた。

その夜は、鳥山との再会を祝し、遅くまで話し込んだ。

翌二十五日、松陰は鎌倉瑞泉寺《ずいせんじ》をめざし、江戸を発った。寺に近づいた時、住職である伯父竹院和尚は丁度、門前で掃除をしていた。竹院は、すでに、亡命事件およびその後の処分を知っていた。しかし、松陰の元気そうな姿を認めると、飛び上がらんばかりに喜んだという。

松陰は最初に、母瀧《たき》からことづかり、萩から持ち運んできた「黍《きび》の粉」を竹院に渡した。竹院は実の妹からの贈り物を大切に受け取ったという。

その日、二人は夜を徹して話し込んでいる。話は当然今後の松陰の生き方などになった。竹院は松陰に、これから後は、まず「有名になりたいとか、お金や地位が欲しいという思いを断て」と諭した。また、修身の工夫や、後、松陰が好んで使用することとなる「死《し》して後《のち》已《や》む」の説や、更に、松陰の詠《うた》った詩文を中心に、文学論などにも及んだようである。松陰は伯父の激励に、改めて以後の精進を誓った。

六月一日、鎌倉を発った松陰は、その日の内に江戸へ向かい、夜八時頃、鳥山の家に帰着した。

二度目の江戸遊学に当たり、松陰が前回にもまして張り切っていたことはまちがいない。彼は翌二日には長州藩の上屋敷桜田藩邸を訪ね、また、三日には再遊の挨拶のため、佐久《さく》間象山《まぞうざん》を訪ねた。

ところが、四日、松陰が再度桜田藩邸を訪ねた時である。あわてふためいた様子で近づいてきた道家龍助《どうけりゅうすけ》が叫んだ。「浦賀に外国船が来た」と。

米国艦隊来航

嘉永六年（一八五三）六月三日、ペリーに率いられた二隻の蒸気船と二隻の帆船からなる米国艦隊が浦賀沖に現れ、碇《いかり》を入れた。

旗艦サスケハナ号は二四五〇トン、日頃、千石船と呼ばれる約一〇〇トンクラスの船しか見慣れていない我が国の人間には、将に山が動いているように見えたことであろう。この艦隊は伊豆沖を通過する時、全艦が実弾を装着し、臨戦態勢をしいていた。

道家から一報を聞いた松陰は、その足で佐久間象山の塾に急いだ。しかし、象山はすでに門人らを率い浦賀へ発った後であった。松陰は仕方なく、鳥山宅へ帰った。その後、たまたま訪ねてきた客があり、松陰は、なすこともなく彼と兵学書を読み始めた。しかし、心ここに在らずの状態であったことはまちがいない。結局、午後八時頃になり、その我慢も限界を超えた。松陰は突然浦賀へ発つこととした。出発に際し、藩邸の瀬能《せの》吉次郎（後の正路《まさみち》）にあて、「浦賀に外国船が来たようですので、私は今から夜行の船で参ります。（中略）気持ちは大変はやっており、飛んでいるようです」と送っている。松陰は船あるいは歩行で急行し、結局、浦賀に着いたのは翌五日の午後十時頃であった。

六日、朝早く目覚めた松陰は、海岸の高台に立ち、米国艦隊を見た。この時の様子を、松陰は江戸藩邸の道家にあて、次のように書き送っている。

賊船《ぞくせん》の様子を探ってみたところ、船は四艘《そう》、海岸から十町（一町は約一〇九メートル）以内の所に泊まっている。それぞれの船の間隔は五町位である。船は北米からのものにまちがいない。願っていることは、昨年から噂されていた通りのもので、大統領からの国書は御奉行が行かれれば渡すとのことである。しかし、そうでなければ、江戸へ直接持参する、といっているようである。これ以外のことで奉行所の者が漕ぎよせても、船にも乗せない。また、朝夕、艦隊で大砲を撃っており、奉行所が禁止しても聞かないようだ。

更に続けて、松陰は次のような感想を記している。

今回のことは簡単に済むようなものではない。いずれ日米の一戦になるのではないか。しかし、いざという場合でも、我が国の船、大砲は米軍に張り合えるようなものではなく、勝てる見込みは大変少ない。実際、御奉行や警備に当たっている下曽根金《しもそねきん》三郎《ざぶろう》（信之《のぶゆき》のこと）氏なども、米兵の手に首を渡すよりは切腹する方がましだと、しきりにお寺の掃除を部下に申しつけておられる。

佐久間象山先生はこの度のことを憂い嘆き、「このような状況になることは分かっていたことである。以前から船と大砲のことは随分と、やかましく申しあげたのに、（幕府は）お聞きくださらなかった。こうなった以上、米軍を陸戦に引っ張り込み、白兵戦で勝負する以外ない」とおっしゃっている。外国に対し、これ以上の面目を失う状態はない。しかし、これで日本の武士がふんどしを締め直す機会が来たのである。その点は、祝うべきこともまた大なるものがある。

七日以降も、松陰は浦賀一帯を歩き回り、情報収集に努めた。彼は警備に当たっていた彦根藩が大砲五門を備えていること、集められた農民らが警備の武士に炊き出しをしていること、また、その一方で、老人、子供をもつ農民らが牛馬に家具などを乗せ、海を離れた奥地へ避難していることなどを記している。

幕府批判

九日、幕府はついに久里浜《くりはま》で米国の国書を受け取ることとなった。当日、松陰も久里浜へ行き、その様子を見た。その時の様子などを、後、宮部鼎蔵《みやべていぞう》にあて、次のように送っている。

四日に浦賀のことを聞き、その夜より浦賀へ来て、米艦などの様子を探っています。現在、諸藩の志気は大変高いものがあります。しかし、どうしようもないのは、幕府の老中達に腹の据わった者がおらず、この度、我が国の国体《こくたい》（国家の体面のこと）を失うような対応しかしていないことです。志のある武士は、どうしても憂い、嘆きに耐えることができません。

九日、浦賀の隣の久里浜で、浦賀奉行《うらがぶぎょう》の井戸弘道《いどひろみち》、戸田氏栄《とだうじよし》両氏が米国の国書を受

け取られる様子を拝見しました。この屈辱に涙を流し、憤らない者がおりましょうか。おりはしません。あの話聖東国《ワシントン》（米国のこと）というものは、新しくできたばかりのつまらない国ということです。そんな国に対し、堂々とした歴史があり、天朝をいただく我が国が屈服して、いいなりになっているのです。何たることでありましょうか。ただ、聞くところによれば、彼らは、来年、国書の回答を受け取りにくるということです。その時にこそ、我が日本刀の切れ味をみせたいものであります。しかし、この度の事、諸藩の士や心ある者の中で、打ち払うべし、と決めていた者は十人の内七、八名はいるようです。それなのに、実に残念なことであります。

その後も松陰の憤りはとどまるところがなかった。彼は萩の兄梅太郎にあて、「これまで我が国で一度も起きたことのない大事件です。国家の威光の衰頽《すいたい》はこのような状況になりました」と述べ、幕府の政策を、「事をいいかげんにしてごまかし、ぐずぐずして煮え切っていない」と痛烈に批判している。更に、このようなことでは、「どのみち天下の崩壊も遠いことではないだろう」とまで述べていた。

また、我が国との友好および通商を求める米国のフィルモア大統領からの国書の内容については、「いくら読み返してみても、一つとして許可されるような事項はありません。もしも、このような要求を許可されるようであれば、天下の大事件です。その時にはこれを憤り、嘆き、自ら命を絶つ以外ありません。しかしながら、天朝、幕府が国家国民のことを思われ、許可されるようなことはないとは思います。その時にはきっと日米の一戦となるでしょう。その時、我が国の平和になれ、弛《たる》みきった武士や庶民をもって、百戦錬磨の米軍と一戦ということになれば、その勝敗は戦う前から決まっているといわざるを得ません」と記している。

敬親への上書

しかし、こう述べながらも、松陰はいても立ってもいられなかったのであろう。浪人の身も顧みず、藩主毛利敬親へ上書を提出している。「将及私言《しょうきゅうしげん》」、「急務条議《きゅうむじょうぎ》」などである。「将及私言」の冒頭において、松陰はいう。

米国艦隊来航より、現地を走り回り、その状態を見た。米国の我が国に対する軽蔑・侮りは見聞きすることさえ耐えられないものがある。しかし、これまで一戦にならなかったのは、幕府がその軽蔑侮慢《けいべつぶまん》の態度を仕方のないものとして受け入れ、全て穏やかに処理するようにしてきたからである。

彼らの要求するところを見れば、一つとして許可されるべきものはない。しかし、来年の春、彼らが回答を取りに来た時、一つも許可をもらえないようであれば、何もせず、黙って引き下がるであろうか。そうではなかろう。必ず一戦になるはずである。しかし、太平に慣れた我が国の武士達は戦争は永久にないものと思っている者が多い。実に嘆かわしいことである。考えてみれば、来春までわずか五、六カ月しかない。この間に、臥薪嘗胆《がしんしょうたん》、あらゆる困難に耐え、国民が一体となって一戦に備え、準備をするのでなければ、戦うことさえできないであろう。もし、準備をしないで来春を迎えるのであれば、取り返しのつかない悔いを残すこととなるであろうと、私は我が国のために心を痛めている。だから、忌み嫌われることも遠慮せず、このような上書を差し出す罪をもさけず、今急いでしなければならない事項を記し、差し出すのである。そして、これに続けて、「大義」など、九つの項目を立て、次のように述べている。

まず最初になすべきことは大義を明らかにすることである。大義とは、我が国は幕府の私有物ではなく、天朝のもの、天皇を上にいただく全国民のものである、ということである。だから、我が国のどこであろうと、外国の侵略を受けたならば、天皇から征夷大将軍に任命されている将軍が諸大名を率いて、侵略を撃退し、天皇のお心を安らかにするべきである。

現在、多くの武士達の間に、江戸は旗本以下、徳川家で守ればいい。自分達はそれぞれの藩地さえ防衛すればいい、という間違《まちが》った意見が行われている。それは、この大義が分かっていないからである。

また、「聴政《ちょうせい》」という項は、藩主自らが終始直接政治を執るべきことを勧めた内容である。ただ、その際、松陰は、「大体、大事な政策を決定し、実施する時には、必ず、多くの人々で協議し、一つにまとまった結論を採用するべきである。これは政治を執る時の最も大切なことである」と述べ、専制政治に釘をさすことを忘れていなかった。

三項目目以下は、部下からの、上役の言動をいさめる意見があれば、しっかり聞くこと。家来を一様に扱うこと。藩主自身、しっかり学問に励み、心ある立派な人と交友すること。西欧式の大砲などは実戦を経ているので、それを手本として、訓練に励むこと。艦船も同様と述べ、オランダ人を通して購入するか、我が国で製造するかを決め、速やかにその操船訓練を実施すること。また、騎兵の訓練なども奨励していた。

そして、最後に、以上の全体を貫く事項として挙げたのが、「至誠《しせい》」である。松陰はいう。

これまで、聖人の記した書や聖人自身の伝記などの大意を考えてきた。その結果、分かったことは、天下に行われてきた、人としてのあるべき道も、君子としてふみ行うべき学問も、誠というものしかないということである。

これには三つのポイントがある。実《じつ》、一《いつ》、久《きゅう》である。実というのは、先に述べた大義、私共は天皇の家来であり、我が国土は天皇のものであるという真理を基本とし、誠の心をもち、それを誠実に実行することである。一とはそれだけを専一に行うことである。久とは、実と一だけを、作輟《さくてつ》（やったりやらなかったりということ）がないよう、ずっとやり続けることである。大体、物事というものは、実でなければ、一であることはなく、久であることもない。だから、この三つを合わせて誠というのである。

そして、彼は藩主毛利敬親が現実に行うべき具体策を次のように述べる。

殿ご自身が諸大名のさきがけとなり、米国艦隊を討ち滅ぼされることが最もよい

謀《はかりごと》です。今はひたすら藩兵を訓練する。もしも、他の大名が米国艦隊と戦って勝てばそのままでよいでしょう。

もし、負けるようであれば、その時こそ兵を挙げ、この状態を回復し、戦を収める時、殿《しんがり》、最後尾となって、迫ってくる敵を防ぐこと、これがその次にとるべき方策です。さきがけ、殿《しんがり》たることもせず、他の大名などの戦がうまく行かない時に、ただちに長州へ帰り、改めて米国と一戦するべく兵を挙げることは最も下手な方策であります。

この「将及私言」は、藩邸の役人八木甚兵衛《やぎじんべえ》の好意により、匿名《とくめい》の形で藩主敬親《たかちか》にまで伝えられた。その内容に感動した敬親は、江戸藩邸の責任者浦靭負《うらゆきえ》に対し、いくつかの指示を行ったといわれる。

しかし、江戸藩邸の人間は、決して八木のような人間だけではなかった。「吉田松陰は出すぎものである」という非難や悪口がごうごうと起こった。それは、松陰自身が兄梅太郎にあて、「この頃は、私の上書提出を藩邸の役人らが憎み、藩邸内へ入ることも断られました。しかし、上書提出の時は、もちろん死ぬ覚悟でした。しかし、死ぬこともできず、また、長州藩や我が国のために何もすることができません。誠に恥ずかしく、憎まれても仕方ありません」と記す程の状況であった。

肥後藩士との往来

しかし、松陰は決して無駄に日々を送っていた訳ではない。

米国艦隊来航を機に、西欧兵学研究の必要性を痛感した彼は、この頃、蘭学の勉強を真剣に行っている。

また、初めてその価値に気づいた佐久間象山の元を度々訪ね、象山やそこに集う同志らと具体的な対策などを練っていた。

更に、浦賀から江戸へ帰って以降の松陰には、一つの新しい動きを見ることができる。それは、肥後藩士との往来が急速に増えていることである。この当時、松陰の畏友《いゆう》宮部鼎《みやべてい》蔵《ぞう》は熊本にいた。ここでいう肥後藩士とは、轟木《とどろき》武兵衛《ぶへえ》、永鳥三平《ながとりさんぺい》、末松孫太郎《すえまつまごたろう》、魚住源《うおずみげん》次兵衛《じべえ》、佐分利定之助《さぶりていのすけ》、国友半右衛門《くにともはんえもん》らである。彼らはいずれも宮部同様、肥後勤王党の林櫻園《はやしおうえん》の門人であった。

林櫻園は寛政《かんせい》九年（一七九七）、熊本に生まれた尊皇攘夷家である。幼少時より国学を学び、十九歳の時、独自の神道的生死観を記した「昇天秘説《しょうてんひせつ》」を著した。彼は国学・漢学・仏教の他、蘭学・天文学・軍事学などにも通じ、また、肥後勤王党の党首であった。また、すでに嘉永三年（一八五〇）時より、「よせてこん夷《えびす(が)》か千船《ちぶね》八千船《やちぶね》をとく吹払へ《ふきはら(え)》科《しな》が戸《と》の神《かみ》（我が国へ侵攻してくる外国船が何千隻であろうとも、神風よ、どうか、すみやかに吹き払ってください）」と詠《うた》う程の神懸《かみが》かり的な攘夷論者であった。

六月十八日頃、松陰は江戸で、その永鳥《ながとり》および松浦武四郎《まつうらたけしろう》を訪ねている。松浦は伊勢国《いせのくに》出身の江戸末期の蝦夷地《えぞち》探検家で、「北海道」の名付け親である。その松浦の日記によれば、その日、三人は終日我が国の取るべき政策につき議論したという。そして、その際、松陰らは、「これ程までに米国から恥をかかされているのに、わずかの反撃さえせず、いたずらに日を送っていることが情けない」と憤り、嘆いていたことが分かる。

しかし、松陰は当時浪人の身であった。よって、長州藩の政治を直接動かすことなどできるはずはなく、実際のところ、具体的な方策に行き詰まっていた、というのが実情であろう。

その松陰が、嘉永六年（一八五三）九月、突然「西遊《さいゆう》」する、といいだしたのである。

第四章

「墨夷《ぼくい》膺懲《ようちょう》」作戦

弁天島

長崎紀行《ながさききこう》

松陰の西遊とは「長崎紀行」（長崎への旅行のこと）である。それは、「定説」として、これまで次のように語られてきた。

目的地は長崎。そこで、当時、日ロ和親条約交渉のため停泊していた、プーチャーチン率いるロシア艦隊へ漂流を装って密航する。その後、中国へ渡り、そこから、欧米をめざそうとした。しかし、松陰が長崎へ着いた時には、すでにロシア艦隊は出港しており、結局、失敗に終わった。

この時、佐久間象山、松陰らがモデルとしたのは、米国漂流から帰国し、後、許されて、当時、幕府の通訳となっていたジョン万次郎であった。ジョン万次郎が許されるほど時代は変わっている。とすれば、松陰も当然結果的に許されるはずである、と彼らは考えた、というものである。

しかし、私の研究によれば、この定説には大きな欠点がある。それは、象山が松陰に与えたという旅費および壮行の詩なるもの以外、長崎での漂流、密航に関する史料が、安政元年（一八五四）三月二十七日の下田事件以後に記されたものであるという事実を見落としている点である。

以下、私の研究結果に沿って記す。

嘉永六年（一八五三）九月十六日、松陰は「長崎紀行」と題した日記に、次のように記している。

江戸を出発し、将に西遊しようと思う。この旅は深く心に秘めた、大変大きなはかりごとがある。象山先生が最初にこのはかりごとを勧められ、友人である鳥山新三郎《とりやましんざぶろう》・永鳥三平《ながとりさんぺい》・桂小五郎《かつらこごろう》（後の木戸孝允）らもまた賛成した。それ以外の友人らは一人として知っている者はいない。朝、桶町《おけまち》の鳥山宅を出発し、象山先生の所へ寄ってお別れをし、品川へ出た。

この品川で、松陰を見送ったのは宿主の鳥山と肥後藩の永鳥であった。

ところで、松陰の西遊に賛同した一人に桂小五郎がいた。桂は天保四年（一八三三）六月、長州藩医和田昌景《わだまさかげ》の長男として、萩呉服町に生まれた。その時すでに姉の夫文譲が跡継ぎとなっており、八歳の時、隣家の桂九郎兵衛孝古という百五十石取りの家の養子となった。つまり、彼は生まれながらの武士ではなかった。後、安政三年（一八五六）、桂の実妹治子《はるこ》が嫁ぐこととなる来原良三《くりはらりょうぞう》の日記によれば、この嘉永六年（一八五三）十一月当時、桂・来原らも、在江戸の肥後勤王党の連中らとしきりに往来していたことが確認できる。通説には、この時期の桂について、「一八五二年（嘉永五）一一月、江戸に着いて、麹町三番町の斎藤弥九郎道場に入門した。そして、その翌年には、早くも斎藤道場の塾頭になった」といわれている。しかし、桂は決して剣道に熱中していただけではない。

つまり、桂は、嘉永六年から翌安政元年にかけ、松陰の将に命を懸けた志士的実践を目の当たりにしていたのである。これは、桂にとって、武士とはいかにあるべきかということについての重要な学びの機会だったと思われる。この意味において、桂は松陰の同志であり、また、門人であった。

さて、松陰は東海道を進む。途中、神奈川では、浦島太郎の墓に詣っている。あるいは漂流の成功を祈ったものであろうか。

西をめざす松陰は、九月二十四日、新居《あらい》（現静岡県新居町）で、江戸へ向かう肥後藩士津田山三郎《つだやまさぶろう》、河瀬典次《かわせてんじ》に思いがけず出会った。この二人、津田も河瀬も林櫻園《はやしおうえん》の門人であり、よって、品川で松陰を見送った永鳥の同志であった。この時、松陰は次のような漢詩を詠っている。

江戸へ下る君らと、西へ上る私が新居の宿で思わず出会った。お互いの顔を見て、あっというのみで、言葉もなかった。互いに九州と江戸の状況を語り合い、その変化の大きさに、嘆き、また、驚いたところである。外国のけしからん態度には、嘆き、驚かざるを得ない。しかし、多くの国民はそれを何とも思っておらず、我が国の我が国たるいわれを明らかに示そうとする者はいない。私はこれより九州に下り、肥前・肥後・豊前・豊後地方の豪傑、英雄に接し志を養いたいと思う。

この九月二十四日の時点で、松陰が「肥前」以外に、「肥後・豊前・豊後」と記していることに注目したい。長崎だけが旅の目的ではなかったことが分かる。

その後、十月一日、松陰はわざわざ京都へ回り、梁川星巌《やながわせいがん》を訪ねた。松陰の最初の上京であった。

星厳《せいがん》は寛政《かんせい》元年（一七八九）、現在の岐阜県大垣市に生まれた。江戸時代後期を代表する漢詩人、勤王家で、当時、京都で勤王活動をしていた。

星厳に迎えられた松陰は、早速、孝明天皇の日常の生活などを聞かされた。それによれば、天皇は、米国艦隊来航後、毎朝四時には起床して、心身を清められ、米国の降伏と我が国民の無事を祈願されている。また、食事を一日二度しかお取りにならない、ということであった。

幼少より、父百合之助、叔父玉木文之進らから受けた教育を思えば、松陰がこの話にどれ程感激したであろうかは容易に想像することができる。

翌二日朝、松陰は皇居参拝に出かけた。初めての皇居を目の当たりにして、感無量だったことであろう。その感激は次のような漢詩となる。

山河《さんが》襟帯《きんたい》自然《しぜん》の城《しろ》、東来日《とうらいひ》として帝京《ていきょう》を憶《おも》は《(わ)》ざるなし。
今朝《こんちょう》盥嗽《かんそう》して鳳闕《ほうけつ》を拝《はい》し、野人《やじん》悲泣《ひきゅう》して行《い》くこと能《あた》は《(わ)》ず。
鳳闕《ほうけつ》寂寥《せきりょう》にして今古《いまいにしえ》に非《あら》ず、空《むな》しく山河《さんが》のみありて変更《へんこう》なし。
聞《き》くならく今上聖明《きんじょうせいめい》の徳《とく》、天《てん》を敬《うやま》ひ《(い)》民《たみ》を憐《あわれ》む至誠《しせい》より発《はっ》したまふ《(う)》。
鶏鳴《けいめい》乃《すなわ》ち起《お》きて親《みずか》ら斎戒《さいかい》し、妖氛《ようふん》を掃《はら》つ《(つ)》て太平《たいへい》を致《いた》さんことを祈《いの》りたまふ《(う)》。
従来英皇《じゅうらいえいこう》不《ふ》世出《せいしゅつ》、悠々《ゆうゆう》機《き》を失《しっ》す今公卿《きんこうけい》。
人生《じんせい》萍《うきぐさ》の如《ごと》く定在《ていざい》なし、何《いず》れの日《ひ》にか重《かさ》ねて天日《てんじつ》の明《めい》を拝《はい》せん。

【口語訳】京都は東山《ひがしやま》を襟《えり》とし、鴨川《かもがわ》を帯《おび》として、自然の雄大なお城を形作っている。

私はこの度の江戸遊学以来、一日としてこの皇居のある都のことを忘れたことはない。今日やっと長い間の思いを果たすこととなり、心身を清めて皇居を拝することができた。感極まって涙は止まらず、ここを立ち去ることさえできない。仰ぎ見れば、皇居は荒れ果てており、昔のおもかげはない。ただ無心の山河のみが昔からの姿を保っているばかりである。聞くところによれば、天皇は徳の高い方で、誠心誠意、天を敬い、民を憐れんでおられるという。また、毎朝鳥の鳴き声と共に起床され、みずから心身をお浄めになり、我が国に武力を背景として開国を迫る外国を打ち払って、天下が太平となるよう、天の神、地の神に祈願されていると承るところである。このような天皇がいつの世もおられるとは限らないのに、どうして公卿達は何らなすこともなく、無為に日々を過ごしているのであろうか。このようなことで、どうして、天皇のありがたいお心を広めることができるのであろうか。人生は浮き草のようなもので、定まった住み家などは決まっていない。またいつの日に再び天皇の徳の明らかなるものを拝することができるのであろうか。

この後、松陰は淀川を船で下り、大坂へ着いた。

横井小楠の「墨夷膺懲《ぼくいようちょう》」策

問題はこれ以後の行動である。彼はこの二日から九日まで大坂で船待ちをする。そして、何故か、鶴崎《つるさき》（現大分市）へ向かう船に乗るのである。当時、鶴崎は肥後藩の「飛び地《とち》」（近世、城付きの領地に対し、遠隔地に分散している知行地《ちぎょうち》のこと）であった。

十六日、鶴崎に上陸した松陰は、そこで一泊する。この時、松陰は、毛利空桑《もうりくうそう》をその私塾知来館《ちらいかん》に訪ねた。空桑は寛政《かんせい》九年（一七九七）、鶴崎に生まれた人物で、日出《ひじ》の帆足万里《ほあしばんり》や、肥後藩の藩校時習館《じしゅうかん》、福岡藩の亀井昭陽《かめいしょうよう》にも学んだ儒学者、教育家、尊皇論者であった。

その後、松陰は今市《いまいち》街道、肥後街道沿いに、小無田《こむた》、坂梨《さかなし》などと泊まりを重ね、十九日、熊本に着き、坪井《つぼい》に宿を取った。

翌二十日、早速松陰は宮部鼎蔵《みやべていぞう》の来訪を受けた。そして、二人で横井小楠を訪ねた。では、当時、小楠はどのような考えをもっていたのであろうか。

小楠は、嘉永六年（一八五三）正月の時点で、薩摩からの情報として、「英国」船がこの年の夏には、我が国のどこかへ来て、交渉を要求する、ということを知っていた。同年八月には、同藩の伊藤荘左衛門にあて、次のような意見を書き送っていた。

米国艦隊の来航は、我が国にとっては、重く、長わずらいの大病のようなものであり、大変な異変である。しかし、その使節の意図することが、一向に分からない今、我が国としては、よくよく対応を慎重にし、細心の注意を払わなければならない。

大体、ロシアはご存じの通り、世界第一の国家であり、英国などは元々その属国であった。そのロシアは、我が国と米国の、この度のもめ事を解決すれば、その功績は

世界に輝き、また、我が国からすれば、それは大きな恩を受けたこととなる。そうすれば、我が国との交易も誰にも反対されることなく容易に行われるようになる、という考えかと思う。

また、その後、ロシア艦隊のプーチャーチンとの交渉を担当する川路聖謨《かわじとしあきら》あてを想定して記したといわれる、「夷虜応接大意《いりょおうせつたいい》」には、次のように述べていた。

　我が国が万国より優れ、世界で君子の国といわれる訳は、天地の心を心とし、仁義を重んずる国家だからである。とすれば、米ロ使節への対応も、ただ、この仁義という、人として踏み行うべき正しい道に則ることが大切である。この道に従わなければ、ただ平和をのみ望む場合には、国体、我が国の国柄に傷をつけることとなる。また、戦うという場合には、敗れるであろう。これらが明らかであることはいうまでもない。

　大体、我が国が外国に対応する際、方針とするべきことは、心ある国家には国交を許し、法を無視する心ない国家は拒絶する、という二つである。

　米国は無法にも浦賀《うらが》に乗り入れ、色々な無礼を働き、一切我が国の法律を守らない。今その無礼な行いを責め、もしも彼らがそれを承知せず、敢えて戦闘を起こすようであれば、彼らがまちがっており、我々が正しいのである。必死で戦えば、我が国が勝利するであろうことはまちがいない。どこに遠慮することなどあろうか。

　我々が今の平和な日々の生活に溺れ、彼らの武力に屈し、和睦《わぼく》の評議を提唱することは最も下劣な政策である。

実は、この熊本到着時のことと思われる。宮部がいきなり、「なぜ、ペリーを斬らなかった」と松陰を責めた。そのようなことなど、思いもしなかった松陰は、「君こそ、なぜ、プーチャーチンを斬らないのか」と反論する。宮部は、「ロシアの使節は斬る理由がない」と述べ、更に反論して屈しなかったという。

この時、宮部が小楠の持論の如き理由を述べたであろうことは容易に想像できる。しかし、松陰も負けてはいない。「プーチャーチン」云々《うんぬん》との反論がそれである。そして、九州来訪の目的は敵国情報探索であり、長崎のロシア艦隊のこと、海外漂流のことなどを語ったものと思われる。

宮部はここで松陰の意思を確認した。そこで、かねてより練っていた「墨夷膺懲《ぼくいようちょう》」作戦＝ペリー刺殺策、という計画を打ち明け、同志となることを求めたものと思われる。私は、以後の松陰の言動および宮部ら肥後藩士の動きなどより、小楠は「墨夷膺懲」の具体的な段取りを語り、また、その後の日米の一戦は勝てるとの予想まで展開して見せたものと考える。

林櫻園の攘夷論

そして、それは、以下、林櫻園のいうような考え方だったものと思われる。櫻園はいう。

今日攘夷を実行しようと望むのであれば、西洋諸国のある一国が、他の諸国との間に間隙《かんげき》、意見の不和を見せた時、その国がどんなに武力で我が国を威嚇《いかく》したとしても、恐れることなく、まっすぐ、正しいと思う通りに行動し、最後には戦いを開始するべきである。戦いは怒りを根源とする。（嘉永六年以来、あの外国人達が、我が国の国禁である鎖国政策を無視し、大胆にも我が要塞へ軍艦を乗り入れて、自分達の意志を押しつけるべく交渉をしてきた態度は）全国民が大変怒っていることである。全国民がこのような気持ちであれば、彼らと一戦することに不平、不満はないであろう。我が国は平和な時代が長く、軍備はすたれ衰えている。また、武器の性能など、比較するまでもない。だから、戦闘をすれば、負けるであろうことはまちがいない。しかし、全国民が心を一つにして、いくら戦闘で負けても挫《くじ》けず、我が国を守るための手段を尽くせば、日本という国家をあげて彼らに盗られる、というようなことは決してあり得ない。

彼らは皆本国から遠く、また、我が国の地理を知らない客兵《かくへい》（他国から侵略してきた兵隊のこと）ばかりである。また、どうやって巨大な軍事費を支えるのであろうか。支えることなどできない。とすれば、すぐにでも、彼らから講和を申し出るであろうことはまちがいない。運よく、一回でも、彼らの勢いをくじくことができれば、我が国の威光は、いかずちのようにヨーロッパにまで鳴り響くであろう。本当にそうなれば、開国しようと鎖国しようと、我々が望むままになるのである。

この櫻園の攘夷論を、渡辺京二氏はその著『神風連《しんぷうれん》とその時代』の中で、次のように評している。渡辺氏の指摘は、以降の松陰の天皇観・幕府観を考える上でも、大変重要と思われる。よって、少し長いものではあるが、重要と思われる部分を記す。

これは思想的に見ても軍事的に見ても、幕末にのべられた攘夷論中、第一等のものである。まず第一に櫻園は、わが国は神国であり夷狄《いてき》（野蛮な異民族のこと）を近づけると国土が汚れるから攘夷をするというのではない。水戸老公《ろうこう》（前水戸藩主徳川斉昭《なりあき》のこと）のように、わが国は物産ゆたかで交易は有害無益だから鎖国を守るというのでもない。開国か鎖国かなどという問題のたて方は彼（櫻園のこと。以下、本引用文中の彼は櫻園）には存在しない。何が問題なのか。日本人が独立自尊《じそん》の民族たりうるかどうかだけが、彼にとっての問題なのである。（中略）櫻園にとって開港が問題なのではない。それが武力恫喝《どうかつ》による強制であることが問題なのである。彼が保持したいのは「国を開くも閉ざすも我望《わがのぞ》む侭《まま》（開国しようと鎖国しようと、我々が望むままとなる）」という主体性である。この主体性を脅迫《きょうはく》によって蹂躙《じゅうりん》された結果としての開港は、たとえそれが亡国を回避《かいひ》する現実的方便《ほうべん》であっても、精神的亡国につながると彼は考えるのである。（中略）

「客兵《かくへい》」の不利を衝《つ》くための絶対条件を彼がしっかりとおさえていたからで、その条件とはこの戦いが日本人にとって国民戦争となることである。（中略）国民戦争とはゲリラ戦の別名である。もし櫻園のいうように当時全国的に燃えさかっていた攘夷の狂熱を国民遊撃戦争に組織できたとしたならば、そのなかでの消耗に耐えうる西欧列強がどこにあっただろうか。（中略）ふつう国民戦争を組織しようとするものは何を考えるだろうか。国民をそのような総抵抗に立たせるためにも、藩権力さらには全国権力を奪取《だっしゅ》し、無能な指導者を追放し、封建的身分制を改革し、農兵を組織し、といったぐあいにプランはそれこそ頭脳をかけめぐるであろう。これは問題を政治という次元に設定するものがかならず踏む発想である。櫻園は問題をそういうふうに立てない。木村弦雄《つるお》（櫻園の門人）は「先生は攘夷を主として滅幕《めつばく》を主とせず」というが、これは櫻園が政治制度からの発想を否定したということである。それは一幕府を倒してもまた一幕府を生ずればおなじことだという考察に支えられている。

　彼は問題を純粋な精神の発露《はつろ》としての行動から見ようとする。彼は「馬関《ばかん》（現下関市）鹿児島の夷艦《いかん》砲撃の挙《きょ》、其《その》功《いさおし》を卒《お》へざるを見て、深く之《これ》を惜《おし》み、且《かつ》天下有志の徒《と》、二州の急に赴《おもむ》かざりしを憤《いきどお》（下関における、元治《げんじ》元年＝一八六四年、長州藩と英国・米国・フランス・オランダとの戦争および鹿児島での、文久《ぶんきゅう》三年＝一八六三年、薩摩藩と、生麦《なまむぎ》事件の解決を迫る英国との戦争で、長州、薩摩藩がそれぞれ西欧の軍艦を砲撃した。しかし、手柄を上げることができなかったことをみて、大変惜しんだ。また、天下の心ある志士達が、長州・薩摩へ急ぎ助太刀《すけだち》にはせ参じなかったことをいきどお）」ったという。彼には徹底抗戦の意志の確立が先決なのである。たとえば長州なり薩摩なりが国を焼土《しょうど》として抗戦すれば、かならずあとに続くものがあるはずだし、

国民戦争とはただそのような先駆的な行動によってのみ始まるというのである。（文中のルビ、注釈などは川口が付した）

宮部は、たぶんこのようなことも、松陰に熱く語ったのであろう。

松陰の変容

さて、この突然の提案に、松陰が即座に同志となることを快諾したことはいうまでもない。私はここで松陰は長崎での漂流計画を捨てた、と考える。

彼が「酒をがぶ飲みし、剣を振りかざしながら舞い、大声で詠った。これを熊本の同志らは、手を叩いてはやし立て、『吉田、頑張れ』などと激励してくれた。仮にもこのような気持ちを天地間に満たせば、昔からの正しい道が衰頽《すいたい》する恐れはない」と回顧した酒宴は、多分この時のことであろう。彼は「酒を痛飲し、剣舞を好み、どうも怒りっぽい。議論好きで雄弁だが、裏も表もなく、ざっくばらん。粗豪《そごう》で大言壮語する弟子を孔子は嘆かれたが、そんな男です」と自己紹介する。そして、回顧にあるように、飲み、詠い、踊った。「仮にもこのような気持ちを天地間に満たせば、昔からの正しい道が衰頽する恐れはない」との一節は、ペリー刺殺決行への決意表明であろう。彼は将にあるがままの姿を見せ、大いに酒席の雰囲気をわかして、仲間に溶け込んで行ったのである。以上が、松陰変容の原因である。

実際、後、「長崎紀行」から江戸帰着後の安政元年（一八五四）正月、松陰は、「この献《けん》策《さく》は、来島《きじま》に相談し、側近の林主税《はやしちから》の尽力で、殿にまで届けられた」という、上書「海戦《かいせん》策《さく》」に、「今日の状況は、大義においても、戦うべきである。それどころか、軍事的な勝算もまたはっきりしている。何を遠慮して、戦わないのか。確かに、兵器が完備していないこと、また、兵卒の訓練不足ということは、軍隊を動員する際の弊害ではある。しかしながら、軍隊を動員する時、最もそれに関係することは地形ではないか。今、地形に関しては、吾々は有利な立場にあるではないか」と記し、出発前とは一八〇度異なる主張をみせている。

佐々淳二郎の激励

話を嘉永六年（一八五三）十月の熊本へもどす。

松陰が熊本でこのような変容を遂げていた頃、江戸出発前頻繁に行き来していた、あの国友半右衛門が熊本に帰って来た。そして、松陰と会っている。

なお、この熊本滞在中、後、明治十年（一八七七）に編纂された「林有通履歴《ありみちりれき》」（林櫻園のこと。有通は本名）には、「〈嘉永 登（ママ） 丑《ちゅう》九月廿八日入門宮部同道〉吉田寅次郎長門」とあり、松陰は櫻園に入門したとされている。この日付がまちがっていることはいうまでもない。

その後、松陰は十月二十五日午後、熊本を発ち、二十七日、長崎に着いた。しかし、ロシア艦隊は二十三日に出港していた。この出港は、当時、戦争関係にあった、英国艦隊の来襲を危惧しての回避行動の一環であった。ロシア艦隊は約一カ月後、再び長崎へ入港する。プーチャーチンも大変な状況の中で、日ロ交渉を続けていたのである。

松陰はその長崎に五日間滞在し、旧友を訪ね歩いた。その後、十一月一日、再び、熊本をめざして、長崎を発った。

ところが、十一月二日から四日まで松陰が島原の大湊《おおみなと》に滞在していた時である。熊本からわざわざ海をこえ、佐々淳二郎《さっさじゅんじろう》と丸山運介《まるやまうんすけ》が迎えに来ている。二人は共に、林櫻園の門人であった。その二人に守られるかのように松陰が熊本の宮部の家に帰り着いたのは、翌五日であった。

六日、宮部の家であろうか、十一名の仲間が集まった。この後の具体的な計画を練ったものと思われる。そして、夕方、松陰は宮部に連れられ、肥後藩家老有吉市郎兵衛《ありよしいちろうべえ》を訪問している。この有吉は櫻園、小楠の同志であった。

この頃であろう。松陰は、佐々淳二郎から、彼が秘蔵していたという、前田利家《まえだとしいえ》の絵を贈られた。この絵は、桶狭間《おけはざま》の合戦から自陣へ帰る利家の馬上姿を描いたもので、鞍には討ち取った敵の首が三つ、また、肩に担いだ槍には一つ刺してある。彼の全身からは血がしたたり落ちていた。時に、利家十六歳。彼はかつて失敗があり、織田信長から排除されていたという。それで、この合戦には特に思うところがあり、将に、全力を尽くして敵を皆殺しにし、勇躍帰陣する時のものであった。この力戦により、利家は、後、抜擢され、織田軍の「赤幌騎《せきこうき》」という、特別騎兵隊の一員となった。

このような絵を佐々は笑いながら松陰へ差し出し、「君はこの絵の利家のような気持ちはあるか」と聞く。松陰はこれに対し、「君が僕に教えようとするところのものは実に深いものがある。自分が死ぬ時、この利家公の絵に恥じるようなことはしない。絶対に君の意に背くようなことはしない」と述べ、次のような詩を返している。

恥を知る、ということは武士の最も大切にすることである。過ちを償う時には、困難をいとうであろうか。いといはしない。敵の四、五個の首が鞍などに、重なるようにくくりつけてある。どうして、簡単にそれ程の敵の首を斬り取り、凱旋《がいせん》することができるであろうか。全身にあびた傷は十余カ所もあり、流れ続ける血は未だに乾いてもいない。これを贈ってくれた友人には深い意味、つまり、絵にあるように、命をかけて、過去の過ちや罪を償うことを覚悟せよ、との教えがある。私はこの教えを肝に銘じるものである。

これは、亡命事件という、かつての「過ち」を知っていた、佐々なりの激励だったのであろう。

そして、翌七日、松陰は肥後の連中との約束通り、宮部らの見送りを受けて先に熊本を発ち、ふるさと萩をめざした。

約束とは、萩で宮部鼎蔵《みやべていぞう》、野口直之允《のぐちなおのじょう》の到着を待ち、それから一緒に江戸をめざす、というものであった。松陰が萩松本村新道《しんみち》の実家に着いたのは、十一月十三日のことであった。

萩

萩に帰った松陰である。彼はすぐに友人小田村伊之助を訪ねた。しかし、小田村は不在であった。そこで、たまたま松陰を訪ねてきた学生某に、次のような伝言を託している。

この度肥後へ行き、宮部氏と老臣某との間で、重要なことを協議してきた。天下にこれという人物はいない。しかし、共に語るべき人物は、水戸の徳川斉昭《なりあき》公・尾張の徳川慶勝《よしかつ》公・肥後の細川斉護《なりもり》公のみである。すでに老臣某を仲介として、肥後公には話を通してある。これからさらに東をめざし、尾張公に協議した内容をお伝えしようと思う。これらの大藩の殿様方と図り、意見がまとまれば、天下のことは必ず思うようになるであろう。

以上より、「老臣某」は有吉かあるいは小楠を指すと見てよかろう。また、松陰が宮部、小楠らと協議したということが、「墨夷膺懲《ぼくいようちょう》」、すなわちペリー刺殺計画であることはまちがいない。

また、松陰はこの帰省時、亡き養父吉田大助の墓参をしている。その時、彼は次のような詩を残している。

治久《ちひさ》しくして邦家《ほうか》天歩《てんほ》艱《なや》み、才疎《さいそ》にして自《みずか》ら悼《いた》む生《せい》を保《たも》つの難《かた》きを。

高墳《こうふん》重《かさ》ねて祭《まつ》るは又《また》何《いず》れの日《ひ》ぞ、好《よ》し黄泉《こうせん》に向《むか》つ《(つ)》て苦《ねんご》ろに安《やす》きを問《と》は《(わ)》ん。

【口語訳】長い間、平和な世の中になれて、人々の心はたるみ、西欧諸国は我が国の隙をねらって我がもの顔にのさばっている。我が国の前途、天命は実に多難というべきである。それなのに、私の才能は鈍く劣っており、この国難に当たって、それを打開し終えるまで、生きていることができないであろうことが残念で仕方がない。再び墓参ができるのはいつのことであろうか。あるいはこれが最後となるかも知れない。しかし、もし死ぬこととなれば、それもよしとしよう。あの世に行き、直接お会いしてご挨拶を申しあげよう。

「高墳《こうふん》重《かさ》ねて祭《まつ》るは又《また》何《いず》れの日《ひ》ぞ」との一節、松陰が死を覚悟していた証拠である。

この十一月二十日頃、その松陰を追って、肥後から宮部と野口直之允が萩へ着いた。

宮部は熊本を発つ際、恩師林櫻園と「離杯《りはい》（別れの杯のこと）」を交わしていた。また、野口にいたっては檀那寺《だんなでら》から戒名《かいみょう》をもらい、それを襷《たすき》がけにしての来訪であった。彼らも死を覚悟して、ふるさとを後にしていたことが分かる。

再び江戸へ

松陰ら三名は、十一月二十四日頃、萩をひそかに発った。出発時のことを、松陰は「離別の情、お別れをする気持ちを親戚毎に尽くすことができず、それだけが心残りであった」と記している。また、翌安政元年（一八五四）、下田での「墨夷膺懲」作戦失敗後、萩へ護送される際にも、次のように回顧している。

去年《きょねん》父母《ふぼ》のもとを辞《じ》し、心《こころ》に誓《ちか（う）》ふ復《ま》た還《かえ》らじと。
計《けい》違《たが（う）》ふも亦《また》自《おのずか》ら好《よ》し、又《また》慈《じ》顔《がん》を拝《はい》することを得《う》。

【口語訳】昨年、父母に別れを告げ、萩を発つ時には、再び生きて帰らない、と心に誓った。しかし、計画が志と違い、失敗したことも、これはまたこれでよしとしよう。また、生きてご両親にお会いすることができるのであるから。

松陰らは富海《とのみ》（現防府市）から船で大坂をめざした。その船中、松陰は宮部と会沢正志《あいざわせいし》斎《さい》の『新論《しんろん》』を数度読んだ。その際、松陰は、「英雄が天下の人々を奮い立たせる時には、ただ人民が行動しないことを恐れる。逆に、凡人が一時的な、その場しのぎの処置をする時には、ただ人民が行動することだけを恐れる」という一節が心に残った、と記している。

嘉永六年（一八五三）十二月三日、船は大坂に着いた。翌四日、松陰らは安治川《あじがわ》を船でさかのぼり、京都へ入った。この船中で、松陰が詠んだ歌には、

亜墨奴《あぼくど》が欧羅《おうら》を約《やく》し来《きた》るとも備《そなえ》のあらば何《なに》か恐《おそ》れん

【口語訳】米国がヨーロッパの国々と約束をして、我が国へ攻め来たとしても、備えがあれば何を恐れることがあろうか。ありはしない。

備《そなえ》とは艦《かん》と礮《ほう》との謂《いい》ならず吾敷洲《わがしきしま》の大和魂《やまとだましい》

【口語訳】備えとは艦隊や大砲の意味ではない。吾が日本国の大和魂である。とあった。将に命をかけた国事に赴《おもむ》こうとする、松陰の意気込みをうかがうことができる。

五日、宮部は松陰らを京都に残し、先に江戸をめざして出発した。前後の動きより、宮部は「墨夷膺懲」作戦の現場総責任者の立場にあったことはまちがいなく、この先行もそのためであったものと思われる。ちなみに、宮部は十二月十五日、江戸に着いた。

この五日、松陰と野口は在京都の尾張藩人某を訪ねた。これは先に萩で小田村に説いた内容にそった行動であろう。しかし、某は公用中で、会うことができなかった。そこで、松陰は翌六日、某にあて、尾張公徳川慶勝《よしかつ》が水戸老公徳川斉昭と共に、我が国のために立ち上がることを熱望する旨の手紙を送っている。

そして、この夜、二人は森田節斎《もりたせっさい》を訪ねた。

翌七日、松陰が森田へあてた手紙が残っている。それより、前夜の会談の様子が分かる。

松陰は次のように記している。

昨夜のお教えは、一言ひとこと、胸にひびき、心に染みました。しかし、私の、主君や天皇をお慕い申しあげ、そのために微力を尽くしたい、という気持ちが変わることはありません。それゆえ、先生のお教えに従うことはできません。私の志はすでに決まっております。再び先生にお会いすることはありません。今はただ夜を日に継いで東をめざし、全力を関東で尽くすばかりであります。私は死ぬことさえも覚悟して

おります。そういう覚悟でありますので、先生のお叱りをどうして恐れましょうや。恐れは致しません。

これより、松陰が森田に、「墨夷膺懲」作戦の実行を語り、森田がそれを諫《いさ》めたことが分かる。しかし、森田をもってしても、松陰の覚悟を変えることはできなかった。

その後、八日、松陰らは京都を発ち、伊勢をめざした。そして、伊勢神宮外宮《げくう》の神官であり、且つ、国学者であった足代権太夫《あじろごんだゆう》を訪ねた。その時、話題に上ったのは、後、松陰が記したところによれば、肥後藩士井口《いぐち》忠三郎の関東出張に際し、その母が送ったという、「名を四方《よも》に揚げつつ帰れ、帰らずば、おくれざりしと母にきかせよ」との歌であったという。足代はこれを絶賛している。将に、この時の松陰らも、この歌に自分たちを重ねていたものと思われる。

その後、二人は津に土井幾之助《どいいくのすけ》を訪ね、また、名古屋では秦寿太郎《はたじゅたろう》を訪ねている。秦は松陰らに、尾張藩の状況を、「吾が藩には米国との和親条約締結を唱える者は少ない。みんな無礼な米国艦隊を攻撃するという志をもっている」と語っている。この一言、二人には何にもまして嬉しかったものと思われる。

その後、二人は中山道《なかせんどう》を通って、十二月二十七日、江戸へ着いた。

そして、松陰は早速、翌安政元年（一八五四）正月七日から、宮部、永鳥と共に相模へ赴き、「墨使」、ペリーに関する情報収集を開始する。また、上述した、上書「海戦策」を提出するのである。

一方、米国艦隊が江戸湾口に再びその威容を見せたのは、正月十四日午後のことであった。

松陰が同二十七日、父百合之助にあて、「お伝えせねばならないことは沢山ありますが、大変忙しくて、その内の一つとしてお伝えすることができません。次の便に致します」と述べ、更に、米国艦隊の行動を、「けしからん態度であります」と評しているところを見れば、彼は将に「墨夷膺懲」をにらんだ活動を本格化させていたことが分かる。

長崎紀行私見

この長崎行き、調べれば調べる程謎だらけなのである。敢えて重複を恐れず、ここで松陰の長崎紀行に関する、私の意見を述べておきたい。

松陰は象山からの勧めを受けた後、この計画を鳥山新三郎、桂小五郎、また、肥後藩士永鳥三平に諮り、「賛成」を得たと記している。

問題は肥後勤王党の永鳥三平である。彼は嘉永六年（一八五三）の春、塩釜神社参拝を目的として、藩の旅行許可を得た。そして、同年三月、肥後勤王党の同志末松孫太郎、国友半右衛門、佐分利定之助らと共に熊本を発ち、六月、江戸に出た人物である。そして、江戸到着後は、とにかく内外情報の収集に努め、それを逐一熊本の同志へ送り続けていた。情報のあて先は横井小楠、湯地丈右衛門、丸山運介ら、肥後勤王党の関係者であった。

これより、永鳥らは肥後勤王党が江戸へ送り込んだ偵察要員であり、江戸行きの目的は情報収集だったと見ることができる。ちなみに、彼らが塩釜神社へ参拝した形跡はない。

九月十八日、松陰は江戸を発った。その時、「品川駅」まで見送ったのがこの永鳥と江戸の同志鳥山新三郎である。また、東海道を西へ向かっていた松陰が、同月二十四日、東海道の新居宿で肥後勤王党の津田山三郎、河瀬典次とたまたま出会ったとし、情報交換をしていることも実におもしろい。

さて、ペリー艦隊の再来航に対し、「その時にこそ、我が日本刀の切れ味をみせたいものである」と憤慨する松陰ではあったが、上述した通り彼には具体策がなかった。

しかし、肥後勤王党の間ですでに「墨夷膺懲」の計画があり、永鳥らがそれを知っていたとすればどうであろうか。目の前には他藩人、つまり元長州藩士で、当時浪人の松陰がいた。そして、その松陰が攘夷の確志をもっていることを、彼らは知っていた。

私はこれらより、松陰の突然の熊本行きは、永鳥らから勧められたことが原因ではないかと考える。

また、松陰の記した旅日記に、「この旅は深く心に秘めた、大変大きなはかりごとがある。象山先生が最初にこのはかりごとを勧められ」た、との一節はある。しかし、象山が勧めたという内容は不明であり、ロシア艦隊への漂流という定説は、全て安政元年（一八五四）の下田事件後の記録を根拠とするものでしかない。

下田事件後の取り調べ書の写しである「御仕置之内御吟味書写《おしおきのうちごぎんみしょうつし》」にはこうある。

松陰は、天保十三年に象山の著した「外寇議」（正しくは『海寇議《かいこうぎ》』）にある、「オランダ人を招聘《しょうへい》して、軍事教育をするべきである」という一節を読んだ。そして、嘉永四年の江戸遊学の前頃から、それよりは、「西洋へ渡ってその風教器械ら迄も研鑽《けんさん》し勝算を練る方が大切である」という考えをもつようになった。これは東北遊旅行の際には、一切宮部らへは打ち明けていない。そこで、嘉永六年、ロシア船が長崎へ停泊していた際、長崎へ行き、ロシア人へ頼んで、こっそりと乗り組むこととし、そのため、漁船を雇い、漂流という形にして、異国へ渡ろうとした。

これより、幕府は、松陰には「渡海」の意思が嘉永四年（一八五一）前からあった、と断定していたことが分かる。

また、同じく、下田事件後の、安政元年（一八五四）九月以降とされる佐久間象山から松代の某にあてた、「私は門人である松陰の外国への渡海という計画に同意をし、厳重な国家の禁令に違反しましたところ」との書き出しで始まる手紙に、象山は次のように記している。

五島当たりまで行って、漁師に紛れ込み、漂流したという形で、まず清国へ渡ればいい。清国には現在五カ国の外国と貿易する港もあるので、色々な国の蒸気船がひっきりなしに出入りしている。上手に頼み込めば、米国へ渡ることも簡単であろう（と、アドバイスをした）。

これらが、長崎行きを漂流策とする定説の根拠である。しかし、これらはいずれも安政元年の下田事件後の記述であることを、ここで改めて指摘しておきたい。

また、定説のいうように、この旅の目的地が長崎だったのであれば、松陰の行き方も首をかしげざるを得ない。何人かの専門家にお聞きしたところ、蒸気船以前の江戸の旅で、最も早いのは徒歩といわれる。

とすれば、松陰が東海道を歩いて京都へ移動したのはよしとする。しかし、問題はこれ以後である。彼は大坂で約七日間も船待ちをし、なぜか鶴崎（現大分市）行きの船に乗っているのである。そして、松陰はこの鶴崎から熊本へ出ている。

長崎が目的地なら、どうして、京都から山陽道を下関まで歩かなかったのであろうか。下関には平戸遊学時以来の旧友伊藤木工助《もくすけ》がおり、伊藤家は大年寄、本陣であった。伊藤に頼めば、長崎行きの便船に乗ることなどたやすかったはずである。

しかし、この不思議な旅行コース、以下のように考えれば理解できる。

つまり、松陰は永鳥らからの説得を受け入れ、まず、熊本をめざしたのである。

また、この旅の当初の目的が密航であれば、旅自体、隠さねばならない行動だったのであろう。事実、出発前、松陰の旅先を、象山は「九州遊歴」、松浦武四郎は「上方」、来原良三は「鎌倉」と認識していたことが確認できる。また、江戸帰着後、兄梅太郎は「京都・伊勢・尾州」、松浦は「九州」と記している。松陰は骨肉の兄にさえ虚言を弄《ろう》していたのである。

とすれば、彼が山陽道を避けたことが理解できる。山陽道を歩けば、当然、長州藩内を通ることとなり、当然、顔見知りの長州藩士らと出会う危険性は増大するからである。実際、松陰は、この道中、約一カ月の間に、わずか七名の人間にしか会っていない。

また、鶴崎から熊本へ向かった際、一泊目の宿を、十数軒も旅籠《はたご》のあった今市《いまいち》という宿場町をわざわざ通り過ぎ、今の県道四一二号線で約五キロも離れた、しかも、一軒しか宿のなかった山中の小無田《こむた》（現大分市今市）にとっていることもその証拠となる。

以上より、私はこの旅の主たる目的地は最初から熊本、それも肥後勤王党との密談が目的だったと考えている。そう考えれば、嘉永三年（一八五〇）に長崎でオランダの旧式軍艦しか見たことのない松陰が改めて長崎へ行ったことの意味が理解できるのである。

第五章　下田事件の顛末

弁天島の吉田松陰と金子重之助像

「墨夷膺懲」作戦開始

安政元年（一八五四）三月三日、横浜で日米和親条約が締結された。幕府は小楠のいう最も下劣な策を選択したのである。

それを知った松陰は二十余名の同志らと共に、向島《むこうじま》へ桜見物に出かけた。決行、と覚悟したからであろうか。桜花《おうか》を愛《め》でながら、松陰は「墨夷膺懲」時の死を思った。しかし、一方で、我が国がピンチにあることをも知らず、桜花の下で遊び戯れる人々の姿を目の当たりにして、心を痛ませ、悲しみにくれている。

ちなみに、この日の主な参加者は鳥山新三郎《とりやましんざぶろう》、宮部鼎蔵《みやべていぞう》、永鳥三平《ながとりさんぺい》、白井小助《しらいこすけ》、金子重之助《かねこしげのすけ》、末松孫太郎《すえまつまごたろう》、梅田雲浜《うめだうんぴん》、村上寛斎《むらかみかんさい》、佐々淳二郎《さっさじゅんじろう》、野口直之允《のぐちなおのじょう》、内田《うちだ》某らであった。いずれも、「墨夷膺懲」作戦を知っていた同志であろう。とりわけ、ここでは、小浜藩の梅田雲浜の名があることに注目したい。

また、ここにある金子重之助、彼こそ、後、下田で松陰と共に米艦に乗り込んだ金子である。

金子は天保《てんぽう》二年（一八三一）、長門国阿武《あぶ》郡渋木《しぶき》村（現萩市紫福《しぶき》）に農民の子として生まれた。後、萩へ出て、久芳内記《くばないき》の足軽となった。その後、酒と女性のことで失敗があり、心気一転、嘉永六年（一八五三）、二十三歳の時、長州を出奔《しゅっぽん》して江戸へ出、藩邸で下働きをしていた。彼はこの頃、学問に志しており、鳥山新三郎の所へ通っていた。その関係で、肥後の永鳥三平を知り、また、松陰と出会った人物である。この頃には、金子はすでに江戸藩邸を「欠落《かけおち》」、亡命して、鳥山宅に居住していた。

四日、松陰は長州藩邸に秋良敦之助《あきらあつのすけ》を訪ね、借金を申し込み、快諾《かいだく》を得た。また、更に、当時江戸勤務であった兄梅太郎を訪《と》い、「しばらく鎌倉へ行き、読書に専念したい」と告げている。かねてより、松陰の過激な行動を憂い、自重を説いていた兄はその言葉に安堵《あんど》の表情を浮かべた。これらが、「墨夷膺懲」実行のための陽動作戦であったことはいうまでもない。

五日、江戸京橋《きょうばし》の伊勢本《いせもと》という料亭に同志が結集した。参加者は、松陰の他、長州から来原良三《くりはらりょうぞう》、赤川淡水《あかがわおうみ》、坪井竹槌《つぼいたけつち》、白井小助《しらいこすけ》の四名、また、肥後から宮部鼎蔵《みやべていぞう》、佐々淳二郎《さっさじゅんじろう》、松田重助《まつだじゅうすけ》、永鳥三平《ながとりさんぺい》の四名の計九名であった。

最初に、松陰が「いよいよ、墨夷膺懲作戦を決行しようと思う」と口火を切る。「そうだな」と永鳥が賛意を示す。やがて他の同志も同意し始めた。その時、宮部が、「これは実に危険な作戦だぞ」という。さすがの宮部も辛かったのであろう。松陰は今更何を、と思ったようである。来原、永鳥は沈黙したままであった。

事件一年後の安政二年（一八五五）三月から八月の間に、松陰が下田事件の目的を「渡海」、米艦への密航を前提として記した「回顧録」には、ここで来原が、「米国へ渡り、情報を探ることは現今の急務か」と聞いたこととなっている。

しかし、これは明らかにおかしい。なぜなら、当の来原自身、この日より五日前の、同元年二月晦日《みそか》の日記に、「米国行きの願書を提出し、桜田藩邸へ行って、坪井を訪ねた」、と記しているからである。自らが「米国行き」を希望していた来原が、このような発言をするはずはない。よって、これは、松陰が、来原ら同志を守るために記した嘘であることが分かる。

また、十一月二十七日、松陰から兄梅太郎にあてた手紙には、「来原・桂・赤川らは三人そろって西洋遊学の願書を提出しました。桂などは旅の身支度だといって、礼服をあつらえたこともありました」とあり、桂小五郎、赤川淡水にもその希望があったことが分かる。

話を江戸京橋の伊勢本へもどす。

やがて、来原が「今作戦を決行すべき時であれば、将にやるべきである。どうして、成否を気にすることがあろうか。失敗してさらし首になろうとも、僕は松陰のやることをうらみに思いはしない」といった。しばらく沈黙がつづく。

やがて、永鳥がしずかに口を開き、「勇気にあふれ、積極的に物事に励むのは、吉田君の長所である。我々が心をくだき、大事をとってこの度は蹶起しない方がいいと止めようとしても、僕にはうまく行かないことなど、分かっている」と述べた。

松陰は永鳥の言葉を聞き、すぐに筆をとって、次のように記した。

丈夫《じょうふ》見《み》る所《ところ》あり、
意《い》を決《けっ》して之《こ》れを為《な》す。
富嶽《ふがく》崩《くず》ると雖《いえど》も、

刀水竭《とうすいつ》くと雖《いえど》も、
亦《また》誰《た》れか之《こ》れを移易《いえき》せんや。

【口語訳】一人の益荒男《ますらお》に考えるところがあり、覚悟を決めて蹶起するのである。たとえ、富士山が崩れたとしても、利根川の水が涸れたとしても、誰がこの覚悟を変えることなどできようか。できはしない。

これを読み、宮部は止めることなどできないことを知り、ついに賛同した。

佐々は突然、声をあげて泣き始め、涙を流しながら、「我が国の滅亡が目前に迫っているのである。君はどのような方法で、我が国を維持しようと望むのか」という。松陰も思わず涙する。そして、おもむろに口を開き、「僕は断じてこの作戦を実行する。初めから、失敗した時には、鈴ヶ森にさらし首となることなど覚悟している。しかしながら、皆さんが今日からそれぞれ行動を起こし、国家のために尽くすのであれば、その間、私の蹶起の結果がどう出ようと、どうして我が国の命脈を養い、育てることができないことがあろうか。いかがでしょうか」と、改めて決意を語った。ここで、全員が「そうだ」とうなずいた。

その後、松陰は永鳥宅へ向かい、そこで、待機していた金子重之助と共に旅支度を調える。この時、鳥山がちょうど外出先から帰ってきた。彼は悲しみに沈んだ顔をしていたという。

松陰は「何かあったのか」と聞く。鳥山は「ふるさとの従兄弟《いとこ》が死んだ」と、ぽつりと語った。松陰は涙を流し、弔意《ちょうい》を述べた。そして、鳥山に伊勢本での様子を話した。鳥山は思わず涙を流し、「君が行ってしまうことが何とも辛い。しかし、僕は君の覚悟を承知している。だから止めはしない」と語った。

松陰はそこで鳥山のもつ『唐詩選掌故《とうしせんしょうこ》』、『唐詩選《とうしせん》』の参考書二冊を望んだ。鳥山はそれを餞別《せんべつ》として、松陰に贈った。また、松陰は不要な衣服類などを売り、お金に換えた。

準備が終わり、日が暮れて暗くなった頃、伊勢本に集まった同志が集まってきた。

一行は、松陰と金子を囲むように鳥山の家を出る。その時、佐々は流れる涙を拭こうともせず、餞別五両を出し、また、着ていた羽織を脱いで、松陰に着せた。永鳥は世界地図を餞別とした。

また、宮部は差していた刀を取り、松陰のそれと換えた。更に、懐から熊本の藤崎宮《ふじさきぐう》で貰い受けたという神鏡《しんきょう》を贈った。そして、「皇神《すめかみ》の真《まこと》の道《みち》を畏《かしこ》みて思《おも(い)》ひつつ行《い》け」と詠ったという。

その後、彼らは、鍛冶橋《かじばし》（現中央区）のたもとで、偶然長州藩士郡司覚之進に出会った。同行していた赤川、来原、坪井、白井ら長州藩士はさぞびっくりしたことであろう。しかし、何気ない様子で、足早に立ち去ったという。松陰も何も語らず、一礼して、その場を去った。

この後、松陰は、赤羽橋《あかばねばし》（現港区）での再会を約束して、所用があるという宮部や金子らと別れ、一人佐久間象山宅をめざした。

しかし、象山は横浜出張中で不在であった。そこで、松陰は家人に対し、「この書は急ぐものではない。ただ、直接先生に渡してほしい」と述べ、急ぎ、手紙を書き始めた。それには、「私は生計が苦しくなり、江戸におることができなくなりました。今から鎌倉の山中へ隠れ住み、日頃の志を実践しようと思います。いつの日に再び先生にお会いできるか分かりません。大変残念であります」、とあった。松陰は象山をこれからの作戦に巻き込むことを避けようとして、こう記したのであろう。

象山宅を出た松陰は、夜の街を走り、約束の赤羽橋へ急いだ。着いた時にはまだ誰も来ていなかった。やがて、金子、永鳥、鳥山が到着する。しかし、いつまで待っても宮部は来なかった。

後に分かったところによれば、この時、宮部は道をまちがえ、三田へ出て、その後神奈川まで松陰らを追いかけたという。宮部も決して平常心ではなかったのであろう。

松陰はこのことが随分と心残りだったようである。しかし、今は先を急ぐほかはない。やがて、永鳥、鳥山とも別れ、金子と二人夜の道を西へ急いだ。二人が保土ケ谷《ほどがや》に着いた時には、すでに東の空は明るくなっていた。

情報収集

六日、二人は朝八時には起きた。そして、「投夷書《とういしょ》」、米艦へ送る手紙の下書きをもち、早速街へ出て、銭湯へ行き、髪型などを整えた。そして、一旦、宿へ帰った。その後、横浜へ行き、沖に停泊中の米艦の情報収集をした。

この時、松陰は思いもかけず、象山の使用人である銀蔵《ぎんぞう》に出会った。松陰は象山には会わないでおこうと考えていたようである。しかし、米艦に近づく策がなかった。そこで、銀蔵に、「漁師に頼み、米艦に近づき、見物するような妙案はないか」と尋ねる。すると銀蔵は、「それはちょうどようございます。今夜、象山先生は漁師のふりをして近づき、米艦を見物しようとされています。準備は全てできています」という。そこで、意を決し、松陰らは象山の陣営へ向かった。

象山は事情を聞き、「それはよかった。今夜、人々が寝静まった後にやるぞ」という。松陰らは一旦宿へ帰り、荷物をもって、再び象山の所へ向かった。

ところが、漁師らは、発覚した時のことを恐れ、突然、約束を断ってきた。仕方なく、この夜、二人は象山の陣所に泊まった。

七日、松陰の「回顧録《かいころく》」によれば、象山は突然次のように語ったという。

浦賀の下級役人に吉村一郎という者がいる。この度、神奈川へ手伝いに来ている。これに紹介状を書くので、幕府が米艦に水や薪《まき》を運ぶ際の公用船に乗せてもらって、米艦に近づいてみたらどうか。そうすれば、船の中の様子もよく分かり、また、うまくいって、その時、米兵の顔を覚えることができれば、策を実行する時の一つの助けにもなるぞ。

三月五日、このわずか二日前に松陰が象山の家人に託した手紙の内容を思えば、この一節は実におもしろい。なぜなら、五日、松陰が残したのは、敢えて、無関係を印象づけるような記述だったからである。それとも、松陰は六日に象山に出会った後、「渡海」策、あるいは「墨夷膺懲」策を語ったとでもいうのであろうか。

私は、「回顧録」のこの一節こそ、「策」が定説にいう「渡海」策か「墨夷膺懲」策であったかは別として、象山も松陰のある「策」を知っていた証拠とみている。

さて、松陰は象山からもらった紹介状を手に、その場に居合わせた漁船を雇い、神奈川へ向かった。ところが、この漁師が実におもしろい男で、彼は自らの意思で米艦の情報収集などを行い、すでに米国人の絵まで描いていた。松陰はそれを見て、絶賛している。

そこで、松陰はこの漁師に以後のことを依頼することとし、吉村訪問を中止した。漁師とは、夜、再び会うことを約束し、この時、神奈川へ来ていた旧友の大槻盤渓《おおつきばんけい》を訪ねた。大槻は仙台藩の儒者、西洋砲術家で、かつて、嘉永四年（一八五一）、松陰が第一回目の江戸遊学をした際、山鹿素水の塾へ入門して以来の同門である。また、同五年、東北遊旅行の際、仙台で教えを受けた、藩校養賢堂学頭大槻格次《おおつきかくじ》（習斎《しゅうさい》）の縁者でもあった。

その大槻はすでに漁船を雇って米艦へ近づき、米国艦隊の通訳羅森《らしん》に自作の漢詩を贈る、という快挙をなし遂げていた。

松陰の目的は、その時の様子などを聞くことにあった。

大槻のもとを辞した松陰は、昼間の漁師を酒屋へ連れ込み、酒を酌み交わしながら、遠回しに、米艦へ向け、舟を出すことを依頼した。酒が入った漁師は快諾《かいだく》した、という。「回顧録」に、松陰はこの時のことを、「余り深くも考えなかったが、策はすでに成功したと思った」と記している。また、その夜の様子を次のように記している。

夜陰にまぎれ、漁船に乗った。私は、ここで法外なお金を漁師に与え、何とか米艦に乗り付けさせた。しかし、「事に臨」んだ時、漁師は恐がり、引き返し始めた。私は手を替え品を替えて説得した。しかし、漁師はどうしても聞かない。仕方なく、舟を横浜へ向けさせ、上陸した。

これが、松陰の残したこの夜の記録の全てである。しかし、この一節、考えてみれば、実に不思議な記述ではある。松陰らはこの夜、米艦に乗り付けることに成功しているのである。もしも、彼の「策」が定説にいう「渡海」策であれば、彼らはそのまま飛び乗ればよかったのである。また、それができなかったのであれば、その理由、たとえば、舷梯《げんてい》、タラップがなかったとか、それに類する記述を残してもよさそうな気がする。しかし、彼はただ「『事に臨』んだ時」、としか記していないのである。

横浜へ上陸した松陰らはたまたま市内を徘徊していた象山に出会う。松陰はその夜のことを早速報告し、促されるまま、彼の陣営へ向かった。

すると、象山は「実は朝二時頃漁船を雇って、それで米艦へ近づいてみる予定である」という。そこで、松陰は改めて前日に記した「投夷書」の原稿を見せ、象山の添削を受けた。金子は船酔いをしていたようで、すぐ横になった。

やがて、午前二時となった。しかし、この時も漁師が、風が出て、波が高くなったことを理由に舟を出すことを断ってきた。象山、松陰、金子の三名は、漕ぎ出すはずであった海岸に立ち、沖の米艦をにらみつつ、恨みを抱きながら陣営へ帰った。

八日、陣営で目覚めた松陰らは、この日、朝から昼頃まで酒を酌み交わした。昼食後、松陰は本牧《ほんもく》まで出かけ、地形などを調査した。この日は雨で、波は山のようだったという。そして、午後四時頃、松陰と金子は保土ケ谷《ほどがや》の宿へ帰った。帰ると、思いもかけず、永鳥《ながとり》三平《さんぺい》が来ていた。三人は赤羽橋で別れて以来の話に花が咲いた。

この日、松陰は「投夷書《とういしょ》」に追伸を付け加えている。それは、「横浜村の南部、海岸がとぎれた、人家のない場所に、午後七時から九時頃の間に火を灯して合図を送る。艀《はしけ》で迎えに来てほしい」というものであった。この場所は、昼間の調査で目を付けておいた場所であった。

下田へ

九日、松陰らは永鳥を宿に残し、改めて象山からの紹介状を手に、神奈川へ吉村一郎を訪ねた。しかし、吉村は浦賀に帰るという。彼は代わりに鯛屋三郎兵衛《たいやさぶろうひょうえ》を紹介してくれた。早速、鯛屋を訪ねたが、「今日は米艦へ水や薪を積み込む官船は出ない」という。その時である。米兵が上陸している、という情報がもたらされた。松陰らは「投夷書」を渡そうと、横浜へ急いだ。しかし、一歩の差で、米兵は立ち去った後であった。

金子はため息をつき、涙を流しながら、「天は我々が事をなすことを望んでおられないのでしょうか。今夜こそ、漁船を盗んで、直接我々だけで米艦へ押しかけましょう。幸い、今日は天気もよく、波も穏やかです。私は和船を漕ぐことが何とかできますので、それに専念いたしますから」という。松陰は、「お前がそういうのであれば、僕に異存はない」と返した。その後、海岸をうろついてみれば、漁船が二隻係留《けいりゅう》してあり、また、小屋には艪《ろ》もある。二人は「これで策は成功したも同じだ」と、喜び合った。

そこで、二人は保土ヶ谷の宿へ荷物を取りに帰った。宿の者は、夜になれば出て行き、また帰ってくるという、これまでの二人の行動に不信感を抱いていたようである。日暮れ時、二人は永鳥を残したまま、「これから江戸へ帰る」といって、宿を発った。

その後、二人は提灯《ちょうちん》を買い、慎重を期するため、小料理屋へ入る。そして、酒盛りをしながら、夜の更けるのを待った。やがて、十二時となる。しかし、海岸へ行ってみると、昼間の漁船はすでにどこかへ漕ぎだした後であった。

そこで、二人は仕方なく、再び保土ヶ谷《ほどがや》の宿へ帰った。この時、宿の者から向けられた疑いの目は更に強いものがあった、と松陰は記している。

『回顧録』によれば、まだ宿にいた永鳥は、二人の姿を見て、即座に、「二人の計画はまたもうまくいかなかったのか」と声を掛けた。松陰は笑いながら、「計画が失敗する度に、我々の志は益々堅固なものとなっている。天が我々を試しているのである。僕は何も心配してはいない」と返した。金子は顔面一杯に怒りを表し、無言であった。

十日、宿で過ごしていると、午後、来原、赤川の二人が訪ねてきた。しばらく、近況を語り合い、その後、五人で神奈川へ移動し、そこで、来原、赤川は帰っていった。松陰ら三名は浜屋《はまや》という旅館に宿を取った。

さて、浜屋の主人永鳥源吾《ながとりげんご》は、当時、七十歳を越えた老人であった。彼はある日、神奈川へ上陸した一人の米兵が江戸へ行く、といって六郷川《ろくごうがわ》まで行っている、という情報を聞き、すぐにその渡し船を全て隠させた、という逸話をもつ男でもあった。これを聞いた松陰は、「健《すこ》やかで意思が固い壮年の男子にも恥じない人物である。いざという時には、頼るべき人物である」と絶賛している。しかし、この後、なすこともなく、時間だけが過ぎていった。

十二日、松陰らは、米国艦隊が下田へ向かう、という噂を耳にした。しかし、この日、今後の計画は決まらず、一日を宿で過ごした。

なお、この日永鳥は江戸へ帰って行った。

十三日、朝から米国艦隊に動きが見られた。後で分かったところによれば、この日、艦隊は江戸湾を一旦羽田沖《はねだおき》まで進んだという。その後、艦隊は反転し、予定通り伊豆の下田をめざした。

これを知り、松陰は金子と相談して、下田行きを決めた。そして、それを、佐久間象山と永鳥へあて、「全ての計画がことごとく失敗し、一つも思うようになりません。米国艦隊を追い、今から下田に行こうと思います。別にこれという決まった作戦がある訳ではありません」と送っている。この夜、二人は再び保土ヶ谷《ほどがや》へ泊まっている。

十四日、保土ヶ谷を発った二人は戸塚《とつか》を経て、鎌倉で一泊し、更に、藤沢《ふじさわ》へ向かった。そして、雨で増水した酒匂川《さかわがわ》を歩いて渡り、十五日、小田原《おだわら》へ着いた。川を渡る時、松陰は胸まで水に浸《つ》かった、と記している。

十六日、小田原を発した後、途中、根府川《ねぶかわ》（現小田原市）の関所では、役人の尋問を受けた。松陰は「熱海の温泉へ湯治に行く」と応え、許可を得た。実際、宿を取った熱海では何度も温泉に入った、と記している。

十七日、熱海を発ち、伊東で昼食を取った。その後、大川《おおかわ》（現静岡県東伊豆町）を歩いていた時である。二人は二隻の米艦が下田方向をめざして進むのを見た。それを追いかけるように、二人が下田へ着いたのは、翌十八日午後のことであった。

下田

下田に着いた二人は、すぐに海岸へ急ぐ。二隻の米艦は確かに下田湾の沖合付近に停泊していた。地元民に聞けば、この日の朝入港してきたという。二人は一度宿を取りに街へ向かい、その後、再び海岸へ向かった。そして、海に目をやれば、米艦は更に下田湾内へ進んでおり、海岸から五、六町（一町は約一〇九メートル）の所に停泊していた。

十九日、二人は早く目覚めた。すぐに海岸へ向かい、米艦の存在を確認した。

そして、下田奉行支配組頭の黒川《くろかわ》嘉兵衛《かへえ》やその用人藤田慎八郎《ふじたしんぱちろう》などを訪ね、情報収集を行った。黒川はこの時、米艦船との間を何度も往復し、直接、交渉に当たっていた人物である。ちなみに、下田事件後、松陰の取調べを担当したのはこの黒川である。

この時得た情報では、米艦にはオランダ語も中国語も理解できる人間がいないという。松陰は「投夷書」が意味をなさないことを知り、落胆した。

また、この日は、多くの米兵が下田へ上陸し、町の至る所を散策していた。その中に混じるように、数日同宿することとなる佐倉《さくら》藩士木村軍太郎《きむらぐんたろう》、また、二名の薩摩藩士が情報収集をしていた、と松陰は記している。

しかし、松陰が「回顧録」のこの日の条に、「しばらく、ペリーが上陸してくることを待つこととした」、と記していることは実におもしろい。彼の関心はあくまでもペリー本人にあったことが分かる。

二十日、松陰は疥癬《かいせん》、一種の皮膚病が発疹し、かゆみにさいなまれた。そこで、二人は下田から約四キロ離れた蓮台寺《れんだいじ》村へ向かった。蓮台寺は今も神経痛、筋肉痛、リウマチ、疲労回復、五十肩などに効用があるという温泉地である。夜、金子は米艦監視のためであろうか、一人下田へ帰っていった。

二十一日、朝、金子が訪ねてきた。そして、二人は日暮れ時に蓮台寺から下田へ向かい、午後八時頃まで、海岸で米艦をにらみつけていた。この夜、佐倉藩士の木村が宿で松陰の部屋を訪ねてきた。彼らの間でどのような話が行われたのであろうか。

二十二日、松陰はやはり「投夷書」を使用することとした。そこで、追伸の「横浜村の南部」の部分を、下田の「柿崎海岸《かきざき》」と書き改めた。そして、二通清書して一通を金子に渡し、米兵に接触する機会を得た方が渡すこととした。

その後、二人は木村と共に海岸へ行き、米艦の情報収集をした。松陰はミシシッピー号およびポーハターン号の停泊場所などを確認し、また、木村の望遠鏡を借り、船上の様子なども探っている。

米艦隊はしきりに旗旒《きりゅう》信号を交わし、また、湾内の測量などをしていた。

この夜、松陰は金子を下田に残し、再び、蓮台寺へ向かった。

この夜分のことと思われる。こっそり湯を使っていた松陰に、地元の医者村山行馬郎《ぎょうまろう》が気づいた。村山は松陰の疥癬《かいせん》の病状を心配し、またその真摯《しんし》な眼差しに惹かれるものを感じたのであろうか、松陰を自宅へ招いている。

これ以後、松陰は蓮台寺へ行く度に、村山の好意により、村山家の温泉風呂をつかい、また、二階の隠れ部屋に潜んだようである。

実は、この村山に関し、下田には今もおもしろい話が残っている。

それは、後、村山の妹が語ったものである。それによれば、松陰と村山は何度か二階の隠れ部屋でひそひそ話をしていた。ところが、後、下田事件の報が伝わると、村山はすぐに何か書類らしきものを油紙に包み、裏の竹藪へこっそり埋めた、という。

また、別の地元史家によれば、その話を聞いたのであろうか。昭和初期に、ある研究者がその竹藪を掘り返し調査をした。しかし、何も見つからなかった、というものである。今となっては、その研究者の名前も分からない。しかし、実に興味深い話ではある。

ちなみに、この村山旧宅は昭和十六年、静岡県史跡指定「吉田松陰寓寄処《ぐうきしょ》」となった。その後、平成三年、下田市教育委員会の「部分修理」などを経て、現在も、当時のままのたたずまいを見せている。

二十三日、松陰はたぶんこの村山家から借りたのであろう、蓑笠《みのかさ》を着て下田へ向かった。松陰を迎えた金子は憤懣《ふんまん》やる方ない様子で、前夜の木村との酒席のことを告げた。

酒宴を始めた二人の話題は当然この頃の対米交渉のこととなった。木村は、和親条約の締結を是認した。それを金子は怒り、その思いを松陰にぶつけたのである。松陰は「彼は鉄の中の一片の宝石である。その短所のためによきところを見ないようではいけない。決して、無礼な態度で接してはいけない」と、笑いながら金子を諭した。金子はどうしても納得しなかったようである。

しかし、その後、三人は揃って、米艦監視に出かけた。そして、この夜は下田に同宿した。

二十四日、ペリーが上陸した。下田奉行支配組頭の黒川が了仙寺《りょうせんじ》で供応した。しかし、松陰と金子はそんなこととも知らず、蓮台寺へ向かった。この日、一日を村山家で過ごし、夜も泊まったものと思われる。

二十五日、当初、二人の予定ではこの日が決行日であった。午後四時頃、蓮台寺村を発った二人は、下田へ帰り、海岸をうろつきながら、米艦の様子をうかがった。この夜は寒かったようで、二人は腹ごしらえも兼ね、街で餅汁を食べた。

松陰はこの後、兄梅太郎にあてて、下田の現状を記した一書を記し、それに、江戸出発以来の日記を添えて、土佐屋という船宿へ託した。「決行」と、覚悟していたことが分かる。

そして、夜の海岸に座り、時を待った。やがて午前二時となる。米艦からは時報の鐘が聞こえて来る。そこで、下田を流れる稲生沢川《いのうさわがわ》へ移動し、そこに浮かんでいた小舟を盗むこととした。幸い艪《ろ》も二つ見つけることができた。

二人は流れに沿い、小舟で下る。途中、河口には、警備に当たる下田奉行の番船がいた。しかし、これもなんなく過ぎ、なんとか海へ出た。

見れば、米艦は遠く、また、この夜の波はひときわ高い。二人の乗った小舟は波に翻弄《ほんろう》され、金子は前に進ませることもできなかった。そこで、この日の決行を諦《あきら》め、近くの海岸で小舟を捨てた。空はまだ暗かった、という。

上陸した二人は、その後、柿崎の弁天祠《べんてんほこら》へ向かい、そこで横になった。よほど疲れていたのであろう。二人共朝になっても眠り続けていたようである。

二十六日の朝、偶然、二人を起こしたのは、お詣りに来た一人の村人であった。その時のことを、松陰は「回顧録」に、わざわざ、「朝の明けたことも知らず眠っていた。その時、人が来て祠《ほこら》の戸を開けた。我々二人は大変驚いた。しかし、その人の驚き振りは、私達よりも数段なものであった」と記している。

その後、二人は柿崎村から東方の村へ移動し、そこの漁師宅を訪ねて、朝食を取った。その後、二人は再び眠ったという。そして、昼食後、再び雨の中を柿崎村へ帰っている。しかし、ここには宿とする適当な家がなかった。そこで、今度は下田へ入るとき見たという坂の上の茶店を訪ね、そこを宿とした。

そして、下田事件当日の二十七日を迎える。これ以後は、松陰の「回顧録」中、とりわけこの夜のことを記した「三月二十七夜記」を中心に記す。この「三月二十七夜記」も、事件の約一年後に松陰自身が記したものである。

「投夷書」を渡す

さて、茶店を出た二人は再び柿崎《かきざき》へ向かった。その時、たまたま上陸していた米国人がおり、松陰はやっと「投夷書」を渡すことに成功した。この米人はミシシッピー号の艦長S・S・リー中佐の書記、J・W・スポールディングであった。

松陰は「投夷書」にいう。

日本国《にほんこく》江戸府《えどふ》の書生《しょせい》瓜中万二《かのうちまんじ》・市木公太《いちきこうた》、書《しょ》を貴大臣各将官《きだいじんかくしょうかん》の執事《しつじ》に呈《てい》す。生等《せいら》（中略）支那《しな》の書《しょ》を読《よ》むに及《およ》んで、稍《やや》欧羅巴《ヨーロッパ》・米利幹《メリケン》の風教《ふうきょう》を聞知《ぶんち》し、乃《すなわ》ち五大洲《ごだいしゅう》を周遊《しゅうゆう》せんと欲《ほっ》す。然《しか》り而《しこう》して吾《わ》が国《くに》は海禁《かいきん》甚《はなは》だ厳《きび》しく、（中略）貸《ゆる》さざるの典《てん》あり。（中略）今《いま》則《すなわ》ち断然策《だんぜんさく》を決《けっ》し、将《まさ》に深密《しんみつ》に請託《せいたく》して貴船中《きせんちゅう》に仮坐《かざ》し、海外《かいがい》に潜出《せんしゅつ》して

以《もっ》て五大洲《ごだいしゅう》を周遊《しゅうゆう》せんとす、復《ま》た国禁《こっきん》をも顧《かえり》みざるなり。（中略）願は《ねが（わ）》くは執事《しつじ》辱《かたじけな》くも鄙衷《ひちゅう》を察《さっ》して、此《こ》の事成《ことな》るを得《え》しめられよ。（中略）夫《そ》れ跛躄者《はへきしゃ》の行走者《こうそうしゃ》を見《み》、行走者《こうそうしゃ》の騎馬者《きばしゃ》を見《み》る、其《そ》の意《い》の歆羨《きんせん》如何《いかん》ぞや。況《いわん》や生等《せいら》終身《しゅうしん》奔走《ほんそう》すとも、東西三十度《とうざいさんじゅうど》、南北二十五度《なんぼくにじゅうごど》の外《そと》に出づ《い（ず）》る能は《あた（わ）》ざるをや。ここを以《もっ》て夫《か》の長風《ちょうふう》に駕《が》し巨濤《きょとう》を凌《しの》ぎて、千万里《せんばんり》を電走《でんそう》し五大洲《ごだいしゅう》を隣交《りんこう》するを視《み》ては、豈特《あにただ》に跛躄《はへき》の行走《こうそう》と、行走《こうそう》の騎乗《きじょう》との譬ふ《たと（う）》べきがごとくならんや。執事《しつじ》幸《さいわい》に明察《めいさつ》を垂《た》れ、請ふ《こ（う）》所《ところ》を許諾《きょだく》せられなば何《なん》の恵《けい》か之《こ》れに尚へ《くわ（え）》ん。（中略）

日本国嘉永七年甲寅《にほんこくかえいしちねんこういん》三月十一日

【口語訳】日本国江戸の書生瓜中万二・市木公太が、手紙を大臣および各将軍の事務取扱者にお送り致します。私共は（中略）中国（当時の清国）の書物を読んで、少しヨーロッパや米国の風俗などを知り、そこで世界を巡り回りたいと望むようになりました。しかしながら、我が国は海外渡航の禁止が大変厳しく、（中略）それを許さない法律があります。（中略）今、決然と覚悟を決め、こっそりとあなた方にお願いして、船に乗せていただき、海外へひそかに脱出し、世界を巡り回りたいと思っております。その他、国禁を気にかけるものではありません。（中略）できれば、執事、恥ずかしながら、私共の気持ちをお察しいただき、これがうまく行くように、どうかお力をお貸しください。（中略）足の不自由な者が、普通に走っている者を見て、また、普通に走っている人が馬に乗っている人を見る時、どれ程うらやましく思うことでありましょう。ましてや、私共は、生涯走り回ったとしても、東西三十度の経度内、また、南北二十五度の緯度内から外へ出ることなど、できないのですから。ですから、（皆さんが）吹き荒れる大風や大波をものともせず、千里、万里を稲妻のように走り回り、そして、世界の各国とあたかも隣同士のように交際されているのを見ると、どうして、ただ、足の不自由な者が普通に走ること、また、普通に走る者が馬に乗ることにたとえられるでしょうか。いや、それ以上です。執事、どうかこのような私共の気持ちをお察しいただき、お願いをお聞きいただけるなら、これ以上の恩はございません。

また、「別啓《べっけい》」には次のようにあった。

請《こ(う)》ふ所《ところ》を許允《きょいん》せられなば、則《すなわ》ち明夜《みょうや》人定《ひとしずま》る後脚船一隻《のちきゃくせんいっせき》を発《はっ》し、柿崎村海浜《かきざきむらかいひん》の人家《じんか》なき処《ところ》に至《いた》りて、生等《せいら》を邀《むか(え)》へられよ。生等固《せいらもと》より応《まさ》に約《やく》に先《さき》んじて該地《がいち》に至《いた》り相待《あいま》つべし。切《せつ》に約信《やくしん》に違《たが(う)》ふことなく、生等《せいら》の望《のぞ》む所《ところ》に副《そ(わ)》はんことを祈《いの》る。

【口語訳】お願いをお聞きいただけるようでしたら、明日の夜、人々が寝静まった後、ボート一隻を、柿崎村の海岸の人家のない場所へ送り、私共を迎えにこさせてください。私共はあらかじめそこで待っておりますので。どうかお願いにそむかれることなく、私共が望んでいる通りにしてくださることを祈っております。

決行

その後、二人は蓮台寺へ向かった。この時は、何度も温泉に入っている。その後、早めの夕食を済ませ、「下田の宿へ帰る」といって、二人が蓮台寺を発ったのは、午後四時であった。

下田に着いた二人は、この時も、海岸に座り夜の更けるのを待った。

午後八時、二人は行動を開始する。まず弁天祠下へ移動し、漁船を探した。潮の引いた砂浜に乗り上げるかのように二隻の漁船が放置されていた。それを確認した後、二人は弁天祠へ行き、仮眠をとった。

二十八日、午前二時、いよいよ決行である。祠《ほこら》を出た二人は漁船の所へ急いだ。潮が満ち、舟は浮かんでいる。二人はそれに飛び乗り、金子は艪《ろ》を手にした。ところが、見れば艪杭《ろぐい》がない。そこで、褌《ふんどし》を脱ぎ、それで艪を縛り付け、最も近い、約一町（一町は約一〇九メートル）沖に停泊していた米艦ミシシッピー号をめざして漕ぎだした。途中、褌がゆるみ、用をなさなくなった。今度は、帯を解いて縛り直した。また、小舟は仲々前に進まず、何度も旋回をした。

やがて、小舟は米艦ミシシッピー号に着いた。それに気づいた米兵達は艦上からランプを照らし、じっと様子をうかがっている。松陰は、急ぎ、その灯りで、「我々は米国へ行きたいと願っている。これを大将に伝えてくれ」と記し、その紙片をかざしながら、タラップを駆け上っていった。
艦上には、二、三名の米兵がおり、松陰らに不審の顔を向けてくる。私は常識から考えて、彼らは武器を手にしていたと考える。そこで、松陰は紙片を差し出す。すると、一人がそれを手に取り、艦内へ消えていった。やがて、年配の米兵が出てきて、英語で何かを書き、紙片と共に松陰に渡す。そして、彼らは沖に停泊していたポーハターン号を指さし、あの船へ行け、としきりに手真似をした、という。

逆に、松陰も手真似で、米艦のボートで送ってほしい、と懇願したようである。しかし、彼らはあくまでも松陰らの小舟を指さし、それで行け、と手真似をするのみであった。

実は、私はこの時の米兵は、ミシシッピー号の甲板詰《かんぱんづめ》士官「K・K・ブリユース」ではないか、と考えている。

その根拠はこうである。かつて下田で史料調査をした折、私はある地元史家の方から、「ミシシッピー号よりポーハッタン号へ両人を送る時の英文（和訳）」という複写史料の提供を受けた。今も手元にある史料にはこうある。

日本人両人《にほんじんりょうにん》ポーハッタン舶《はく》へ乗《の》りたき趣《おもむき》にて、此《こ》の船《ふね》へ相越候《あいこしそうろう》、何用有之候《なにようこれありそうらい》ての事《こと》に候《そうろう》や不分明《ふぶんめい》に候間《そうろうあいだ》、右両人其許《みぎりょうにんそこもと》に差送《さしおく》り候《そうろう》

甲板詰士官
カ、カ、ブリユース

ポーハッタン舶甲板詰の士官へ

【口語訳】二人の日本人がポーハターン号へ乗りたい、ということでこのミシシッピー号へ来ました。どのような用事があるのか分かりません。それで、この二人をそちらへ向かわせます。

甲板詰士官
カ、カ、ブリユース

ポーハターン号甲板詰の士官へ

以上が、松陰が「三月二十七夜記」に「老夷」と記した、いわゆる「年配の米兵」を甲板詰士官「K・K・ブリユース」と考える根拠である。

しかし、いきなり乗り組んで来た松陰ら異国人に、これから向かわせるポーハターン号への連絡文を託した、当時の米兵の感覚、また、それを、当然ではあるが、何も知らずに運ばされた当事者である松陰らにも思わず笑いがこぼれてしまう話ではある。

ポーハターン号へ

松陰らは小舟にとって返し、再び、沖のポーハターン号をめざした。

松陰らは乗艦時の波や風などを考え、どうにかしてポーハターン号の港内側へ小舟を着けようとした。しかし、金子の腕では思うようにならず、結局、二人の小舟は外海側、それもタラップとポーハターン号の間へ流された。小舟は波に押し上げられ、何度もタラップに激突する。

それを見ていた米兵達は、タラップを降りてきて、木の棒でしきりに小舟を突き放そうとする。

その時、松陰は艪杭《ろぐい》代わりにした帯を取り、着物を整えようと立ち上がっていた。米兵は力任せに何度も突いてくる。小舟を突き放されては大変、と感じた松陰は、金子に「艫《とも》綱《づな》を取れ」と叫ぶ。しかし、その間も、米兵はしきりに木の棒で突いてくる。そこで、二人はたまらず、タラップへ飛び乗った、という。

二人の乗ってきた小舟は、二人の大刀、その他の荷物を乗せたまま、その後、いずこへともなく、流されていった。

この部分、これまでの定説では、「腰刀その他の荷物を舟に残した」といわれてきた。しかし、意図的に残したのはなく、このように刀を取る余裕さえなかった、というのが実情である。ただ、米国人F・L・ホークスの記録より、松陰か金子かは不明だが、「二人はまだ一本帯刀して」乗艦したことが分かる。

二人は米兵に手を引かれ、タラップを上がっていった。この時のことを、松陰は後、「米艦に乗り移った以上、小舟はどのようになってもよい」と思ったと、記している。

艦上には米兵が五、六名いた。私は彼らも武器を手にしていたと考える。

最初、ポーハターン号の米兵達は松陰らを米艦見学に来たものと考えたようである。彼らは羅針盤などを指で指し示した。

である。

松陰は手真似で、筆を貸してほしい、と懇願した。しかし、一向に通じず、困ったようやがて、日本語の分かる艦隊の首席通訳官S・W・ウィリアムズが出てきた。

ウィリアムズはかつて、天保《てんぽう》八年（一八三七）、漂流民七名を我が国へ送り届けようとしたモリソン号事件の際、その作戦に参加していた人物である。その後、広東《カントン》で二人の漂流日本人漁民から日本語を学んでいる。そして、嘉永六年（一八五三）の米国艦隊の第一回目の来航前に、ペリーから懇願され、通訳官となった人物であった。

松陰は筆を借り、「米国へ行くことを希望している」と、漢文で記した。

ウィリアムズは、「どこの国の文字ですか」と聞く。「日本文字です」と応える。

すると、「中国の文字でしょう」という。そして、二人の方を向き、「名を書きなさい」と促した。

そこで、松陰は、「投夷書」に記した通りの偽名、「瓜中万二《かのうちまんじ》」と記し、金子も「市木公太《いちきこうた》」と記した。ウィリアムズはそれをもって艦内へ消えた。しばらくして、その日の朝、スポルディングへ渡した「投夷書」をもって現れ、「この書ですね」と聞く。松陰らは無言でうなずいた。

すると、ウィリアムズは、次のように語ったという。

この手紙のことは、ペリー提督と私だけが知っていることで、他の者には知らせていません。ペリー提督も私も、（二人の米国へ行きたいという希望を知り）大変喜んで

います。しかし、横浜で条約を締結したばかりです。ですから、私的に君らの願いを聞くわけにはいきません。少し待ちなさい。その内、米国人と日本人は自由に両国を行き来できるようになりますから。その時、お出でなさい。また、我々はここにまだ三カ月は滞在する予定です。今すぐに帰国する訳ではありませんので。

松陰は、「三カ月とは、今月からですか。来月からですか」と問う。ウィリアムズは指を折りながら、「来月からです」と応える。松陰らは、「私共が夜間、この船に来たことは、国の法律の禁止していることです。今帰ったならば、必ず処刑されます。だから、どうしても帰る訳にはいかないのです」という。ウィリアムズは、「大丈夫です。夜中に帰れば、お国の人には分かりませんから。早く帰りなさい。この度のことを、下田奉行所の黒川嘉《くろかわか》兵衛《へえ》さんは知っていますか。黒川さんが許可すれば、ペリー提督はあなた方を米国へ連れて行くでしょう。そうでなければ、連れてはいきません」といった。

松陰は、「では、私共はこの艦内に留まりたいと思います。その間に、ペリー提督より、黒川さんへ交渉してみてくれませんか」という。ウィリアムズは、「そのようなことはできません」といい、再び帰るように促した。

「膺懲」失敗

この時、松陰は計画の失敗を悟り、また、流された小舟のことも気にかかり始めた。そこで、一旦、帰ろうと決心した。しかし、二人がそのようなそぶりをみせなかったからであろうか、ウィリアムズが質問を始め、しばらくやりとりが続いた。

「君たちは両刀を帯びているのですか」

「そうです」

「役人ですか」

「書生です」

「書生とはどういうことをするのですか」

「書物を読む者です」

「では、人に学問を教えているのですか」

「教えています」

「両親はおりますか」

「二人とも、両親はおりません」

これは、米国側の翻意を狙った、偽言である。

「いつ江戸を発ったのですか」

「三月五日です」

「これまでに私を知っていましたか」

「知っていました」

「横浜で知ったのですか。それとも下田でですか」

「横浜でも下田でも知っていました」

するとウィリアムズは疑いの表情を浮かべながら、「私は二人を知りません。ところで、米国へ行って、何をするつもりですか」と聞く。「学問をするつもりです」と応えた。丁度、この時、時報の鐘が艦内に鳴り響いた。

松陰は「日本時間の何時でしょうか」と聞いた。ウィリアムズは指を折りながら時間を数え、何かをしゃべったようである。しかし、松陰らにはその言葉は理解できなかった。

松陰は、「私共の願いを聞いてくださらないのなら、昼間の手紙を返してください」という。ウィリアムズは、「手元に置いておきたい」と断った。

そこで、松陰は紙片に、「広東人羅森《かんとうじんらしん》」と書き、それを見せながら、「この人に会わせてください」と迫った。ウィリアムズは、「会って、何の用があるのか。彼はもう寝ています」と突き放す。そこで、松陰は話題をかえ、次のように聞いた。

「来年もまた来ますか」

「これからは毎年来ます」

「この船がまた来るのですか」

「他の船が来るでしょう」

松陰は一瞬の隙に「策」の全てを懸けていた。しかし、米国側、とりわけウィリアムズは特に用心深く、ついにその機に恵まれなかったのである。そこで、計画の失敗を悟った松陰らはいよいよ帰ることに決した。

しかし、この時にも、松陰は、「私共は乗ってきた小舟を流してしまいました。舟の中には荷物などがあります。このままにしておけば、この度のことが必ず発覚します。どうしたらいいでしょうか」と、最後の粘りをみせた。ウィリアムズはただ事務的に、「我々のボートで君らを送りましょう。兵隊に命じておきましたので、君らの小舟を探しなさい」というのみであった。そこで、いよいよ観念し、一礼をして艦を降り、ボートに乗った。

しかし、ボートの米兵達は小舟を探すことなど一切せず、一番近い海岸へ松陰らを降ろし、すぐに引き返して行った。

松陰の記録によれば、そこは岩場で、また、木々が生い茂っていたという。暗夜であり、また道も分からない。そうこうする内、朝も明け始めた。彼らは必死で小舟を探す。しかし、どうしてもそれを見つけることはできない。そこで、松陰は意を決して、金子に「このような状況になってしまった。もうどうすることもできない。うろついている間に逮捕されては見苦しい。柿崎村の名主の所へ行き、事情を話そう」と告げるのである。

実は、この時の様子は、噂話として、その後、ずっと下田で語り継がれていた。それを、昭和十四年、内藤《ないとう》弓爾という方が、雑誌『黒船《くろふね》』に「松陰先生を追慕し乃木（希典《まれすけ》）大将の下田来訪（四）」としてまとめている。当時の下田の人々の様子を知ることができる、貴重な史料である。ここにあるのは、私のふるさと「長州」ではたえて耳にしたこともない逸話である。

黒船が来る、黒船が来るという黒船恐怖談が誰の口からともなく伝わって、今日は

どの方面に黒船が現れたとか、下田の沖を黒船が通ったとか、その当時黒船に対する人々の恐怖は大変なものでした。その風説は風説を生んで、何処々々《どこどこ》の藩は何処の海岸を御固《おかた》めになったとかまるで戦争のような騒ぎです。中には又何も黒船をそんなに来ない内から怖《おそ》れる必要はない、来たら一ぺんに打ち払って了《しま》えなどいう強硬なものもありました。すると、いよいよ下田の武山に黒船の見張所が出来る等下田の海岸の人々が騒いでいる内、とうとう果たして安政元年三月十八日ペルリ（ペリーのこと）一行の先発艦が下田湾に現れ続いて廿一日《にじゅういちにち》には全艦隊が下田に来ました。何故《なぜ》にこの艦隊が来たのか一向に知らない人々はもうてっきり戦争が始まるものと考え、加えて従来この下田地方には余り多く見なかった武士達が沢山《たくさん》に旅装して入り込んで来たので何か大変な戦争にでもなるものと思って漁夫も農夫も皆それぞれに荷物を荷造りなどしていざと云《い》えば逃げ出す用意をして居るものもあったようでした。

　するといよいよ三月廿八日《にじゅうはちにち》朝になつて、吉田松陰先生一行が黒船に搭乗して外国に行こうとしたが拒絶せられて柿崎名主平右衛門《へいえもん》方に一時身をよせたが大小《だいしょう》はじめ荷物も流失せしめて如何《いかん》ともいたし難《がた》く、潔《いさぎよ》く自首して出たという話は、これが又話に話を生んで、或《あるい》は、長州の浪人者が黒船に斬り込んだが黒船の夜番《よばん》の軍人に捕らえられて名主さんの処《ところ》へ引き渡されたとか、或はこの長州浪人の黒船斬込《きりこみ》の為、これは日本役人がこの暴漢の取締《とりしまり》をやらないからだ等黒船方から抗議を申し込まれて、いよいよ戦争になるんだ。そうなると下田から浜崎村白浜村の海岸も皆戦場になるから一同五里や十里はなれた親戚へでも避難した方がよかろう等と実に大騒ぎでした。

さて私は三月廿八日《にじゅうはちにち》（嘉永七年）の朝も毎日のように寝床をはなれて朝食の膳につこうとして居りますとお隣の名主さんの所から、「急用が出来たから早くきてくれ」との事なので御飯もなげ出していそいで多主《(ママ)》（名主カ）さんの処へ行って見ますと、何となく家の中がそうぞうしくもう近所の人々も二、三人集まってその空気が只事《ただごと》でありませんので様子をきく遑《いとま》もなく転《ころが》るようにして家の内に入りました。すると、見なれぬ武士らしい者が二人いて名主さんと対談している様子で、私は勝手口からひそかに奥へ入りまして、名主さんに、「お早ようございます」と御挨拶をいたしますと名主さんは私に目くばせして、小声で、「あの武士達は昨夜黒船を見学に出かけ夜中黒船に乗り見学している間に浪が高かったために小船《(ママ)》の中に帯刀や荷物等入れておいたのを流されて困ったらしい。とに角《かく》ボートで送り返されて来たので、一見おだやかそうな武士だが、何どき乱暴を働くか分からないからお前達の若い者二、三人を番人にするからよく注意しているように」とのお話でした。

私は蔭乍《かげながら》らその武士達に気をつけておりますと、その内に私と同役の忠右衛門《ちゅうえもん》が何処《ど》か使にでも行って来たような風で息を切って這入《はい》って来て名主さんに「あの武士達の流された小舟はたしかに戸々折浜に漂着しました。私が行った時には荷物は船見張番所の役人の手に入ってその役人達は一々荷物の中を改めていましたから、私がその荷物主は今朝名主さんの処へ来て私に小舟の行方をさがしてくれとたのむので私はこうしてさがして居るんですといってその荷物を渡してくれるようたのみました処、番所の役人の云うには種々不審の品々があるので自分だけの所存《しょぞん》では下げる訳に行かない。兎《と》に角《かく》下田の指図《さしず》を受けなければならないと云われますので私は致し方なくそのまま帰って来ました」等話しました。

私はこれをきいて、これはこの武士達は或は身投げでもして誰かに救われたのだろう、併《しか》しそれにしても一寸《ちょっと》変な所もあるので忠右衛門さんに「一体あの武士達はどうしたのか」とききますと、忠右衛門さんはこんな話をしてくれました。「今朝未明自分（忠右衛門）がまだはっきり目のさめない内に婆さんは早く目がさめて朝飯の仕度をしておると、突然二人の物凄い姿の人達が入って来たので婆さんはビックリして異様の声を立てたので自分は急いで寝床を起きあがって来て見るとまるで斬り取り強盗らしいものが二人入って来て傲然《ごうぜん》とした態度で突っ立っていた。髪は乱れて顔色はすごく眼は血走ってしかもヅブ濡《ぬ》れであったがその内の一人が云うには、『吾々両人は昨夜黒船を見物にいって今朝黒船から船で送り帰されて来たが浪が荒くてこんなにヅブ濡になつて了《しま》った。一つ名主さんの処へゆきたいから連れていってくれないかと云うので私は早速二人を名主さんの処へ案内して来ました』」。

尋問

その夜、二人は下田奉行所から引き取りに来た、下級役人である同心《どうしん》に連れられ、小舟で下田番所へ運ばれた。そして、ここで初めて、与力《よりき》の尋問《じんもん》を受けた。

松陰の「回顧録」には、「我々は、包み隠さず、海外へ行って、万国の状況などを詳しく調べ、そして、国家のために『膺懲《ようちょう》』の作戦を立てようとした、ということを全て話した」とある。それを聞き、与力らは、驚きの余り、顔を青くしたという。この部分、元史料の「与力輩愕々色《よりきばらがくがくいろ》を失《うしな(う)》ふ」との表記を見れば、私はこの時、松陰らは真相を隠さず、全て話したと考える。

松陰は更に、「死刑をまぬがれられないことは当然のことと覚悟している。一つとして隠すことはない。できれば、しゃべることを全て記録せよ」と述べたという。

午後十時頃になり、二人は柿崎村の役人に預けられ、その後、縄で縛られ、長命寺へ移された。

この後、平滑《ひらなめ》という場所にあった獄に移され、数日間は、下田奉行支配組頭の黒川嘉兵衛の取り調べを受けた。黒川は、二人の荷物の中にあった、「投夷書」の下書きや、前年、長崎へ向かう際、佐久間象山が送ったという漢詩などについて特に尋問した。

尋問を終わり、黒川は「お前もまた心ある立派な君子の道を志す者である。しかし、国家の法律を犯し、父母の憂い、なげくところとなった。心得違いとはいえ、誠にその心は憐れむべきものがある。ただ、今となってはどうしようもない。よく覚悟せよ」と述べた。松陰は「死は当然のことと思っている。今更、何の覚悟が必要であろうか」と応えた。黒川の表情には、松陰らを憐れと思う気持ちが浮かんでいたという。

また、松陰はこの平滑の獄での様子を、次のように記している。

獄はただ一畳敷きで、二人はお互い膝を屈するように座っていた。その狭いことだけが苦痛であった。番人に借りて、『三河風土記《みかわふどき》』や『真田三代記《さなださんだいき》』などを読んだ。そして、我が国が我が国であるいわれ、人間の人間であるいわれ、また、西欧を憎む理由などを、日夜、大きな声で語り合った。番人は無知で道理を弁《わきま》えない者達ではあったが、涙を流しながら、私共が目的を果たせなかったことを嘆き、涙を流さない者はいなかった。

また、この獄を上陸した米兵達も見学に来た。彼らは二人の様子に驚きの表情を浮かべていたという。

四月十日、江戸から八丁堀《はっちょうぼり》同心山木啓蔵《やまきけいぞう》と大八木四郎三郎《おおやぎしろうさぶろう》の二人が、物々しく五名の岡っ引きを連れ、松陰らを引き取りに来た。

二人は足かせ、手かせをはめられ、その上、体は縄で縛られて、唐丸籠《とうまるかご》で下田を発った。そして、蓮台寺、梨下《なしもと》（現河津町梨本）を経て、下田街道を北上し、三島からは東海道を江戸へ護送されたのである。

この間、宿でも、松陰は不寝番の番人らへ対し、日本人としてのあるべき道などを話して聞かせた。後、彼は、「この時ほど愉快であったことはなかった」と記している。また、三島からは、被差別部落の青年らが三、四名、動員され、護送の補助に当たった。同心や岡っ引きらに比べ、彼らは大変親切であった、と松陰は記している。

十五日、朝、保土ヶ谷《ほどがや》を後にした一行は江戸の北町奉行所《きたまちぶぎょうしょ》へ着いた。ここで、縄などをほどかれ、しばらく休憩の後、すぐに取り調べを受けた。担当は北町奉行井戸対馬守覚弘《いどつしまのかみさとひろ》、留守役松浦安左衛門《まつうらやすざえもん》（後、松陰は松浦安右衛門とも記している。ここでは最初に記した安左衛門とする）と磯貝《いそがい》某であった。ちなみに、松浦はこれ以後、最後まで松陰らを担当することになる。そして、彼こそ、後、松陰が兄梅太郎へあて、「我々の思うところをよく理解し、本当に尽力してくれたのは松浦であった」と記したその人であった。

松浦らの取り調べを受けた後、いよいよ奉行直々の取り調べとなった。

最初に問題とされたのは、佐久間象山との関係、とりわけ、象山がこの度のことを知っていたか否かであった。

このことについて、松陰は、すでに下田での取り調べ以来、常に「この度のことは象山先生は全くご存知でないことであります」と応えており、ここでもそう主張し続けている。

しかし、奉行は再度問う。

「とはいえ、象山はすでに逮捕されており、お前達が横浜で陣営を度々訪ねて来たことは逐一白状している。隠し立てをしてもためにはならないぞ。また、お前が白状したところを見ると、一つとして疑うべきものはなく、国のために命をかけようとした志は明白である。ただ、象山との関係を、いいかげんにして、ごまかそうとしているのではないか。確かに、お前達が、恩師象山を守るため、そうしようとする気持ちを憐れむものではある。しかし、私は今、将軍の命令を受け、厳密に事件の事情を取り調べている。そんなことで色々と心を悩ませるのではない。お前達は覚悟をして、この度のことを行ったのであろう。どうして、お前の師である象山にのみ覚悟がないといえようか。あったのであろう。お前が象山のために真相を隠そうとしようとも、象山は隠しはしないであろう。このことをよく考えるのだぞ」

松陰は、横浜で象山の陣営を訪ねた時のことなどは正直に応えた。そして、「しかしながら、下田のことは象山先生のご存知でないことであります。横浜で先生にご相談したのは、米艦へ近づく方法に過ぎません。また、投夷書をお目にかけた時も、先生は、まさか私がその後あのようなことをするとはお感じにならなかったはずです。この度のことは、先生には、全く意外のことだったのであります」と述べ続けた。

しかし、奉行は、更に、「象山がこの度の下田での作戦を授けたのであろう。お前達は命じられたままに行動したのではないか」と聞く。松陰らはここぞとばかり、気合いを入れて、「私共は他人の指図を受けて、非常のことを行うような者ではありません」と声を荒らげた。

一方、当の象山に対する取り調べは、その名前が世に広く知られていたこともあり、厳しいものであったという。象山は「渡海」に同意した、という罪を堂々と認め、次のように抗弁していた。

昨年以来のことは国家の非常事態というべきものである。だから、国家は非常の政策を採るべきである。すでに、幕府はジョン万次郎の罪を許している。いまだに幕府から青年を外国へ派遣するという命令が出ていないとしても、ひそかに海外へ出て外国の事情を調査した者があれば、その罪を問わず、国家に役立てるべきである。これが私が松陰の計画に同意した本心である。これまで、十年間、西洋の書籍を読んできた。このことについては、誰にも負けるものではない。しかし、直接見聞したものではないので、どうしても不足なものを感じてきた。だから、心ある青年が海外へ行くことを望んでいたのである。

幕府の役人は、これを聞き、益々怒りの声をあげた。さすがの象山も、ここで、抗弁の無益を悟り、最後は罪に服したという。

江戸伝馬町獄

さて、松陰らはその後、伝馬町獄へ移され、収監された。「回顧録」によれば、同囚達は、松陰を囲み、その罪や経歴などを尋ねてきた。松陰は、「ひそかに米艦に乗り、海外へ出て、世界を巡ろうとした。しかし、発覚して捕らえられた」と話した。同囚達はみな感激した。しかし、その中でも、牢名主添役《ろうなぬしそえやく》であった日命という者だけは、「米艦に乗り、敵の大将の首でも取って来たのなら、たとえ死んだとしても名誉であろう。しかし、お前は（連れてってくれと）憐れみを請うたのだろう。何といやらしい行為であろうか」と、なじった、という。

この時のことを、松陰は、「三月二十七夜記」に、次のように記している。

失敗すれば、ひたすら、やり方がへたであったといわれる。しかし、そのいきさつを聞けば、必ず、やむを得ない事情があるのである。後の世の人が英雄のことを論ずるであろう。悲しいことである。我々のことを、後世の歴史家は、必ずこう記すだろう。「長門の浪人吉田松陰と金子重之助は、米艦に乗って海外へ出ようと策略をめぐらせた。しかし、発覚して逮捕された。松陰らは奇抜なことを好んだが、やり方を知らなかった。だから、このようになった」と。金子は刀を小舟に残したことを、大恥であり、また、遺憾としている。

松陰は、自分達のことを、このように書かれることを、「悲しいことである」、と記していた。また、金子の一節、これをわざわざ記した心情も、実に興味深いものがある。

さて、事件失敗を知った同志の反応は様々であった。鳥山新三郎《とりやましんざぶろう》、宮部鼎蔵《みやべていぞう》、桂小五郎らは、松陰の奪還作戦を立て、とくに宮部は日々奔走して、暇なしという状態であった。これは、事件を「墨夷《ぼくい》膺懲《ようちょう》」と認識していた彼らにとっては、当然の行動であろう。当事者である松陰も、後、安政三年（一八五六）二月七日、押収された金子の日記は詳細に同志の考えや行動などを記していた。だから、厳しい役人が担当者であれば、次々と同志が逮捕され、必ず「大獄」となるであろうと思った。これを問題としなかったのは、松浦安《まつうらやす》左衛門《ざえもん》の尽力による、と記している。

一方、鳥山新三郎は、何度か町奉行所で尋問を受ける内、事件が「渡海」とされていることを知った。

それは、安政元年（一八五四）四月二十三日、鳥山が取り調べを受けた時のことである。役人はいきなり「渡海のことを知っていたであろう」と聞いてきた。鳥山は内心驚いた。しかし、何食わぬ顔で平然と「知らない」と応えた。しかし、役人は何度も何度も聞く。そこで、彼は「僕はもちろん渡海云々《うんぬん》という話のことは知っていた。しかし、前から同志との約束もあったので知らないと応えた。この話が出たのは、みんなで集まった時のことである。どうして、そんなことを本当に実行すると信じたでしょうか」と、「渡海」のことは知っていたと開き直っている。

実際、鳥山の供述《きょうじゅつ》内容を伝え聞いた松陰も、宮部に早速次のように書き送っている。

昨日、鳥山が応えた内容は実にすばらしいと思います。僕は前に、「鳥山はこの渡海の話には関係しておりません」と応えております。鳥山の証言がもしもこれに反していれば、かえって不都合なことになります。この後、何度尋問されたとしても、ひたすら昨日の証言を変えないのがよろしいかと思います。また、海外へ行くという考えは、志のある青年が集まれば、いつも論じ合っていたことです。特に、私や金子だけが考えていたことではない、とお応えになるのがよろしいでしょう。これは内密に申しあげることであります。

とすれば、後、安政二年（一八五五）十二月晦日、松陰が、「ある日、僕が尋問を受けるため、伝馬町獄から奉行所へ護送されていた時、宮部が道端に隠れるようにたたずんでいた。そして、檻輿《かんよ》に座っていた僕を見て、微笑みを投げかけ、去っていった」と記した、宮部の行動が理解できる。宮部が松陰の駕籠《かご》を待ち、「微笑」を送ったのは、「策」を渡海とし、かつ、二人だけの犯行と奉行所側に認知させた松陰へのねぎらいだったのであろう。

肥後藩の反応

その宮部に対する肥後藩の反応はすばやい。在江戸の小笠原備前《おがさわらびぜん》らは、事件後すぐに宮部を取り調べ、安政元年（一八五四）四月十三日には報告書を肥後藩政府へ提出している。それには、「宮部鼎蔵は松陰の計画を聞き、止めたが同人が聞き入れなかった」とあり、「このような状況であれば、まずは問題とするようなものではない」と結論付けていた。そして、肥後藩はすぐに宮部に帰国を命じた。

また、この時、幕府は宮部を一切取り調べていない。肥後藩の調査結果を是認したものであろう。

さて、その宮部が江戸を発つのは、五月二十六日のことであった。それを事前に聞いた松陰は、五月二十一日、次のような手紙を送り、後事を託している。

向暑の節、いよいよお元気のこととお慶び申しあげます。近いうちにご帰国とのこと、めでたいことでございます。下田のことも、その後、どのようになっているのか詳しくは知りません。天下のことはさておき、お帰りになった後は、いうまでもありませんが、どうか武を中心とした教えでもって、心ある青年が沢山育ちますよう、ご斡旋《あっせん》に全力を注いでいただきたいと思います。

とくかへ《（え）》りたけき教《おしえ》を弘《ひろ》めて給《たま》へ《（え）》
広《ひろ》き大和《やまと》に誰《た》れかあるらん

【口語訳】速やかに帰り、猛々しい教えをひろめてください。広い我が国にそれができるのは誰がいるでしょうか。あなたにしかできないのです。

しかし、江戸を発った宮部は、直接肥後へは向かっていない。浦賀から船でまず伊勢をめざし、伊勢神宮を参拝した。そして、吉野を経て、その後、五条へ森田節斎を訪ねた。その際、彼は森田へ、「賀名生《あのう》の御所跡を拝見するために参上しました」と語っている。

賀名生御所《あのうのごしょ》とは、南北朝時代の建武《けんむ》三年（一三三六）の暮れ、足利尊氏《あしかがたかうじ》の軍勢によって京都を追われた後醍醐《ごだいご》天皇が、吉野へ向かう途中に立ち寄られた、郷士「堀孫太郎信増《ほりまごたろうのぶます》」の邸宅（現五條市西吉野町和田）である。その後、後村上《ごむらかみ》天皇、長慶《ちょうけい》、後亀山《ごかめやま》天皇の皇居として南朝の歴史を刻んだ所で、後、天誅組《てんちゅうぐみ》の吉村寅太郎《よしむらとらたろう》により「賀名生皇居《あのうこうきょ》」の扁額《へんがく》が掲げられた場所である。

ただ、この宮部の森田訪問については、新城軍平《しんじょうぐんぺい》氏が、『森田節斎《もりたせっさい》』の中に、「この裏には、奥吉野の天険を視察して、有事に備えんためであった」と指摘されている。私もこれが真の目的だったと見ている。

また、永鳥三平《ながとりさんぺい》は、事件後、一時酒に溺れる。しかし、同志が皆連坐させられるという噂があったので、鳥山と宮部が、事前に役人対応の打ち合わせに赴いた。すると、永鳥は、「役人が来たら、すぐに殺してやる。その後、すぐにロシアへ向かい、世界を巡りたい。そして、いつの日か天下に大義の旗を立てて、天下の悪人共を討ち滅ぼし、かねてより抱いている志を存分に発揮しようと思っている」と述べたという。しかし、松浦竹四郎《まつうらたけしろう》が、安政元年（一八五四）八月六日の日記に、「肥後の永鳥もいまだに江戸で隠れているとのことである。居場所は分からないが、品川で飲み屋へ上がった後、色々なことがあったということである」と記しているところを見ると、彼は他の同志と共に隠れていたようである。

その後、彼にも帰国命令が出た。しかし、彼も肥後への帰路、森田節斎を訪ねていた。その時のことは、安政元年十一月十一日付けの森田から永鳥にあてた、「お会いした時お願いしました吉野の一件、宜しくご斡旋をくださるようお願い致します。ご苦労ですが、どうか宜しくお願いします」という手紙に確認できる。

この「吉野の一件」とは、安政元年十二月五日、森田が弟葆庵《ほあん》にあてた書翰にある、「現在、僕らは十津川《とつかわ》（現奈良県吉野郡十津川村）で、ほぼ二千人の農兵の軍事訓練を行っています。目的は鳳輦《ほうれん》（天皇の乗られる御輿《みこし》のこと。転じて、天皇のこと）をお守りするためです」という、二千名の農兵の軍事訓練を指すものと思われる。

前述した、宮部の吉野訪問を考えれば、私はこの永鳥の動きは、それと深い関係があったものと考えている。何か遠大な作戦計画があったのであろう。

また、永鳥は、帰藩後、肥後藩より、帰路、「京都で梅田《うめだ》何某という儒者の家を訪ね、肥後藩の政治に関する話をしている。その時、重職にある方の進退について、まちがったことを話した」という理由で、文久《ぶんきゅう》三年（一八六三）八月まで「幽禁《ゆうきん》」、自宅押し込めの処分を受ける。この「梅田何某」こそ、嘉永六年（一八五三）、松陰が長崎からの復路、「詳細に京都の事情を聞いた」という「梅田源次郎雲浜《うめだげんじろううんぴん》」である。なお、松陰の「回顧録」より安政元年三月三日、梅田も同志として江戸にいたことが確認できる。

一方、野口直之允《のぐちなおのじょう》は、安政元年（一八五四）四月十四日、林櫻園の「東遊日記」にその名を見せて以後、一切歴史から消える。『吉田松陰全集』の「関係人物略伝」も、「松陰の『下田踏海』の失敗があったので、獄に入れられた。野口の消息もまた絶えた」と記すのみである。この「獄」がどこを指すのかさえ、私の調査では解明できていない。いずれにせよ、肥後藩が下田事件の真相および宮部らとの関係をどこまで知っていたのかは、現在も調査中であることを付記しておく。

宇都宮黙霖の予見

安政元年（一八五四）八月十三日、松陰の下田事件に関しては、「異船へ乗り組み、航海」

をしようとしたとの供述書が完成した。松陰らはそれを認めて、押印《おういん》した。

松陰は供述書につき、松浦安左衛門が随分と気を遣ってまとめてくれたものである、という感想を記している。そして、「(このような調書を残すことができたのであれば)死ぬようなことになったとしても、生きているようなものだなあ」と金子に語りかけた。金子はうなずいたという。

しかし、後、同二年九月頃、下田事件の真相を「墨夷膺懲《ぼくいようちょう》」と察した僧宇都宮黙霖《うつのみやもくりん》は、翌安政三年(一八五六)二月にこの調書を読み、「これはいわばお前の簡単な伝記というべきものであろう。数十年後、これを読めば、心安らかでないものがあるのではないか。嗚呼《ああ》」と嘆いたという。実際、松陰自身も、同三年十二月、改めてこの調書を読み、「記述の一つひとつに心安らぐものがない。本当に黙霖がいった通りである。しかも、まだ十年も経っていない。ただ、調書は、あの時こうしようと信じたことを伝えているものである。だから、強《し》いてこれを焼かないのである。また、これから更に努め励み、いつの日にか、心安らぐことを求めようとする際には、この調書を出発点としなければならない」と記している。

この宇都宮黙霖は文政《ぶんせい》七年(一八二四)、安芸国賀茂郡広村長浜《あきのくにかもぐんひろむらながはま》(現呉市広長浜)に、僧侶を父として生まれた人物である。二十歳の頃、大坂で大病を患い、その結果、耳が聞こえなくなり、その後はすべて筆談で生活した。二十代の初めに、僧侶となり、弘化《こうか》三年(一八四六)頃から、黙霖と称して勤王を唱え、嘉永年間には、諸国の志士と交際を始めた。

後、安政年間には各地の志士と王政復古を画策した人物であった。

松陰との交際は、安政二（一八五五）年九月に始まる。その時、默霖は萩を訪ね、土屋《つちや》蕭海《しょうかい》の家に滞在していた。そこで、土屋から松陰の『幽囚録《ゆうしゅうろく》』を見せられた。默霖はそれを読んで感激し、すぐに土屋を介して、獄中の松陰に書を送ったことが最初といわれる。

默霖はその手紙の書き出しに、「安芸の世捨て人默霖が吉田君へ申しあげます。私はあなたの『幽囚録』一巻を土屋蕭海から渡されました。文章は大体十編、詩は二十首。文字は涙を誘い、文章は血をわかせます。あなたの気は甚だ勇壮です。忠義の心からおこる憤りや義を守る堅い心を、そのまま詩文とする者がこれを読めば、あなたがいかなる人物であるかが分かります。また、同時に、野山獄《のやまごく》に収監されている真相を詳しく知ることができます」と記した。そして、下田事件のことを、「しかもいきどおる者に、君のような人がいる。大きな仁の心をもち、正義の心から、自ら身を挺して罪を犯し、海外に渡航し、その小さな目的としては海外の風習やその国政を見聞し、大きな目的としては米国の大将を斬り、我が国の憂いを除こうとしている。その思いは深く、その心は強い。我が国にこのような人がいる。勇士とよぶにふさわしい」と述べていた。默霖がこの時点で、下田事件の真相を察した証拠である。そして、それは、上述した、「数十年後、これを読めば、心安らかでないものがあるのではないか。嗚呼」との一文になったものと思われる。

安政元年（一八五四）九月十八日、松陰は「在所蟄居《ざいしょちっきょ》」、ふるさとにおいて蟄居《ちっきょ》（外出を禁じ、一室に謹慎すること）という申し渡しを受けた。そして、早速に身柄を長州藩邸へ引き渡された。

護送、野山獄へ

安政元年（一八五四）九月二十三日、松陰と金子は檻輿《かんよ》で江戸を発ち、十月二十四日、萩に着く。この道中および萩帰着後、松陰は後に「五十七短古《ごじゅうしちたんこ》」と名付けた五十七の漢詩を残している。

この「五十七短古」は、安政二年（一八五五）正月二十二日、松陰自身が、「（江戸から護送される際）私は心に浮かんだことを折々に五言四句の漢詩とし、夜は（宿で）金子と語り合った。金子は憤り嘆いて、病気の苦痛を忘れることもしばしばであった。国に着く頃、それが積もり積もって五十七首となった。すでに、金子は病死してしまい、また、象山先生からはただの一字たりとも連絡が来ない。偶然この五十七首の歌を古紙の中に発見し、あの頃のことを思い、しばらく深い悲しみにくれた」と記していることから、その成立の背景をうかがうことができる。

松陰が古紙の中から発見したという原本、つまり、一次史料は現在のところ発見されていない。しかし、これを後に筆写したと思われるものが二本残っている。一本は山口県文書館《やまぐちけんもんじょかん》所蔵版、また、もう一本は萩市の松陰神社所蔵版である。

文字や内容より、文書館版は兄梅太郎が原本から「写字」した二次史料、また、神社版はそれを更に松陰自身が転記した三次史料であることが分かる。

実は、この二本の「五十七短古」、文書館版と神社版では漢詩の並びが三首以外全て異っている。たとえば、文書館版では二十六番目にある、「偉績《いせき》未《いま》だ忘《わす》るる能《あた(わ)》はず、夢想《むそう》うたた凡《ぼん》ならず。昨夜《さくや》太平《たいへい》の海《うみ》、快風《かいふう》、布帆《ふはん》を懸《か》く（下田での功績は忘れることができず、夢さえも平凡なものは見ない。昨夜は太平洋上の快風を帆に受けて、遠く外洋を疾走する夢を見た）」という、明らかに「渡海」を意識した漢詩は、神社版では四十八番目となっている。

以下、私の推測を記す。江戸から萩へ護送される途中、松陰は漢詩を、多分数枚の紙切れに記したのであろう。あるいは、一枚一首だったのかもしれない。

ただ、後、安政元年（一八五四）十一月一日、兄梅太郎が、「漢詩に一、二、三と番号があるのは、それを詠った順番か。八号が多いのは何故か」と聞いたのに対し、松陰が「そうです。同じような詩ですので、順番は前後しても結構です」と応えたことが確認できる。

兄梅太郎が下田事件の真相を知ったと思われるのは、ちょうどこの安政元年十一月頃のことであった。とすれば、私は、兄梅太郎も、同二年正月以降、つまり「五十七短古」を「写字」した時点では、事件を「渡海」としなければならないことを理解していたと考える。

兄梅太郎は紙切れがたとえ松陰の詠った順番であったとしても、それをそのままの並びで「写字」したであろうか。私には到底そうとは思えない。それは、「偉績《いせき》未《いま》だ忘《わす》るる能《あた(わ)》はず」という漢詩が二十六番目に記してあることが一つの証拠となる。これは内容より、明らかに明木《あきらぎ》（現萩市明木）以降に詠ったものと思われるからである。

一方、松陰はどうであろうか。松陰はそれを更に筆写する時、明らかに五十四首の並びを変えている。理由は簡単である。「墨夷膺懲」という本音で詠った「五十七短古」を「渡海」を前提としたものに変える必要を感じた、と考えられるからである。

また、文書館版の表紙には、「詩稿《しこう》（「松陰詩稿」のこと。松陰が「五十七短古」に他の漢詩などを合わせ一冊としたもの）ハ前ニ先生手綴本《しゅつずりぼん》アリ此分《このぶん》ハ前原一誠所蔵《まえばらいっせいしょぞう》ナリシヲ明治廿五《にじゅうご》六《ろく》年頃買得《ばいとく》シタルナリ」とある。これより、この文書館版を、松陰の高弟で、後、明治九年（一八七六）、萩の乱を起こして、処刑された前原一誠が一時的にせよ、所持していたことが分かる。松陰と前原との関係をうかがうことのできる史料ということができる。

話を元にもどす。さて、実は、江戸を発つ日、松陰はロシア軍艦の大坂湾侵入という知らせを耳にしたという。そこで、「匈奴《きょうど》内侵急《ないしんきゅう》なり、誰《た》れか是《こ》れ霍嫖姚《かくひょうよう》。憂《うれ（い）》ひ来《きた（つ）》つて悲曲《ひきょく》を歌《うた（え）》へば、人《ひと》は言《い（う）》ふ我《わ》れ驕《おご》りを宣《の》ぶと（外国の我が国への侵略は急速なものがある。この時に当たり、誰が霍嫖姚のように救国の英雄たるべく立ち上がるのであろうか。心配の余りこのような歌を詠えば、人は、いたずらに驕り高ぶったことをいうな、と私を狂人視し、嘲笑する）」と詠み、また、「虜勢日《りょせいひ》に猖獗《しょうけつ》にして、川《かわ》の方《まさ》に増《ま》すが如《ごと》し。誰《た》れか登壇《とうだん》の挙《きょ》に応《おう》じ、撻伐《たつばつ》して膺懲《ようちょう》を快《かい》とせん（外国の勢いは日々盛んとなり、まるで川が勢いよく増水するようである。この我が国の危機存亡に当たり、誰か〔大将を拝命する式場に登るという命令に応じて〕大将となり、外国人達を討ち懲らしめることを喜びとする者はあるまいか）」と詠った。これらは、「墨夷膺懲《ぼくいようちょう》」に失敗した自分になりかわり、誰かそれを行ってほしいとの真心からの叫びであろう。その意味で、これは松陰が事件後、初めてその真相を吐露《とろ》したものであった。この主因は身柄を長州藩へ渡された安心感であろう。彼は前年より、米国国書の取り扱いに関する幕府の諮問《しもん》に対し、長州藩主毛利敬親《もうりたかちか》が、「外国の賊共の肝っ玉を打ち砕く程の調子で、厳しく断るべきである」と応えたことを知っていたはずである。ましてや、松陰は幼少よりの藩主との特別な関係を自覚していた。とすれば、長州藩は分かってくれるとの確信をもったとしても、それはむしろ自然な感情であった、というべきであろう。

しかし、彼はやがて自分の甘さを思い知らされることとなる。それは、野山獄《のやまごく》収監の通告であった。藩吏武弘太兵衛《たけひろたへえ》の「護送日記」によれば、芸州玖波宿《げいしゅうくばしゅく》（現広島県大竹市玖波）より萩の藩政府へ送った、「松陰と金子は（萩へ帰着後）どこへ引き渡せばいいのでしょうか」という質問の返事は、十月二十二日、宮市《みやいち》（現山口県防府市）へ着く。それには、「松陰はすぐに野山獄へ連行し、福川犀之助《ふくがわさいのすけ》へ引き渡せ」とあった。彼はこの内容を明木《あきらぎ》（現萩市明木）で聞かされた。松陰はここで初めて、藩に対しても渡海といわねばならない状況にあることを理解したものと思われる。彼が明木《あきらぎ》を発った後に詠ったと思われる、「偉《い》績未《せきいま》だ忘《わす》るる能《あた(わ)》はず、夢想《むそう》うたた凡《ぼん》ならず。昨夜太平《さくやたいへい》の海《うみ》、快風《かいふう》、布帆《ふはん》を懸《か》く」との漢詩はその証拠となる。

また、野山獄収監を知らされた後の、「去年父母《きょねんふぼ》のもとを辞《じ》し、心《こころ》に誓《ちか(う)》ふ復《ま》た還《かえ》らじと。計違《けいたが(う)》ふも亦　自《またおのずか》ら好《よ》し、又慈顔《またじがん》を拝《はい》するを得《う》」との詩に、「道中野山獄《どうちゅうのやまごく》への帰囚《きしゅう》を知《し》らず、故《ゆえ》に此《こ》の作有《さくあ》り、已《すで》にして計乖《けいそ》むく（護送される道中、野山獄へ収監されるようになろうとは知らなかった。だから、このような漢詩があるのである。すでに計画に反してしまった）」と註記していることは、実に興味深い。

この、「乖《そ》」むいた「計《けい》」が再度の「墨夷膺懲」に向けての、心ある日本人、とりわけ青少年育成であったことはいうまでもない。「五十七短古」中に、松陰が、「大樹将《たいじゅまさ》に顚仆《てんぷ》せんとす、一縄《いちじょう》の維《つな》ぐべきに非《あら》ず。且《しばら》く北園《ほくえん》の棘《いばら》を除《のぞ》き、盛《さか》んに桃李《とうり》の枝《えだ》を植《う》ゑ《（え）》ん（大きな木が正に倒れようとしている時には、一本の縄をもってつなぎ止めることはできない。同様に、現在、我が国が将に倒れようとしているが、それを一人で維持することはできない。しばらく、ロシア来襲の脅威を取り除きながら、一方、心ある青年の育成を行いたい）」と詠っていることはその証拠となる。彼はふるさと萩にさえ帰れば、何とでもなる、と考えていたのであろう。実際、彼はまだやる気だったのである。それどころか、後、安政五年（一八五八）正月の時点でさえ、「龍は時を得れば伸び上がって、天にまで駆け上る。そうでない時には、蛇となって地に伏し屈するものである。私は龍となり、天に駆け上ることを忘れたことはない」と詠い、また同年二月にも、「米国使節を斬ろうと考えていた三名の義士（米国総領事ハリスを襲撃しようとした堀江克之助《ほりえかつのすけ》・信田仁十郎《しのだにじゅうろう》・蓮田東三《はすだとうぞう》のこと）はまだ江戸獄におるのでしょうか。まだおるのであれば、少し私の思いを伝えて置きたいのです」と述べている。

松陰の願いは、一刻も早く自由の身となり、再起を期すことにあった。実際、幕府から受けた判決は「在所蟄居」であった。しかし、長州藩政府は幕府をおもんぱかり、実父百《ゆ》合《り》之《の》助《すけ》に「借牢願《しゃくろうねがい》」（「借牢」とは当時、長州藩に行われていた制度で、素行不良などを理由に藩の牢獄を借りること。よって、食費は自弁であり、刑期もなく、取り調べも行われていなかったものと思われる）の提出を命じた。父百合之助は、松陰は「弱体多病」なので、せめて短期間でも実家で引き取り、その後、手に負えない状況にでもなれば、入獄させたいとの嘆願書を提出した。しかし、それは許されず、父百合之助からの、「私の家は手狭でして、（松陰を）置く所としては都合が悪い状態でございます。つきましては、野山獄をお借りしたいと思いますので、ご許可いただきますようお願い申しあげます」という嘆願書により、結局、引き続き野山獄へ、「借牢」の形で収監されることとなるのである。

第六章　野山獄の松陰

野山獄跡

杉家の人々

安政元年（一八五四）十月二十四日、松陰は士分の野山獄へ、また、金子は平民の岩倉獄へ、それぞれ収監された。松陰、二十五歳、金子、二十四歳であった。

野山、岩倉はかつてこの地に家を構えていた武士の名前である。正保《しょうほう》二年（一六四五）、岩倉孫兵衛《いわくらまごべえ》が酒に狂い、隣家の野山清右衛門《のやませいえもん》を殺害した。岩倉は斬首《ざんしゅ》とされ、その結果、岩倉・野山家共に断絶した。そこで、長州藩は両家の宅地を没収し、獄としたものである。

さて、帰萩した松陰を迎えたのは、実家杉家の人々であった。事件時、父百合之助、兄梅太郎、叔父玉木文之進らは役人としてそれぞれ仕事に就いていた。しかし、事件後、三名共、病気と称し、家庭に謹慎していた。

安政元年（一八五四）五月九日、事件を知った父百合之助は長男梅太郎へ次のような手紙を送っていた。

> 松陰も散々なことで、大変気の毒であり、さぞ悔しい思いをしていることであろう。（中略）もう一度、飛脚でも来れば、事件の詳しい様子も分かるのだがと、待っているところである。しかし、いずれにせよ、取り返しはできないことと、こちらでは皆の者があきらめている。（中略）松陰が自分でまちがいのないことと考えての行動であれば、側からどうこういうことはない。ましてや、油断であったとか、不注意であったという必要は全くない。

これに先立つ安政元年四月二十四日、当の松陰は兄梅太郎へあて、次のような「永訣《えいけつ》」の書、あるいは、遺書とも取れる手紙を送っていた。

この頃、海賊、外国軍艦の狂ったような荒々しい行動は、一日一日と激しさを増しています。そして、この春、ついに「城下《じょうか》の盟《ちかい》」（自国の首都に敵の侵入を許し、結ぶ屈辱的な和議のこと）、日米和親条約を結ばされました。しかし、このわざわいは、いまだにこれで止まる様子もありません。このような状況に、心ある武士たる者はみな憤り嘆いて涙を流し、この恥を取り除き、恨みを晴らしたい、と思わない者はおりません。私は鈍く劣った者ではありますが、代々毛利家から養育のご恩を受けてきた者であります。そこで、ひそかにご恩返しをしたいと考え、遂に自ら国家の法を犯し、父兄の大きな心配の種となったのであります。（中略）

私は不幸せにも、再び父上や兄上にお会いすることはないと思います。ご両親に孝行を尽くすことのできない罪はどうやってお詫びすればいいのでありましょうか。そこで、敢えてお手紙を差しあげ、永遠のお別れを致します。私は、先に縛り上げられ、檻輿《かんよ》に乗せられて泉岳寺の前を通りました。その時、赤穂義士のことを思い、「かくすればかくなるものとしりながら、やむにやまれぬやまとだましひ《い》」という歌を詠いました。確かに、武士たる者の生きる道はここにあるのであります。お願いできるものであれば、「私愛」、我が身かわいさの余り、「大義」、武士として踏み行うべき重大な道義に迷われることがなければ、何よりの幸せであります。

ここでの松陰は、再び父兄に会い、孝養を尽くすことができないことを詫《わ》びているのであって、下田事件そのものを詫びているのではない。そして、私にはむしろ、「私愛のために大義」実践を躊躇《ちゅうちょ》しなかった自分を誇らしく語っているようにさえ思える。

また、松陰は「渡海」という仮調書ができた後の安政元年閏《うるう》七月十九日にも、兄梅太郎にあて、「この度のことで父母の名前をはずかしめることだけは致しませんでした。ただ、父母に対してはこれ以上の不孝はなく、誠に申し訳なく思っております。しかし、『忠孝《ちゅうこう》両全《りょうぜん》ならず』、忠と孝とは両立しない、という古い言葉もありますので、呉々もお詫びしておる、と、どうか宜しくお伝えくださいませ」と送っていた。

しかし、その一方で、六月二十一日には、同志土屋蕭海《つちやしょうかい》へあて、「我が家の父母兄弟は元気にしておるでしょうか。大変気にかかります」と述べ、また、八月二日には、同志小倉《おぐら》健作《けんさく》に対し、「起きふしに故郷《ふるさと》おもふ《(う)》吾《わ》がこころ文みる人は知るや知らずや（起きていても、床に伏していても、ふるさとのことを考えてしまう。手紙を読む人は〔この私の心を〕知っているのだろうか。それとも知らないのだろうか）」と送っていた。彼が忠および忠義の実践と孝との間で苦しみ、悩んでいたことが分かる。

さて、松陰を迎えた父百合之助である。父百合之助は、十月二十四日頃、次のような手紙を松陰へ送った。

一、**過書《かしょ》はいかが相成居候哉《あいなりおりそうろうや》之事《のこと》**

用事《ようじ》有之候《これありそうら(わ)》はば廉書《かどがき》にして御申越《おもうしこし》之事《のこと》

詩作《しさく》は受取之事《うけとりのこと》

【口語訳】一、過書（身分証明書）はどうなりましたか。用事があれば、箇条書きにして申し出なさい。詩作は受け取りました。

わずか、三行の手紙である。しかし、この直後、兄梅太郎が、「お前の行動（下田事件のこと）を父上、叔父上は少しも怒ってはおられない。大いに怒っているのは私一人だけである」と書き送っていることを見れば、これは決して怒り故の三行ではなかったことが分かる。杉家の父子、松陰と父百合之助は将にこういう、強い信頼感で結ばれていたのである。

二十一回猛士の説

さて、松陰はこの十月下旬頃、次のような「二十一回猛士の説《にじゅういっかいもうしのせつ》」という一文を作った。「二十一回猛士」とは、これ以後、彼が「松陰」という号《ごう》（本名・字《あざな》のほかに用いる雅名）と共に多用することとなるものである。後、死を覚悟した安政六年（一八五九）十月二十日には、父・叔父・兄にあて、「（私の墓には）松陰二十一回猛士とのみお記しくださるようお頼み申しあげます」と送る程、愛着をみせることとなる。その、「二十一回猛士の説」にいう。

私は天保元年、庚寅《こういん》の年（一八三〇）に杉家に生まれた。その後、成長して吉田家

を継いだ。甲寅《こういん》の年（安政元年）に罪を得て獄へ入った。夢に神が現れ、一枚の名刺を差し出された。それには、「二十一回猛士」とあった。夢から覚め、考えるに、杉の字には二十一の形がある（杉という字の左の木は十と八、右の彡は三。足せば二十一となる）。吉田の字もまた二十一回の形がある（吉は上が十一、下は口。田は中が十で外は口。足せば二十一回となる）。私の名前は寅《とら》（次郎）である。寅は虎である。虎の徳性は猛《たけ》きことである。私の身分は低く、体は虚弱である。だから、この虎の猛々しさを師とするのでなければ、どうして立派な武士となることができようか。できはしない。

私は生まれてこのかた、猛々しい行動をとったことは、大体三回である（一回目は東北遊での亡命事件。二回目は嘉永六年（一八五三）八月の「将及私言」などの上書の提出。三回目は下田事件である）。それで罪を得たり、非難されたた。今は獄に入れられ、再び（猛を）行うことができない。そして、猛のまだなし遂げていないものは十八回ある。その責任もまた重いのである。神はおそらく、私が日々弱くなり、微力となって、二十一回の猛をなし遂げられないことを恐れ、天意として、私を啓発してくださったのであろう。とすれば、私が志と気を合わせ養うこともやむを得ないことである。

これを読んだ兄梅太郎は、「二十一回猛士の説、喜ぶべきことであり、愛すべき志である。志と気を合わせ養うとのこと、最も素晴しいことです。しかしながら、これから更に十八回も猛々しいことをするというのなら、たまりません。他人へしゃべったらいけませんぞ。お前がこのようなことをいうから、幕府の判決は軽かったのに、藩の対応は厳しく、獄に収監したのです。しゃべったらいけませんぞ。必ず一族が罰せられますから。ただ、私の願いをいえば、この二十一回の猛を行う、という気持ちで、(中国の)二十一代の歴史を見渡し、世の中が治まったり乱れた原因、また、国家が興ったり滅んでいった理由などを学んで欲しい。そして、意義のある著述を残して欲しい。聞くところによれば、司馬遷《しばせん》は獄中で『史記《しき》』をまとめたという。お前にはこのまねをしてほしい」と応えている。

そして、「読みたい本があれば、いくらでも世話をしますから」とか、「辞書が必要であれば送りましょうか」、「机はどうか」など、事細かな心遣いをみせるのである。

その後、安政二年(一八五五)十二月、松陰は、病気療養を目的として、実家杉家での蟄居《ちっきょ》を命ぜられ、野山獄を放免されることとなる。しかし、その間、野山獄で約五百九十余冊の本を読破している。そのほとんどは、兄梅太郎が松陰の希望に応えて、探し求め、差し入れたものであった。

兄梅太郎への手紙

安政元年十一月九日、兄梅太郎は、「お前は遂に野山獄に入る状態となった。それでも国家に何か有益なことをしたというのか」と書き送ってきた。

この質問に対し、十三日、松陰は次のような返書を送っている。

先日のご教示に、「お前は遂に野山獄に入る状態となった。それでも国家に何か有益なことをしたというのか」とありました。これは実に私の急所を押さえられた、厳しいお言葉でありました。恐縮の至りです。しかし、そうおっしゃるのであれば、朱《しゅ》雲《うん》は張禹《ちょうう》を斬って除きたいと願い出で、また、胡銓《こせん》は秦檜《しんかい》を斬ることを願い出ました。しかし、その結果、一人は帝の激怒をかって降格され、また一人はかえって片田舎へ流刑となりました。二人は漢《かん》、宋《そう》に何か有益なことをしたでしょうか。赤穂義士《あこうぎし》は、仇討ちをして死罪となりました。伯夷《はくい》と叔斉《しゅくせい》は周《しゅう》の武王《ぶおう》の悪政を憎んで餓死《がし》しました。また国家に有益なことをしたでしょうか。

ですから、心ある立派な武士は、兄上のようにはいわず、聖人は百代を貫く先生である、というのです。また、私と金子が行ったことは、朱雲《しゅうん》や胡銓《こせん》がしたことと比べても、大変心をつかい完璧を期しました。それなのに、うまく行かず、失敗し、このような状況となったのは、天命であります。これだけいえばもうお分かりになったことでしょう。これ以上はもう申しません。ただ、人々は僕らの下田事件が発覚した事情を詳しく知りません。そこで、「三月二十七夜記」を作りました。是非、ご覧いただきたいと思います。

朱雲《しゅうん》は漢《かん》（紀元前二〇六～紀元後八年、秦《しん》滅亡後、劉邦《りゅうほう》によって建てられた中国の王朝）の人。成帝《せいてい》の時、権勢をほしいままにしていた奸臣《かんしん》（わるだくみをする家来）張禹《ちょうう》を斬ろうとした人物。また、胡銓《こせん》は南宋《なんそう》（一一二七年〜一二七九年、宋王朝＝北宋が、女真族《じょしんぞく》の金に華北を奪われた後、淮河《わいが》以南の地に再興した政権）の人。宰相《さいしょう》である秦檜《しんかい》が金《きん》（一一一五年〜一二三四年の間、中国北半を支配した女真族の王朝）と和睦《わぼく》しようとしていたのを憤り、斬ろうとした人物である。

松陰は下田事件を語る際、その朱雲《しゅうん》や胡銓《こせん》よりは、「大変心をつかい完璧を期しました」と述べている。これが「渡海」を拒否され、果たせなかった弁明《べんめい》と読みとれるであろうか。松陰は、骨肉の兄梅太郎には、真相をほのめかしていたのである。

また、松陰はこの日、「三月二十七夜記」をまとめている。「渡海」を前提とした「三月二十七夜記」についてはすでに述べた。文中、「海外に出ようと（した）」と書かれることを「悲しい」とし、また、金子の「刀」のことをわざわざ強調していた。

梅太郎はここで事件の真相を直感したものと思われる。しかし、彼は十一月二十三日には、「航海の事、下田事件の詳細について、まだ納得することができないので、更に別の手紙で返答していただきたい」と返し、また、十二月五日の時点でも、「私は心がかたよっており、また、一つのかたよった見解に固執して、どうしても他人の説明を受け付けないところのある人間です。それで、更に手紙などでの回答を待っております。私はお前が失敗して獄に入るようになったことを憎んでいるのではありません。国の法律を犯して、海外へ行こうとしたのを憎んでいるのです。また、お前は朱雲《しゅうん》や胡銓《こせん》と自分を比べています。しかし、お前の行ったことはどう考えても、朱雲や胡銓が行ったこととはちがうように思います」と記すのみであった。ただ、これ以降、兄梅太郎からの下田事件に関する問い合わせはぴたりと止まった。

金子重之助の死

一方、岩倉獄の金子重之助である。彼は生まれつき虚弱体質であった。それが更に、安政元年の夏、江戸小伝馬町《こでんまちょう》獄で伝染病に感染して、全身をかさぶたにおおわれ、何度か危篤状態におちいる、という状態となっていた。実際、安政元年九月十八日、判決を受け、長州藩の麻布《あざぶ》下屋敷へ移される時には、立って歩くことさえもできず、蓆《むしろ》に乗せられて移動するという程であった。

萩への護送に当たっては、主任役の武広太兵衛が、「お預かりしておる罪人（金子のこと）が万が一途中で病死するような時の処置は、どのようにすればよいかご指示をいただきたいと思います」とうかがいを立てる程、重体であった。それは江戸を発った後、益々ひどくなり、咳が止まらない状態となった。事実、萩までの道中、さすがの護送役人も、蒲原《かんばら》（現静岡市清水区蒲原）など四カ所で、地元の医者に金子の往診を頼んでいる。蒲原の医者林《はやし》漁翁の診断によれば、金子の病状は、「全身にかさぶたができ、特に、腰から下は膿が出て、ただれている。脈は弱く、衰弱しており、食事をしても、すぐに下痢をしている。腹部はパンパンに腫れ、寒気をもよおし、熱がある」とあった。

それでも、護送役人は冷たく、金子はそれを憤り、怒ることもしばしばであった。ある時、それをみて、松陰は「下田で失敗し、このような状況となった。これは天命である。天命を知らなければ、心ある立派な人となることはできないぞ」と慰めた。金子は笑って、「病気が苦しくて、つい平常心を失い、立腹してしまいました。もう二度とくりかえしませんから」と返した。

また、金子は藩内到着後、明木《あきらぎ》（現萩市明木）で松陰の檻輿《かんよ》と別れる際には、涙を流しながら、次のように告げた。

私は病で立つこともできず、天下のことを再び目にすることもできません。しかしながら、私とあなたは策を決めて、海へ乗り出しました。死骸を海原に沈め、骨を砂浜にさらすことさえ、避けない覚悟でした。逮捕され入獄してからは、死罪を覚悟し、また、病気となっては生きることなど、思いもしませんでした。今、明木まで何とか帰ってくることができたのは、残った命です。運よく、生きている内に一回でも父母にお会いして、死ぬことができれば、思い残すことは何もありません。

松陰は金子の病状の重いことを改めて知った。しかし、つとめて、「心配するな。まだ死にはしないから。天下には、まだまだやるべきことがあるぞ」と金子を励ました。しかし、金子は、「いいえ、もう命がつきようとしております。しかし、天下のことは絶対に忘れはしませんから」と応えるのみであったという。

これが、松陰と金子が直接交わした最後の会話となる。

岩倉獄へ収監された金子は、その後、藩政府の特別許可がおり、父母の見舞いを受け、また、医者の治療も施された。松陰は、野山獄から「勢いを奮い起こせば天下に手強い敵はなく、気が盛んであれば天下に解決できないことはない」と送り、金子を激励し続けた。

しかし、安政二年（一八五五）正月十一日、金子は二十五歳の生涯を閉じた。それを知った松陰の悲しみは察するに余りある。彼は早速、「重之助は（一人前に）なることもなく死んでしまった。仮にも（その生涯を）大文章家の筆によって書き伝えるのでなくては、その霊を慰め、その心を伝えることはできないであろう」として、「金子重輔行状《しげのすけぎょうじょう》」という一文を記した。また、安政二年五月、全国の同志にその死を弔《とむら》う詩歌を募り、それを後、安政四年から六年の間に、「冤魂慰草《えんこんいそう》」という一書としてまとめた。これらも全て下田事件は「渡海」を前提として編集されたものである。

実はこの「冤魂慰草《えんこんいそう》」には、肥後の宮部鼎蔵《みやべていぞう》、今村《いまむら》乙五郎、丸山運介《まるやまうんすけ》、佐々淳二郎《さっさじゅんじろう》らの詩歌が収録されている。これら四名の詩歌は郵送ではなく、当時、松陰の紹介で肥後藩の池部啓太《いけべけいた》の元へ「弾道学《だんどうがく》」（大砲の弾道などを研究する学問）修行に行っていた長州藩士松《まつ》本源四郎《もとげんしろう》が直接持ち帰り、野山獄の松陰へ届けたものである。

下田事件の真相を知っていた彼らの詩歌は事件のことを、「国家のために志した事」とか、「犯した罪」とぼかして記している。しかし、それでも、今村は「（金子は）忠憤《ちゅうふん》已《や》む能《あた(わ)》はず、誓《ちか(つ)》つて干城《かんじょう》為《た》らんと欲《ほっ》す（国家を思っての憤慨を止めることができず、誓って国家を守る武士であろうとした）」と評し、また、佐々は金子を、「尊皇攘夷《そんのうじょうい》、反始報本《はんしほうほん》の志《こころざし》ある人（天皇を尊び、外国人を払う、天地や先祖の恩に報いようとする志のある人）」と讃《たた》えていた。

また、私の研究によれば、持ち帰りとはいえ、これが宮部から松陰へあてた最後の連絡であった。これ以後、松陰から宮部への手紙は何度か確認できる。しかし、宮部からの返事はこれまでのところ確認できない。この原因、私は肥後藩が、宮部に松陰との一切の連絡を禁じていたのではないかと推測している。この件に関しては今も調査中である。

また、更に、注目すべきは、金子の死を知った松陰が野山獄で食費の節約を始めたことである。目的はお金を貯め、金子の墓標の一部として、遺族へ送るためである。安政二年（一八五五）某月、松陰は次のような手紙を添え、「金百疋《ぴき》」（一疋は二十五文）を遺族へ送った。

一、金百疋

右は大変少のうございますが、この正月、重之助殿がお亡くなりになって以来、日々の塩や味噌（の代金）をできるだけ倹約し、寄付するものであります。将来、遺骸を改葬される際には、墓標などをお建てになるかと思います。その費用へ加えていただきたい、というのが私のたってのお願いであります。このことをどうか（重之助殿の）御霊《みたま》にお伝えいただければと思います。

なお、金子の墓は現在も萩市の海潮寺《かいちょうじ》（萩市北古萩町）にある。その墓前には一対の石の花筒があり、その表面には「吉田氏」と刻まれている。

野山獄での思索

さて、野山獄での松陰の生活は読書、思索、著述などを中心とするものであった。

ここでは、獄中での代表的な著述と思われる、「幽囚録《ゆうしゅうろく》」、「士規七則《しきしちそく》」、「清国咸豊乱記《しんこくかんぽうらんき》」、「獄舎問答《ごくしゃもんどう》」などを中心に、当時、松陰が何を考えていたのかを概観したい。

安政元年（一八五四）冬、松陰は獄中において、「幽囚録」の執筆を始めた。松陰がこの「跋《ばつ》」（後書きのこと）を書いたのは、安政三年十二月五日とあり、約二年間でまとめたことが分かる。

この「跋」に、松陰は「幽囚録」執筆の動機を次のように記している。

安政元年九月、江戸の獄を出る時に佐久間象山《さくまぞうざん》先生とお別れした。その時、先生は私の方を向いて、次のようにいわれた。「昔、宋《そう》の英王《えいおう》の時、王の実父趙允譲《ちょういんじょう》の諡《おくりな》（人の死後、その徳をたたえて送る称号のこと）について相談が行われた。その際、欧陽脩《おうようしゅう》が人としての道理を考え、歴史に照らし合わせて、主張した内容は極めて正しいものであった。それなのに、宰相《さいしょう》はそれに従わず、異論が次々と立てられた。欧陽脩《おうようしゅう》は晩年にこの時行われた議論のいきさつを一冊の本としたという。今、私の門人であるお前（松陰のこと）は下田事件に失敗し、獄中の身となり、この上行うべきものはない。しかしながら、『航海』は今日の重要な任務であり、一日として（その実行を）緩めてはならないものである。お前はどうして、心を奮って、下田事件に関する書物

を著し、行わざるを得なかった理由を明らかにしなくていいのだろうか」と。私は二度礼拝をして、先生のご命令を受けた。すでに私は長州へ帰り、野山獄に収監されている。初めて獄の番人にお願いして、筆と紙を求め、急いでこの記録を完成させた。

これより、象山、松陰という師弟共々、下田事件＝「航海」を前提として「命令」の授受が行われたことが分かる。よって、この「幽囚録」も「自序」の部分にある「私が航海しようとしたことは、仕方がなかったことである」以下、全編、「渡海」を前提とするものであった。

しかし、この中に、わざわざかつて江戸伝馬町獄で作った、「唯《た》だ願《ねが(わ)》はくは俊傑《しゅんけつ》を起《た》しめて、一揮《いっき》、胡塵《こじん》を清《きよ》めん」という漢詩を入れ、また、安政元年四月二十四日、江戸伝馬町獄から兄梅太郎へあてた、「『かくすればかくなるものとしりながら、やむにやまれぬやまとだましひ《い》』という歌の中にこそ、武士たる者の生きる道がある」との永訣の手紙を収録していることは実におもしろい。松陰は記録としての「幽囚録」にも真実の一端を吐《と》露《ろ》していた。

また、「幽囚録」の執筆を始めたのと同時期と思われる安政元年十二月十二日頃、「それにしても思うまいと思ってもまた思い、いうまいというてもまたいってしまうのは天下国家のことである」とあることはおもしろい。松陰の意識はまだまだ下田事件の延長戦上にあったことが分かる。

殷鑑《いんかん》遠からず

安政元年（一八五四）十二月十八日、松陰は叔父玉木文之進にあて、「華盛頓《ワシントン》（アメリカ合衆国のこと）・露西亜《ロシア》とすでに和親条約を結んだのですから、天下の人々はもう彼らを警戒し、（いざという状況に）備えることは必要ない、と思っているようです。しかし、私はどうしてもそのように考えることができません。彼らに誠の心がないことは昔からそうであります。今、我が国は当面、なすべきことがない状況であります。そこで、何とかして、折衝禦侮《せっしょうぎょぶ》、敵の要求をくじき、我が国への侮辱を防ぐための方策を立てたいものではありませんか」と述べる。そして、その具体策などを獄中で考え続けていた。「折衝」との一語、彼が依然米国らを敵と考えていた証拠である。

では、松陰は何を恐れていたのであろうか。安政二年春、松陰は、「外国人達が（我が国の植民地化という）野望をもっているとしても、最初は慎み深い態度で、我が国の法律にも従うであろう。そして、それから徐々に我が民衆の心をおだて、惑わすであろう。また、我が国力を細かに調べ上げ、（弱いと見たら）初めてその野望をあらわすであろう」と述べ、その「侵掠《しんりゃく》」、我が国に侵入し、領土や財物などを奪い取る具体的な状況を次のように記している。

我々が将にお手本とするべきは清国の他にはありません。（中略）英国が（清国に）持ち込み、売りさばいたアヘンは大変な勢いであり、その毒は国中至らない所はない

ほどでした。（中略）初めは清国の民衆も英国を疑っておりました。しかし、英国人達は徐々に学校を建て、人々の教育を始め、また、役人に命じて、国民性などを調べさせ、給料を高くして、大工などを雇い、外国人の所へ清国人が働きに行く路を開きました。また、（英国の）書籍を書店に配り、売らせました。この結果、清国人達は天主《てんしゅ》教《きょう》（キリスト教のこと）というものを知りました。そして、その後、貿易場を開設したのです。

現在、そこでは清国人と英国人とが雑居するようになり、お互いの間には差別がないような状況となっております。そして、そういう状況となってから、人々の気持ちは勝手気ままとなり、武器を手にして、商店を襲ったり、また、渡し船をおどして、財物などを盗むようになりました。心が清く、徳のある役人がこの広東《カントン》に来て、このような状態を治めるということもなかったので、世の中は益々混乱し、盗賊は益々殺人を行い、また、横行する状況となっております。〈貿易を開始すると、その弊害は必ずこのようになるのです〉将に「殷鑑遠《いんかんとお》からず（殷《いん》王朝は前の夏《か》王朝が滅亡したことを鑑《かがみ》として戒《いまし》めよという意味で、失敗の先例は遠くに求めなくとも、すぐ目の前にあるということ）」というべきでしょう。

松陰はこのようにして、清国が属国化されたと見ていた。そして、安政元年の日米和親条約締結後、我が国の置かれている状態が、かつての清国の状況と同じだと断言している。それは、「殷鑑遠《いんかんとお》からず」、植民地化、亡国へとつながる状況との認識であった。

しかし、松陰はいたずらに獄中生活を送っていたのではない。属国化が進展していると認識する現状への対応策を、「幽囚録《ゆうしゅうろく》」に、「大きな城の下に将に兵学校を創建し、全国各地からの学生に教育を施す。学校の中に練兵場を作り、大砲・小銃、歩兵、騎兵などの実習を行わせる。外国語学科を作って、オランダ・ロシア・米国・英国など諸国の書物をテキストとして、講義をするべきである。いうまでもないが、砲術、歩・騎兵に関する戦術などは、我が国に昔から伝わる方法で、今も採用すべきものもある。しかし、更に、オランダなど諸外国の方法を探求して、（我が国の方法に）不足しているものを補充するべきである。オランダの学問は現在でも我が国に広く行われている。しかし、ロシア・米国・英国の書物については、未だによく読める者があるとは聞いていない」と述べていた。これらは軍事学校であり、また、外国語学校であった。また、これに続けて、「成績のよい学生を諸外国へ派遣し、それぞれの国の書物を買い求めさせ、また、（それぞれが）専攻する学問を探究させる。そして、それらの学生の帰国を待ち、彼らを（我が国の学校の）先生とするべきである。また、外国へ漂流して無事帰国した者、外国人で我が国へ帰化した者らを探して、学校に常置させ、学生に彼らが見たり聞いたりしたことなどを質問させれば、有益であろう」という提案も行っている。この背景には、「国家を建て、運営するということは、他国をして我が国の政策を待たせるようにすることである。そして、我が国が他国の出方を待つことのないようにすることが大切である」という、我が国の状況への憂慮があったことはまちがいない。

また、松陰はこの間、安政二年三月三日から「回顧録」を書き始めている。そして、それは同年四月七日に完成した。

実は、この「回顧録」完成後の四月下旬から、松陰は「天下の大きな機会を失い、今はもう大砲や小銃訓練なども急いで行うべきことではない。ただ、国民の心を維持し、その意気込みを盛んとし、激励するのみである」と記し、「民心維持」ということをしきりに説き始める。しかし、「民心」は「維持」という段階ではすでにないことをすぐに理解したようである。

同年八月、この六月より始めていた『孟子』の勉強会で、「今日、諸外国が競って我が国へ来航していることは、我が国の大きな問題というべきではある。しかし、深く心を痛める程のことではない。今日、深く憂えなければならないことは、人々の心が正しくないことである。仮にも人の心さえ正しければ、全ての国民が命を懸けて、国家を守ろうとするものである。とすれば、その間、勝ち負けや出来不出来があったとしても、国家が急に滅亡するということにはならない。しかし、反対に、もしも人々の心が正しくないのであれば、一戦を待つこともなく、国家をあげて、諸外国に服従することとなるであろう。とすれば、今日、最も憂うべきことは、人々の心が正しくない、ということではないか。ここ数年間の我が国の政策を見ていると、諸外国に対して、国家の体面を失うものが少なくなかった。その理由は、恐れ多いことではあるが、幕府や諸藩の大将や兵隊の心が、皆まちがっており、国家のために命を捨てるという覚悟がないからである。だから、たとえ、孟子が今日の我が国に生まれたとしても、また、『正人心《じんしんをただす》（人の心を正しくすること）』という三文字以外には、何もいうことはないであろう」と述べ、人心が正しくない、ということをしきりに主張し、嘆いていた。

また、安政二年（一八五五）四月下旬、松陰は兄梅太郎にあて、「ロシア・米国との和親条約が一旦締結されております。覚悟を決めて、我が国よりこれを破り、諸外国への信義《しんぎ》（約束を守り務めを果たすこと）を失うべきではありません。ただ、法律を厳しくし、（諸外国を）あざむいたりせず、誠実で正しいあり方を更に確固としたものとするべきです」という提案も行っている。それは「信義」の問題であると同時にロシア・米国両国を「驕《きょう》悍《かん》に至らしめざる（驕り高ぶらせないこと）」ための対策でもあった。諸外国が「驕悍」となった後に来るものは「侵掠《しんりゃく》」、そして、清国同様な亡国であったことはいうまでもない。しかし、この時点でも、松陰の、諸外国には信義がない、という対西欧観に大きな変化は見られず、事実、安政三年春夏になっても「諸外国は豺狼《さいろう》（山犬と狼《おおかみ》、転じて、勇猛で残酷な人のこと）である。決して、親しくするべきではない」と述べていた。

「士規七則」を贈る

また、この間の安政二年春、叔父玉木文之進の子息であり、松陰には従兄弟《いとこ》に当たる玉木彦介が元服式をあげることとなった。そこで、それを祝し、松陰が「毅甫《きほ》」という字《あざな》と共に彦介へ贈ったのが「士規七則《しきしちそく》」である。
この「士規七則」は松陰の理想とする武士像をまとめたものと思われる。少し長いものではあるが、野山獄における思索の深まり、また、後述する、松陰の教育を考える上でも重要と思われるので全文を記す。

士規七則《しきしちそく》　毅甫《きほ》の加冠《かかん》に贈《おく》る

冊子《さっし》を披繙《ひはん》せば、嘉言《かげん》林《はやし》の如《ごと》く、躍々《やくやく》として人《ひと》に迫《せま》る。顧《おも(う)》ふに人《ひと》読《よ》まず。即《も》し読《よ》むとも行《おこな(わ)》はず。苟《まこと》に読《よ》みて之《こ》れを行《おこな(わ)》はば、則《すなわ》ち千万世《せんまんせい》と雖《いえど》も得《え》て尽《つ》すべからず。噫《ああ》、復《ま》た何《なに》をか言《い(わ)》はん。然《しか》りと雖《いえど》も、知《し》る所《ところ》ありて、言《い(わ)》はざること能《あた(わ)》はざるは、人《ひと》の至情《しじょう》なり。古人《こじん》これを古《いにしえ》に言《い》ひ《(い)》、今我《いまわ》れこれを今《いま》に言《い(う)》ふ。亦何《またなん》ぞ傷《いた》まん。士規七則《しきしちそく》を作《つく》る。

一《ひとつ》、凡《およ》そ生《うま》れて人《ひと》たらば、宜《よろ》しく人《ひと》の禽獣《きんじゅう》に異《こと》なる所以《ゆえん》を知《し》るべし。蓋《けだ》し人《ひと》には五倫《ごりん》あり、而《しこう》して君臣父子《くんしんふし》を最《もっと》も大《だい》なりと為《な》す。故《ゆえ》に人《ひと》の人《ひと》たる所以《ゆえん》は忠孝《ちゅうこう》を本《もと》と為《な》す。

一《ひとつ》、凡《およ》そ　皇国《こうこく》に生《うま》れては、宜《よろ》しく吾《わ》が宇内《うだい》に尊《とうと》き所以《ゆえん》を知《し》るべし。蓋《けだ》し　皇朝《こうちょう》は万葉一統《まんよういっとう》にして、邦国《ほうこく》の士夫《しふ》世〻《よよ》禄位《ろくい》を襲《つ》ぐ。人君民《じんくんたみ》を養《やしな(い)》ひて、以《もっ》て祖業《そぎょう》を続《つ》ぎたまひ《(い)》、臣民君《しんみんきみ》に忠《ちゅう》して、以《もっ》て父志《ふし》を継《つ》ぐ。君臣一体《くんしんいったい》、忠孝一致《ちゅうこういっち》、唯《た》だ吾《わ》が国《くに》を然《しか》りと為《な》す。

一《ひとつ》、士《し》の道《みち》は義《ぎ》より大《だい》なるはなし。義《ぎ》は勇《ゆう》に因《よ》りて行《おこな(わ)》はれ、勇《ゆう》は義《ぎ》に因《よ》りて長《ちょう》ず。

一《ひとつ》、士《し》の行《ぎょう》は質実《しつじつ》欺《あざむ》かざるを以《もっ》て要《よう》と為《な》し、巧詐《こうさ》過《あやまち》を文《かざ》るを以《もっ》て恥《はじ》と為《な》す。光明正《こうめいせい》大《だい》、皆是《みなこ》れより出《い》づ《(ず)》。

一《ひとつ》、人古今《ひとここん》に通《つう》ぜず、聖賢《せいけん》を師《し》とせずんば、則《すなわ》ち鄙夫《ひふ》のみ。読書尚友《どくしょしょうゆう》は君子《くんし》の事《こと》なり。

一《ひとつ》、徳《とく》を成《な》し材《さい》を達《たっ》するには、師恩友益《しおんゆうえき》多《おお》きに居《お》り。故《ゆえ》に君子《くんし》は交游《こうゆう》を慎《つつし》む。

一《ひとつ》、死《し》して後已《のちや》むの四字《よじ》は言簡《げんかん》にして義広《ぎひろ》し。堅忍果決《けんにんかけつ》、確乎《かっこ》として抜《ぬ》くべからざるものは、是《こ》れを舎《お》きて術《じゅつ》なきなり。右士規七則《みぎしきしちそく》、約《やく》して三端《さんたん》と為《な》す。曰《いわ》く、「志《こころざし》を立《た》てて以《もっ》て万事《ばんじ》の源《みなもと》と為《な》す。交《まじわり》を択《えら》びて以《もっ》て仁義《じんぎ》の行《ぎょう》を輔《たす》く。書《しょ》を読《よ》みて以《もっ》て聖賢《せいけん》の訓《おしえ》を稽《かんが》ふ《(う)》」と。士苟《しまこと》にここに得《う》ることあらば、亦以《またもっ》て成人《せいじん》と為《な》すべし。

【口語訳】　士規七則　彦介の元服に贈る

書物を開いて読めば、沢山の素晴しい名言が、勢いよく人に迫ってくる。思うに、人は書物を読まない。もし、読んだとしても、それを実行しない。本当に書物を読み、そこにある教えを実行しようとすれば、千年、万年取り組んだとしても、行い尽くすことはできないであろう。ああ、私はこれ以上何をいうべきであろうか。何もいう必要はない。とはいえ、よき教えを知って、これを人にいわないでおくことができないのは、人間の情というものであろう。昔の人はこれを昔にいい、今、私はこれを今にいう。また、どうして心配することがあろうか。士規七則を作る。

一、大体、人間として生まれてきたからには、将に、人間と鳥や獣とは違ういわれを知るべきである。確かに、人間には五倫（儒教でいう、人として守るべき五つの道。君臣《くんしん》の義《ぎ》、父子《ふし》の親《しん》、夫婦《ふうふ》の別《べつ》、長幼《ちょうよう》の序《じょ》、朋友《ほうゆう》の信《しん》のこと）がある。そして、この中でも君臣の義、父子の親を最も大切なものとする。だから、人間が人間であるいわれは、主君に対する忠と父母に対する孝を基本とする。

一、大体、我が国に生まれたからには、将に、我が国が世界の中で尊ばれる理由を知るべきである。確かに、天皇家は同一の血統が永遠に続いており、また、我が国の武士は代々（主君から）俸禄をいただく地位を受け継いでいる。君主は人民を養って、ご先祖の開かれた事業をお継ぎになり、また、人民は君に忠を尽くし、父親の志を受け継いでいる。君と家来が一体であり、忠と孝とは一致している。これは、ただ我が国だけがそうなのである。

一、武士たる者が守るべき条理は義より大切なものはない。義は勇気をもつことによって実行され、勇気は義に基づくことによって更に湧くものである。

一、武士たる者の行動は、真面目で、飾り気がないということを要点とする。また、ごまかし、偽って自分を飾ることを恥とする。公正で私心がなく、正しく堂々とした態度、言行などは、全てここから出る。

一、人たる者で現在および昔のことを学ばず、また、心ある立派な聖人や賢者を先生としないのであれば、それは心がいやしく狭い男となるだけである。だから、読書を通して昔の聖人を友とすることは、心ある立派な人の行うことである。

一、人としての徳を養い、才能を伸ばすには、先生からのご恩や良き友人からの益のなすところが多い。だから、心ある立派な人は滅多なことでは（つまらない）人とは友人とはならない。

一、「死而後已《ししてのちやむ》」（死ぬまでやりつづける）の四文字は、誠に簡潔ではあるが、その意味するところは大変広いものがある。意志が固くて、我慢強く、思い切りのよい生き方、しっかりとしていて、動かすことのできない生き方は、これ以外におこなう方法はない。

右の士規七則は要約すれば次の三つを要点とする。つまり、「志を立てて、全ての根源とする。交際する人を選んで、正しい生き方の助けとする。書物を読んで、聖人や賢者の教えを考える」と。武士として本当にここから得るものがあれば、一人前というべきであろう。

さて、この「士規七則」は、現在に至るも、「人間の在り方、生き方として松下村塾生の指針とされた」といわれているように、松陰を代表する思想の一つとして大きな評価を受けている。

確かにそういう一面を、私も否定するものではない。しかし、たとえば、「忠孝」論に限って見れば、上述したように、安政元年（一八五四）閏《うるう》七月十九日、松陰は兄梅太郎にあて、「この度のこと（下田事件のこと）で父母の名前をはずかしめることだけは致しませんでした。ただ、父母に対してはこれ以上の不孝はなく、誠に申し訳なく思っております。

しかし、『忠孝両全《ちゅうこうりょうぜん》ならず』、忠と孝とは両立しない、という古い言葉もありますので、呉々もお詫びしておると、どうか宜しくお伝えくださいませ」と送り、また、「士規七則」執筆後の安政二年八月には、「とりわけ、父子君臣とを並べてみると、大抵の人は君臣の方を重要とするものである。しかし、事態がせっぱつまって、忠孝を共に実践できない時には、その判断をまちがえないようにしなければならない」と断言していた。これより、現実の彼の意識は、やはり「忠孝両全し難き」の方にあったと見てまちがいない。

ただ、安政二年九月、松陰は再び忠孝に関し、「父母が心の中でめざしていることをなし遂げるということが大切である。人の子たる者が父母の心を自分の心としている時には孝というべきである」と述べている。松陰は忠および忠義の実践であった下田事件において、「父母の心を自分の心としている」という強い自負をもっていたのであろう。とすれば、その意味において、「士規七則」に「忠孝一致」と書いたことは、これはあくまでも、このような現実の苦悩の上に立った、真剣な希求論《ききゅうろん》、一つのスローガン、理想論であったと見れば理解できる。

教育志向

安政元年（一八五四）十月二十四日、松陰が野山獄へ収監された時、獄には十一名の囚《しゅう》徒《と》がいた。この内、一族からの「借牢願《しゃくろうねがい》」による者は五名、松陰同様、藩政府からの勧めにより、「借牢願」を提出させられて入獄した者は四名、残りの二人は不明である。
後、安政三年（一八五六）、松陰の記した「野山獄囚名録敍論《のやまごくしゅうめいろくじょろん》」によれば、安政元年（一八五四）時、不明の粟谷与七《あわやよしち》を除くと、囚徒の最年長者は大深虎之允《おおぶかとらのじょう》、七十四歳。在獄四十七年。また、最年少者は富永弥兵衛《とみながやへえ》、三十四歳。在獄二年であった。ちなみに、十一名の平均在獄年数はほぼ十年である。そこへ二十五歳の松陰が収監された。

彼らは口を開けば、「私たちは結局この獄中で死ぬだけです。出獄を許され、再びお天道様を見ることはないでしょう」という状況で、将に将来に何の希望もなく、無気力、自暴自棄、堕落した日々を送ってきた人々であった。

松陰は獄の慣例に従い、黙々と新入りとしての仕事をこなしていった。それは、年末の獄吏への「お歳暮」の集金であり、正月の雑煮《ぞうに》の世話などであった。また、彼は病気の囚徒のため、藩の蘭方医青木研蔵《あおきけんぞう》の指導を仰ぎ、治療方法の伝達なども行っていた。

一方、松陰自身は読書、思索、執筆という生活を守っていた。それは上述したように、西欧諸国の我が国への侵略は進行中である、という彼の意識、危機感を考えれば、当然のことではあった。彼は入獄後も、救国の策を考え続けていた。

このような松陰に同囚の関心が向くのは時間の問題だったものと思われる。実際、松陰が、「野山獄で、同囚と思うままに問答をしたことを、筆にまかせて記す」としてまとめた、安政二年七月の日付のある「獄舎問答《ごくしゃもんどう》」を見れば、同囚が徐々に松陰に時事問題などを尋ね始めていたことが分かる。

実は、松陰が同囚に目を向け、教育を開始した動機については、これまで、主として松陰の「教育者的なる」性格に求められ、故にこの獄中での教育に繋がる松下村塾なども「自然発生的」なものとされてきた。

確かに松陰に、そういう一面があったことはまちがいない。しかし、それだけではない。松陰の側にも、同囚に目を向ける理由があったのである。それは主に四点指摘することができる。

一点目は、再起に備えての同志育成である。これは、松陰がかつて江戸獄から熊本へ帰る宮部を激励し、また、自身も、萩への護送途中、「盛《さか》んに桃李《とうり》の枝《えだ》を植《う》ゑ（え）ん」と詠っていたことより分かる。

その背後にあったのは、再起である。後、安政三年十一月の時点でも、松陰は、「我が身を修めて、時期を待ち、志を励まして国家にご恩返しをしたい」と述べている。

更に、後、文久《ぶんきゅう》二年（一八六二）十一月、肥後勤王党《ひごきんのうとう》の中村敬太郎直方《なかむらけいたろうなおかた》は、下田事件の同志である永鳥三平《ながとりさんぺい》の「幽禁《ゆうきん》」解除を、肥後藩へ「建議《けんぎ》」する。その中に、「有志の面々も、あっちこっちへちりぢりとなり、次の機会を待っているところです」とあった。これより、彼らは、下田事件失敗後より、ずっと再起の「時を待」っていたことが分かる。

二点目は、松陰が当時の日本人に対し、「人心」「不正」という思いを抱いていたことである。松陰は、その対策として、心ある立派な日本人の育成を強く望んでいた。

三点目は、入獄後、松陰を襲い始めた不安である。それは、死ぬまで獄に留めおかれるのではないかという不安であり、また、あるいは獄中でひそかに殺害されるのではないかという不安であった。その一方で、彼は西欧諸国の我が国への侵略は現在も進行中である、という危機感をもっていた。とすれば、目の前にいる人々にその思いの丈《たけ》を語りかけたいと思うのは人情であろう。

実際、安政二年八月、松陰は、「師道《しどう》」に言及した際、「安易に人の先生となるべきではなく、安易に先生とするべきではない。必ず、真に教えるべきことがあって先生となり、また、真に学ぶべきことがあって先生につくべきである」と述べている。これは抽象論などではない。松陰には、確固とした「真に教えるべきこと」があったのである。

また、この基底にあったのは、幕府の、「在所蟄居《ざいしょちっきょ》」との判決にもかかわらず、自分を野山獄へ収監した藩政府の役人に対する不信である。

安政二年七月、松陰は、我が国の役人の状況を、「昔は無能な者は退け、有能な者を登用し、みんなで合意した意見を採用していた。後の今の世はそうではない。だから、権力者に情実をもって物事を頼んだり、賄賂を送るという、内緒事がまま行われるようになったのである」と述べていた。

四点目は、彼が弘化年間より、武士というものに抱いてきた信念である。それは、主に二つある。一つは武士というものは、生涯、学問を続けることにより、心ある立派な人物とならなければならないということであり、他は、同輩、後輩の教育に当たらなければならない、という信念である。この同輩・後輩教育ということ、何も寺子屋、私塾などを開くという意味ではない。

安政二年六月十三日、松陰はこのことを、獄中での『孟子』輪読会初日、同囚達に次のように述べている。

世の中の君に仕えている人のうちには、「功績が立たなければ国家の役に立つことはない」と思っている者がある。これは非常に誤った考え方である。「人としての正しいあり方を明らかにし、功績を願わず、人として行うべき道を正しくして、利益を考えない」ということである。君に仕えて意見が合わない時には、諫死《かんし》(君を死んで諫めること)するのもよい、幽囚《ゆうしゅう》(牢屋に閉じ込められること)されるのもよい、餓《う》えて死ぬのもよい。このような状態に陥った時には、自分一身においては、功績も名誉もないように見えるかも知れない。しかし、家来としての正しい生き方を失わず、永く後の人々の模範となり、必ずその生き方をみて感動し、奮起する人も出てくるようになる。

そして、結局はその国に正しい風俗が確立され、賢者や愚者、また、位の上下にかかわらず、全ての人々がその節義《せつぎ》(節操を守り、正しい生き方を行うこと)を尊ぶようになる。とすれば、その一身から見れば、功績も名誉もないようではあるが、千年、百年という長い年代にわたって、その行動が忠義であることは、計り知ることができないものがある。これを大忠というのである。

これより、松陰は同時代の同輩・民衆だけではなく、時間を超えた後世のそれらの教化まで考えていたことが分かる。

また、松陰は、野山獄出獄後の安政三年（一八五六）四月、杉家蟄居中にも、「必ず後世の人々の心を、私の生き方をみて、奮い立たせる」と述べ、五月にも、「当世の国俗を正すことは私の職務である」と記し、更に、七月には、「人としての道義を守り行うことを私の責務とし、現在および後世にまで維持することを私の任務とする」とまで断じている。

そして、このような意識は、野山獄における同囚の状況に愕然とし、涙した松陰に、「そのような囚徒と同じ状況にあることを悲しんでいる暇などない。どうにかして、人としてのあるべき生き方を講義して、正しい道を説き、お互いに切磋琢磨《せっさたくま》して、（獄中で死ぬこととなろうとも）天寿を全うしたい」と覚悟させたのであろう。ここに野山獄における松陰の教育が開始されることとなる。

獄中教育

野山獄における教育活動の出発は、同囚の松陰への、時事問題などの質問から始った。そして、松陰は安政二年四月から六月の間、何名かの同囚を相手に、『孟子』の講義を行っている。そして、その直後、六月十三日より開始されたのが、獄中での『孟子』の輪読会であった。この輪読会にあたり、松陰は『孟子』の一章毎に感想、意見、説明などを書き残している。これは後、一冊にまとめられ、現在に至るも、その代表的主著と評される『講《こう》孟割記《もうさっき》』となる。

さて、同囚を学問の世界へ向けさせたきっかけが松陰自身にあったことはいうまでもない。彼が入獄後も、己れの信念に従い、学問を続けたことは、自堕落な生活を送っていた同囚には驚異だったことであろう。

この同囚が松陰に目を向けた背景を、玖村敏雄氏は、「同囚の好奇心は自《おのずか》らこの時事問題に向かつ(つ)たであら(ろ)うし、又それと関連して松陰の履歴《りれき》を聞きたがつ(つ)たであら(ろ)う」と推測している。この間の事情を語る史料は今も発見されていない。ただ、そのような一面があったことはまちがいなかろう。

しかし、それだけではない。松陰の同囚への接近の仕方には、実に感嘆すべきものがあった。

同囚の中に、吉村善作《よしむらぜんさく》と河野数馬《かわのかずま》という、共に俳諧に通じた人物がいた。松陰入獄時、吉村、在獄五年、四十七歳、河野、在獄七年、四十二歳であった。特に、吉村は入獄前、寺子屋の師匠をしていた人物で、五明庵・花廼屋《はなのや》・顯龍《けんりゅう》という俳号までもつ人物であった。松陰は最初この二人に目をつけた。そして、俳諧や習字の指導をもちかけたものと思われる。二人の心に灯がともったことはまちがいない。ただ、他の九名は、「何を偉そうにしちょるか」と思ったはずである。しかし、それだけであろうか。そうではなかろう。彼らは「俳句を詠んだら俺の方がうもうやれる」と思ったはずである。同囚達の目が松陰へ向いた。

しかし、最初、俳諧に目をつけたこと、感服の他ない。俳諧は、座って他人の話を聞くより、よほど能動的に学習に参加できるからである。あと松陰はといえば、二人のやる気を刺激し続ければよかったのである。二人のやる気に引きずられるように、他の同囚も徐々にやる気をもったものと思われる。そして、松陰は確かに同囚の目を学問に向けることに成功したのである。

ただ当時松陰が古代中国・漢王朝の夏侯勝《かこうしょう》・黄覇《こうは》の故事を知っていたことは、安政三年（一八五六）五月十四日、下田獄での金子とのことを回顧した史料より確認することができる。松陰は次のように記している。

私は安政元年、金子君と共に下田獄に入れられた。それは、わずか半坪の檻の中に、二人が起居するという状態であった。日夜、やることもないので、番人に頼んで、『赤穂義士伝《あこうぎしでん》』・『三河後風土記《みかわごふどき》』・『真田三代記《さなださんだいき》』など、数種類の書物を借り、一緒に声に出して読んだ。その時、二人とも、必ず死罪に処せられるものとみずから覚悟しており、今日のような寛大な処分を受けることなど、夢にも考えていなかった。そこで、私は金子君に次のように語った。「今日の読書こそ、本当の学問というものである。昔、漢の夏侯《かこう》勝《しょう》と黄覇《こうは》の二人が獄に入れられた。夏侯勝は儒者であったので、黄覇は彼に向かって学問を授かりたいと頼んだ。すると、夏は、いずれ近い内に死罪になる運命の者に学問は必要なかろう、と断った。黄覇は、『朝に道を聞いたならば、夕べに死んでもよい』ということもあります。是非とも教えていただきたい、という。夏はその

言葉に感動して、ついに教授した。そして、三年間、獄中で学問を怠らなかった。その後、大赦《たいしゃ》（恩赦《おんしゃ》のこと。刑罰の執行を赦免すること）にあい、二人とも獄を出て、再び役人として登用されたということである。しかし、二人が獄にいた時には、いうまでもなく、後に大赦にあうということなどは夢にも思わないことであった。しかしながら、（そのような状況の中で）このように厚く道を楽しみ、また、この上なく学問を好んだのである。今、われわれ二人も、この精神をお手本にしよう」と。金子君も大いに喜んだことである。

松陰は野山獄でも、同囚に対し、多分この話を語って聞かせたものと思われる。そして、獄中教育は確かに根付き、大きな進展をみせた。安政二年六月下旬、松陰はその獄中の状況を同志月性《げっしょう》にあて、次のように書き送っている。

この頃、獄の中では、同囚が急速に学問をしようという風潮に従うようになっています。その中でも、未だに学問をしていないのは、十人中わずかに二、三名だけです。また、獄の番人に至るまで私共の所へ来て、学問を教えてくれと願っております。（このような状況に）同囚のみんなが、「四十年前、大癡《たいち》という僧侶がこの獄におり、よく人々を教育したという話が現在まで（野山獄）に伝わっています。それ以来、これまで、現在のように（囚徒が学問をするという）盛んな状況は未だかつてなかったことです」と申します。もしも僕がここで天寿を全うするならば、数十年のうちには獄中に一、二名の傑物の誕生を知ることになるでしょう。

なお、この月性とは、文化《ぶんか》十四年（一八一七）、周防国遠崎《すおうのくにとおざき》村（現山口県柳井市遠崎）に生まれた幕末期の尊皇攘夷派の僧侶である。号は清狂《せいきょう》、また「海防僧月性」ともいわれる。十五歳の時、豊前《ぶぜん》・肥前《ひぜん》・安芸《あき》国で漢詩文・仏教を学び、また京阪・江戸・北越を遊学し名士と交流した。松陰が彼との交流を始めたのは、安政二年三月頃からである。また、安政三年、西本願寺に招かれて上京、梁川星巌《やながわせいがん》・梅田雲浜《うめだうんぴん》などと交流し、攘夷論を唱えて、紀州藩などへ、海防を説いた人物である。

　幕末期、「勤王立志の詩」として、勤王の志士たちに愛唱されたという、「将《まさ》に東遊《とうゆう》せんとして壁《へき》に題《だい》す」と表した、「男児《だんじ》志《こころざし》を立《た》て郷関《きょうかん》を出《い》ず、学若《がくも》し成《な》る無《な》くんば復還《またかえら》ず、骨《ほね》を埋《うず》む何《なん》ぞ期《き》せん墳墓《ふんぼ》の地《ち》、人間《じんかん》到《いた》る処《ところ》青山《せいざん》有《あ》り（ひとたび男子たるものが志を立て郷里を出るからには、学業が成るまでは絶対に帰らない覚悟である。骨を埋めるに、どうして故郷の墓地にのみ執着しようか。広い世間には、どこへ行っても骨を埋める青々とした墓地があるではないか）」という漢詩の作者としても有名である。

　しかし、この松陰の手紙を見れば、彼が獄中教育に自信を深め、人を教えることの喜びを感じ始めていることが分かる。

　それは、後、安政二年九月七日、教育に関し、『講孟劄記《こうもうさっき》』に次のように記していることよりもうかがうことができる。

　朱子の註に、「養《よう》とは、涵育薫陶《かんいくくんとう》してそのおのずから化するを俟《ま》つをいうのである」といっている。涵はひたすことで、綿を水でひたす意味である。育は幼児を乳で育て

るという意味である。薫は香をたきこめること、陶は土器をかまどで焼き固めることである。人を養う場合にも、この四つの方法のように、自然に感化するべきであり、徳のない人や、才能のない人を、縄で縛り上げて杖で打ち、僅かの間に徳や才能のある人とするものではない。徳や才能のない人々を、仁義道徳という教えの中にひたして、知らず知らずの内に、善となり、悪いことから遠ざかって、前々から染み込んでいた悪い汚れが、自然に善に変わって行くのを、俟《ま》つべきである。

ここで、松陰が「涵育薫陶」と述べ、「おのずから化するを俟《ま》つ」と強調していることに注目したい。基本は自己教育にあった。

司獄との師弟関係

なお、この松陰在獄中、特筆すべきことがある。それは司獄《しごく》（牢獄のことを司《つかさど》る人のこと）福川犀之助《ふくがわさいのすけ》およびその弟高橋貫之助《たかはしかんのすけ》（藤之進のこと）も松陰の門人となっていることである。

とりわけ、福川は入獄直後より、松陰の言行に感じ、尊敬の念を抱くようになったという。そして、松陰入獄の翌安政二年の正月早々より、弟子の礼を取るようになったものと思われる。

安政二年正月七日、松陰が兄梅太郎へあて、「兄上は、福川犀之助とは前からお知り合いなのでしょうか。片山高岳《かたやまたかおか》先生の門人でして、仲々学問を心懸けている感じです。少しは文章も読めるのでしょうか。『靖献遺言《せいけんいげん》』も一度読んでみたいといいますので、ちょっと貸しました」とあることは、その証拠となる。また、「野山獄読書記《のやまごくどくしょき》」の安政二年七月の条には、

一、謝選拾遺《しゃせんしゅうい》一（中国宋《そう》朝の忠臣謝枋得《ちゅうしんしゃぼうとく》の遺文《いぶん》を集めた書。頼山陽撰《らいさんようせん》）二十七日了《りょう》（読み終えること）福（福川のこと）のために読《よ》む。

一、宇貢蔡伝《うこうさいでん》（『書経《しょきょう》』の禹貢《うこう》の一篇。古代中国の一種の地理書のこと）二十二日より二十七日了《りょう》　藤（高橋のこと）のために読む。

とあり、この時点で、松陰が福川、高橋兄弟、それぞれに対し、教育を行っていたことが分かる。

また、安政二年七月二十四日、松陰は土屋蕭海《つちやしょうかい》あての手紙に、高橋のことを、「獄に来て教えを請うものでして、僕も深く心に懸けているところです。読書に関しては、天性の才能が大変あるようです。どうか立派になって欲しいと思っております」と紹介していた。

更に、出獄後の安政二年十二月晦日、松陰は福川のことを次のように記している。

私は長州へ帰り、野山獄に収監された。兄杉梅太郎は司獄《しごく》と親しく、慣例を破っては獄へ私に会いに来るようになった。後には、それが当たり前となり、大体、一日に一回は、どんな天気であろうとも、来るようになり、一度だって来なかったことはない。そして、多くの友人もこのお蔭で手紙のやり取りをすることができるようになっ

た。土屋矢之助《つちややのすけ》（蕭海《しょうかい》のこと）が最も学問上の事柄について、何度も手紙のやり取りをした。

獄において、墨《すみ》の使用や点灯《てんとう》は、厳しく禁止していたところである。それなのに、司獄は私のためにその禁を解いてくれた。私が獄におりながらも、読む書物に困らず、ずっと物事を詳しく調べることなどができたのは、兄梅太郎のお蔭であり、また、司獄が協力してくれたからである。司獄とは福川犀之助《ふくがわさいのすけ》のことである。私は彼のために字《あざな》を考えて与えた。守約《しゅやく》という。私が獄にあった時、守約が私に接する態度は大変恭《うやうや》しく、また、書物をもって来ては教えを請うた。私が獄を出ることとなった時、私に対して、「多くの禁令などを破ることは、最初の頃は大変難しいことと思っておりました。しかし、そうこうしている内、あなたが志を遂げられることは、大変大切なことであり、これで罪を得るようになろうとも、全く後悔することはない、と思うようになりました。これは私がこのような処置をした理由です」と話してくれた。嗚呼《ああ》。多くの友人達は私に対し、昔のままのように、慈悲の心を尽くしてくれた。また、守約も今の役人には到底できそうにもない対応をしてくれた。どうして忘れてよいだろうか。

これより、松陰と福原、高橋兄弟は、強い信頼で結ばれた師弟関係であったことが分かる。兄弟のこのような協力があったからこそ、獄中教育の成功もあったのであろう。

出獄

そして、安政二年（一八五五）十二月十五日、松陰は病気保養を理由に、出獄を許され、松本村新道《しんみち》の実家杉家蟄居となる。

この背景には、次のような動きがあった。

「借牢願」による野山獄収監を知った藩士や全国の同志の間に、松代で、幕府の判決のままに蟄居生活を送る佐久間象山に比べ、長州藩の松陰への処置は重すぎる、という意見がわき上がっていた。それは、やがて、安政二年十一月十三日、水戸藩の豊田天功《とよだてんこう》から、この年水戸へ遊学し、すでに、江戸に帰っていた長州藩士赤川淡水《あかがわおうみ》への次のような手紙となった。豊田は、かつて、松陰が嘉永五年（一八五二）の水戸遊学時に直接教えを受けた人物である。この時、水戸藩御小納戸役《おんこなんどやく》、『大日本史』の編纂局である水戸藩彰考館《しょうこうかん》総裁であった。

吉田松陰はその後どうしているのでしょうか。幕府よりは在所蟄居と命じられたということを聞いておりますが、どんな理由で牢獄へ収監されているのでしょうか。元々、松陰が在所蟄居を命じられたのは、幕府が我が国全体のことを思われてそのようにされたのであります。また、松陰に私心のなかったことは幕府も理解され、そのような格別の取り扱いとされたのであります。今、長州藩が松陰を牢獄に入れておられるのは、幕府を憚《はばか》っての扱いであろうとは察しております。しかし、それが長期となり、万一、本人が病気にでもかかって、牢死するようなこととなりましては、長州藩はもとより、幕府のとられた処置にも傷をつけることとなるのではないでしょうか。もしそうなっては、大変なことになってしまいます。それで、このように申しているのであります。

私が松陰を直接知っているという個人的な気持ちで申しているのではありません。今の時代は、西欧諸国の来航といい、大きな難問は限りなくわき上がり、我が国は大変な時代を迎えております。そんな時、国家のためにも、松陰のような志のある青年を大切にすべきことはいうまでもありません。それで、直接、幕府の役人へ松陰の件について相談すべきかとも考えました。しかし、それよりは、事情をよくご存知のあなたが、長州藩の担当の役人の方々に、ほどよく相談され、幕府の判決の通り、在所蟄居の扱いとなるようにしていただきたいと思い、私の希望を申しました。

手紙を受け取った赤川の反応はすばやい。彼は、即日、長州藩江戸方御用係坪井九右衛門《つぼいきゅうえもん》に、豊田の手紙を添え、「この手紙を寄せられた豊田という人は、すでにお話し申し上げております通り、水戸藩の御小納戸役《おこなんどやく》であり、彰考館の総裁を兼職されておる方です。知識人の中では、我が国を代表する第一人者の人物であります。佐久間や松陰のことについては、色々と心配しておられます。どうか、いろいろお考えいただき、立派なご返答となるよう、ご処置をお待ち致しております」という手紙を送っている。

これらより、松陰は一度しか会ったことのない豊田天功からこのように評される青年であったことが分かる。その後、坪井もこのために尽力したであろうことはまちがいない。また、藩政府でも、獄中における、同囚教育など、松陰の態度も評価したものと思われる。

いずれにせよ、このような背景があって、松陰は出獄を許されたのである。松陰の野山獄在獄は一年二カ月であった。

なお、翌安政三年（一八五六）五月十日、松陰はその坪井にあて、次のような手紙を送っている。

罪人である吉田松陰が申し上げます。僕は大きな罪を犯したのですから、最初から野山獄での刑死は当然のことと思っておりました。ところが、思いもかけず、昨年の冬、特別な恩恵にあずかり、獄を許されて、実家で病気療養をすることとなりました。この恩恵は、誰に対して、お報いしたらいいのか分かりませんでした。そうこうしている間に、出獄に関する要望が、あなたより出たことを知り、大変感激致しました。これまで一度だってお会いしたこともないのに、なぜ、これ程厚い情けをかけてくださったのですか。どうして僕の罪を憎みながらも、僕の志を哀れんでくださるのですか。僕の友人が何かいってくれたのでしょうか。僕のことはすでにお知りおきいただきましたので、そこで、ひそかにお願い申し上げたいことがございます。（中略）

僕の師である佐久間象山《さくまぞうざん》先生は天下の志士であります。一旦、僕の事件に連座して、長い間世間の捨て物となっておられます。まさしく、天下の人々で僕のことを歯がみし、甚だしく憤らないものはありません。そして、僕は天下のために象山先生をそのような状況にしていることを恥じ、また、天下のために残念に思っております。僕は低い身分のものではありますが、長州藩の者であります。長州藩の民である、私が、天下の志士である象山先生をこのようにしております。考えれば、これは我が藩の恥であります。しかし、すでにこのような状況になっており、今更どんなに悔やんでも、私にできることはありません。ただ、あなたの適切なご処置を望むだけであります。僕が切実に願っておりますことは、長州藩で議論をして、幕府にお願いをしていただき、少しでも象山先生の罪を軽くし、自由に出歩くことや、手紙のやり取りをお許しいただきたいということであります。

松陰はふるさと萩に帰っても、ずっと師佐久間象山のことを気に懸けていた。

月性との意見交換

野山獄時代の安政二年（一八五五）三月、松陰と月性との出会いは注目に値する。松陰二十六歳、月性三十九歳の春であった。

月性は、嘉永六年（一八五三）のペリー来航にあたり、「将にその米国の使い（ペリーのこと）を斬って、士気《しき》（武士の意気込みのこと）を奮い立たせるべきである。（中略）鎖国はずっと我が国始まって以来の法である。条約を締結すれば、必ずや神様から罰せられ、殺されるであろう。来年の春、回答を取りに又来るのなら、徹底的に戦って、外国人共を滅ぼそう」と詠い、村田清風に贈る程の人物であった。

安政二年三月九日、松陰はその月性にあて、「僕は上人《しょうにん》（僧侶の尊称のこと）のことを十年間もお慕いして参りました。しかし、いまだにお会いすることがかないませんでした」という書き出しで、次のような手紙を送っている。

天皇にお願いして、幕府を討つということは、ほとんど不可能であります。（幕府の政策が）諫《いさ》めるべきものであれば諫め、正すべきものであれば、正すべきであります。我が藩が、ここ数年来、大義をかかげて、幕府を諫め、正そうとしてきた姿勢は、決して、不足していたとは思いません。

今、徳川将軍の政策が無駄で、見るべき内容がないといっても、その才能や国家を統治する能力は、いうまでもなく、諸藩の及ぶものではありません。上人は突然、徳川将軍の追放や処罰をいわれますが、それはいかなるお考えからでしょうか。「兄弟《けいてい》墻《かき》に鬩《せめ》げども、外《そと》其《そ》の侮《あなどり》を禦《ふせ》ぐ（『詩経《しきょう》』。兄弟が内輪げんかをしても、対外的には力を合わせて外部からの侮《あなど》りを防ぐ）」とも申します。我が国の大敵は外国であります。どうして、国内で攻め合っている時でありましょうか。ただ諸侯と将に協力して、幕府を諫め、正すべきでありましょう。一緒に我が国をどうにかして強国とする手だてを考えるだけであります。

月性の「討幕」論に対し、「諫幕《かんばく》」論をとる松陰が噛みついていることが分かる。しかし、二人はその後も意見のやりとりを続ける。そして、安政二年十一月一日、松陰は月性に、「詩稿《しこう》一冊（「松陰詩稿」のこと）を写し終えました。厳しいご指導いただければと思います。宇都宮黙霖《うつのみやもくりん》上人（時に三十三歳）へも同様にお願い申し上げます。古い漢詩なども一緒にご添削をいただき、送り返してくださることをお待ち致しております。現在の時事問題に思うことは多く、大変な事態であります。詩の中にも十一首記しておきました。どうかお笑いくださいませ」と送っている。実は、この「松陰詩稿」の中に、一つの重要な詩があった。それは、次の「友を思う詩【原漢文】」である。

友《とも》を思《おも（う）》ふ詩《し》

墨奴《ぼくど》神州《しんしゅう》を蔑《ないがし》ろにし、巨艦《きょかん》武昌《ぶしょう》に逼《せま》る。廟議《びょうぎ》民《たみ》を労《ろう》するを重《はばか》り、忍《しの》んで城下《じょうか》の盟《ちかい》を成《な》す。蒿目《こうもく》して時事《じじ》を閲《けみ》すれば、憤懣発《ふんまんはっ》して狂《きょう》となる。上知《じょうち》は企《くわだ》て難《がた》しと雖《いえど》も、聊《いささ》か八紘《はっこう》を究《きわ》めんと欲《ほっ》す。平翁《へいおう》は真《しん》に吾《わ》が師《し》、我《わ》れに期《き》するに非常《ひじょう》を以《もっ》てす。渋生《しぶせい》は真《しん》に吾《わ》が友《とも》、之《こ》れを聞《き》きて急《きゅう》に装《よそおい》を治《おさ》む。西《にし》の方田城子《かたでんじょうし》、別魂《べっこん》飛揚《ひよう》せんと欲《ほっ》す。宝剣脱《ほうけんだっ》して相贈《あいおく》り、之《こ》れに重《かさ》ぬるに謌章《かしょう》を以《もっ》てす。皇猷《こうゆう》豈《あ》に顕《あら（わ）》はれざらんや。之《こ》れを思《おも》うて暫《しばら》くも忘《わす》るるなかれと。永子《えいし》は雄豪《ゆうごう》の士《し》、吾《わ》が進取《しんしゅ》の情《じょう》を励《はげ》ます。離筵《りえん》敢《あ（え）》へて泣《な》かず、言短《げんみじか》くして意偏《いひとえ》に長《なが》し。笑《わら（つ）》つて方輿《ほうよ》の図《ず》を出《いだ》し、指點《してん》して吾《わ》が行《こう》を送《おく》る。佐子《さし》は忠貞《ちゅうてい》の士《し》、気節凜《きせつりん》として霜《しも》の如《ごと》し。血涙《けつるい》収《おさ》め得《え》ず、泣《な》いて皇綱《こうこう》を維《つな》がんことを誓《ちか（う）》ふ。手《て》を分《わか》ちて去《さ》るに忍《しの》びず、衣《ころも》を解《と》きて我《わ》が掌《しょう》に加《くわ（う）》ふ。

三子《さんし》誠《しまこと》に国《くに》を憂《うれ（え）》へ、我《わ》れ或《あるい》は成《な》すあらんを望《のぞ》む。岐路《きろ》叮嚀《ていねい》の語《ご》、語々《ごご》中腸《ちゅうちょう》に徹《てっ》す。

法網密《ほうもうみつ》にして漏《も》らさず、戮辱《りくじょく》其《そ》の名《な》を墜《おと》す。悲《かな》しいかな拙劣《せつれつ》の才《さい》、期望《きぼう》、友生《ゆうせい》に負《そむ》く。罪断《つみだん》ぜられて故国《ここく》に送《おく》られ、幽囚《ゆうしゅう》、圜牆《かんしょう》に坐《ざ》す。渋生《しぶせい》は篤疾《とくしつ》に罹《かか》り、彌留半年強《びりゅうはんとしばかり》。平翁《へいおう》は信野《しんや》の裡《うち》、山河三千程《さんがさんぜんてい》、夜寒《よるさむ》くして四《あたり》に人《ひと》なく、愁思《しゅうし》まさに茫々《ぼうぼう》たり。廟議《びょうぎ》杳《よう》として測《はか》り難《がた》く、夷情深《いじょうふか》くして量《はか》り叵《がた》し。枕《まくら》に就《つ》くも耿《こう》として寝《い》ねられず、神《こころ》は飄《さまよ(う)》ふ天《てん》の一方《いっぽう》。

【口語訳】友を思う詩

米国は神州である我が国を蔑視し、ペリーの率いる軍艦は江戸湾にまで侵入してきた。幕府は人民を苦労させることを心配して、耐え忍んで、屈辱的な条約を締結した。目を見開いて時勢のなりゆきを見れば、その不甲斐なさを憤り、もだえる余り、発狂しそうである。すぐれた賢者のようなはかりごとは企《くわだ》てられないとしても、（下田事件は）ちょっと世界周遊を試みようと考えたからであった。佐久間象山先生は本当に私の先生たる人物であって、常に非常の功績を立てよと、私に大きな期待を寄せてくださった。金子重之助は本当に私の友であって、私の企てを聞き、随行するため、急いで旅の準備を整えたのであった。熊本の宮部鼎蔵は（私共との）別れが耐え難く、魂が空高く舞い上がるようであった。それで、自分の差していた刀をはずして贐《はなむけ》としてくれ、更に送別の和歌までも贈ってくれた。このような国を憂える同志の至情があれば、どうして同志らの思いが実現できないことがあろうか。ありはしない。このことを思えば、しばらくの間も忘れられないものがある。

永鳥三平は雄々しく、豪快な武士である。私の積極的な心情を激励してくれた。別れに際しては別に涙もみせず、その語るところは短いものであったが、その意味するところは大変深いものがあった。彼は笑いながら万国地図を差し出し、一つ一つ指で指し示しながら、私の旅立ちを送ってくれた。佐々淳二郎は忠節と貞節を合わせもつ武士であり、気概と節操の堅さはきりっと引き締まり、霜雪のようであった。別れに臨み、悱憤《ひふん》の余り涙を流し、日々衰頽している我が国を支えねばならないと私を励ましてくれた。手を離そうとしても別れることができず、自分の衣を脱ぎ、贐《はなむけ》として私の衣の上にかけてくれた。

宮部・永鳥・佐々の三人は本当に国家を憂え、私があるいは非常の功績を立てるであろうと望んでいた。江戸で最後の別れをした時には、彼らの丁寧な言葉の一言一言は胸に染みたことであった。しかしながら、幕府の法の網は隙間もなく、私は下田事件の失敗により、捕らえられ、汚名を残してしまった。今思えば、才能が乏しく、計画も粗雑であったのであり、友人達の期待や希望を裏切ったことは、大変悲しく、残念なことであった。このため、(私は)罪を裁かれ、ふるさと長州へ送り返されて、今は萩の野山獄に囚徒としての日を送ることとなった。

この間、金子生は重い病気となり、危篤状態は半年も続いた。佐久間象山先生は信州松代に蟄居の身となられ、私とは三千里を隔てておられる。夜は寒く、あたりには人もいない。先生や同志、また、国家のことなどを思えば、深い悲しみに心は沈み、将に、ぼうっとして、我れを忘れてしまう。幕府の政策は、はっきりせず、予測することさえできない。枕についても国家のことが気にかかって眠ることもできず、心はただ空の果ての一方をさまよい、迷うばかりである。

松陰はまず、ペリー艦隊の状況から説き起こし、「城下《じょうか》の盟《ちかい》」、日米和親条約の締結はとんでもないことであり、国家を憂える気持ちより、幕府の意気地のなさに、発狂しそうだったという。しかし、ここでも、下田事件は世界周遊を試みたのだという偽言《ぎげん》を入れることを忘れない。そして、本題である師友への思いを上記のように記していた。つまり、松陰が詠ったのは、「墨夷膺懲《ぼくいようちょう》」を謀《はか》るため、江戸を発った時の永訣の情景であった。月性はこれを読み、とりわけ永鳥の態度に、これは渡海などの「送別」ではなく、「墨夷膺懲《ぼくいようちょう》」のそれと直感したのであろう。彼が最初、「人間古今未曾有《にんげんここんみぞう》の送別《そうべつ》あり、紀出分明《きしゅつぶんめい》、句々慷慨《くくこうがい》、言々悲憤《げんげんひふん》、荊軻伝《けいかでん》を読《よ》むに勝《た》ふ《（う）》（人間というものは、昔も今も、未だ嘗て起こったことのないような辛い別れというものがあるんだなあ。書いてあることは実によく分かるぞ。一句一句が国家を思っての憤りであり、嘆きである。一言一言が悲しみであり、憤りである。『史記』の「荊軻伝《けいかでん》」を読むよりもおもしろいぞ）」と朱筆で批評を加えていることは、それを示している。

更に、月性にとって、「三子」が肥後勤王党のメンバーであることなどは周知のことだったはずである。だから、彼は更に「其《そ》の事《こと》を誤《あやま》るや、亦荊軻《またけいか》と同一《どういつ》なるを歎《なげ》く、然《しか》るに彼《かれ》は一敗《いっぱい》して体《からだ》を解《かい》せられ、此《こ》れは則《すなわ》ち生《い》きて父母《ふぼ》の邦《くに》に帰《かえ》り、以《もっ》て十八回《じゅうはちかい》の猛《もう》を養《やし》なう、豈《あ》に荊軻《けいか》と日《ひ》を同《おな》じう《(じゅう)》して論《ろん》ずべけんや、且《か》つ明《あき》らかに刺客《しかく》を以《もっ》て我《わ》が兄《けい》に望《のぞ》むは、人《ひと》を知《し》らずと謂《い》うべけんや、呵々《かか》(お前が「墨夷膺懲《ぼくしようちょう》」、ペリー刺殺に失敗したということは、また、あの荊軻が、秦の始皇帝の暗殺に失敗したのと同じで、実に嘆くべきことである。しかしながら、荊軻は失敗した後、斬り殺された。しかし、お前は生きて父母の待つふるさと長州へ帰り、そして、まだ十八回の猛挙をやるぞと士気を養っている。どうして、あの荊軻と同じように論じることができようか。できはしない。その上、明らかに肥後勤王党の連中が、刺客の役割をお前に望んだとは、俺はお前という人間を知らなかった。呵々《かか》(大声で笑うこと))」と追記したのである。

月性が「友を思う詩」の永鳥の言動に、秦の始皇帝の刺殺に失敗した荊軻《けいか》を連想したことはまちがいない。そこで、自分を魯勾銭《ろこうせん》に模し、また、松陰を秦《しん》王の暗殺に失敗した刺《し》客《かく》荊軻《けいか》と比較しながら、最後をはっきり、「その上、明らかに肥後勤王党の連中が、刺客の役割をお前に望んだとは、俺はお前という人間を知らなかった。呵々《かか》」と結んだものと思われる。

そして、月性は松陰に「二十一回猛士《にじゅういっかいもうし》、野山獄中《のやまごくちゅう》に在《あ》るに贈《おく》る」という長詩を贈った。彼は「将に海外へ渡り、そして、外国を探知しようとした」と偽言を入れながらも、「たった一人で、機会を狙って下田へ現れ、虎のような鋭い眼で米艦をにらみつけ、米国が悪だくみを企てていると激怒した。海と空につづく砂上に覚悟を決めて立ち、米艦隊を横目に見ながら、日本刀を頼みとした」と、「墨夷膺懲《ぼくいようちょう》」を絶賛している。

しかし、月性が「幕府の判決は、それも、純粋な忠という精神に発したものであるとして、ただ、国家の法律を犯したという罪だけを問題とした。特別な恩恵で死罪を免除して、ふるさと長州へ帰国させた。しかし、松陰は藩政府の強圧により囚徒となり、父母とは離れている」と続けていることは注目に値する。なぜなら、これと、松陰が下田番所でのことを、「与力らは我々を尋問した。我々は、包み隠さず、海外へ行って、万国の状況などを詳しく調べ、そして、国家のために『膺懲』の作戦を立てようとした、という意味のことを全て話した。与力らはそれを聞き、驚いて顔を青くした」と回想していることとを合わせ考えれば、幕府もまた下田事件の真相を知っていた可能性が出てくるからである。

ただ、月性の詩を送られた松陰が、「このような長詩をいただいたからには、死んでも不《ふ》朽《きゅう》である」と喜んだことが、「兄」の名前で送られた月性あての書簡より確認できる。

黙霖の慧眼《けいがん》

また、松陰の「墨夷膺懲」を察したのは、安政二年（一八五五）九月以来、松陰と尊王論等につき意見を交換していた宇都宮黙霖《うつのみやもくりん》であった。

さて、安政三年の五、六月頃、久坂玄瑞《くさかげんずい》が「将に米使ハリスを斬るべし」との書簡を送り、松陰の門を叩く。松陰が飛び上がって喜んだであろうことはまちがいない。しかし、彼は敢えて「聖人君子が重んずるのは議論ではなく、実際の行動である。ぺらぺら大口を叩くよりは、誠実に、今、ある所で、なすべき事をしなさい」と返した。若い久坂が納得しなかったことはいうまでもない。彼はその後二度にわたり同様な論を繰り返している。

そこで、安政三年七月二十五日、松陰はついに「今からとりかかって、ハリスを斬ることをもって務めとしなさい。僕は確かに君の才知と謀略を傍観させてもらうから」と記す。そして、その際、下田事件の真相を書き送るのである。彼は最初、「嘉永六年、安政元年の交渉の際、僕は自分の力量でもってペリーの膺懲を企てた。しかし、才能や策略がなく、全て失敗してしまった」と述べ、そして、後には、言い換えるかのように、「安政元年の年となり、僕は宮部と一緒に江戸へ行った。ある日、憤ってペリーを斬ろうと思った。しかし、その益がなく、国家に害を及ぼすということを考え、ついにその計画を止めた」と記している。

松陰は余程久坂がかわいかったのであろう。それは、以下の、默霖が松陰に返した書中よりも明らかである。これより、松陰が八月に来萩した默霖に、「三月二十七夜記」と共に久坂あての書簡まで示していたことが分かる。あるいは、松陰は久坂に己の分身を見ていたのかもしれない。しかし、默霖は「医学生の血気などはそれ程のものではない。貴殿は軽薄にもこれにいちいち反応している。どういう意味があるのか分からないなあ」と一蹴《いっしゅう》する。そして、「墨夷膺懲」に触れながら、松陰を次のようにたしなめるのである。

貴殿が米艦へ向かった時、迎えの舟を寄こさなかったのは、米国人は戦《いくさ》というものを知っていたからである。遠い将来のことまでも見通した謀《はかりごと》のできる人間もいた、と

いうことが分かる。このような状況の下で、謀《はかりごと》をして、ペリーを斬ろうという気持ちがあったとしても、たとえ、貴殿が百人いたとしてもなかなかできることではない。米国の船に乗った時に、小舟をよそへ流したのは、戦にたけているからである。その小舟の中で火がおきて、米艦に火が移ることまで警戒したのである。このように用心ができるようでなければ、遠い大洋の荒波を乗り越えて、使いに来られる訳はない。

船の中でペリーの首を斬ることなど、絶対にできない。その時の貴殿は、網に囲まれた魚のようなものだ。こんなことは子供でも分かることではないか。ペリーを斬るということは、幕府がいよいよ合戦だ、と決めた時のことである。幕府が決めなくても、大名の内の二、三名でも、「どうあってもここは合戦である」と決めた時にこそ、ペリーを斬れば功績があるというものである。そのように合戦と決まったのであれば、貴殿はきっと外国船に頼んで、外国に行こうという気持ちがなくなることなど、決まり切ったことではないか。合戦にはいよいよならないと見定めたから、このように米艦に近づいたのであろうから、ペリーを斬ったとしても功績は小さいのである。ましてや、船中で米兵達は貴殿を取り囲んだのだから、百人の貴殿がいたとしても、斬ることなどできなかった、というのが道理である。

久坂という医学生は、元々、貴殿が米艦へ近づいた本来の目的をも察しないで、その後のことについて、色々と欠点をあげては、非難し、問い詰めている。その上、現在の状況を知りながら、ハリスを斬るとか、斬らないとか責め合っている。それは血

気にまかせた一時の勇気であることはいうまでもないことである。それに貴殿がいちいち応えたことも、あまり賢明なことでないと思いますがね。心ある人間はよく分かっていることですから、このようなやりとりはおやめなさい。心をわずらわせることなく、しっかり気力を養いなさい。

彼が「合戦にはいよいよならないと見定めたから、このように米艦に近づいたのであろうから、ペリーを斬ったとしても功績は小さいのである。ましてや、船中で米兵達は貴殿を取り囲んだのだから、百人の貴殿がいたとしても、斬ることなどできなかった、というのが道理である」と述べていることは感嘆の外ない。黙霖は「墨夷膺懲《ぼくいようちょう》」の契機まで見通していた。慧眼《けいがん》（鋭い洞察力のこと）とはこのことであろうか。

中村敬太郎直方の見解

さて、実は、肥後藩にも、下田事件の真相を記した男がいた。肥後勤王党の中村敬太郎《なかむらけいたろう》直方《なおかた》がそれである。彼は、文久《ぶんきゅう》二年（一八六二）十一月、帰藩後、「幽禁《ゆうきん》」生活を送っていた同志永鳥三平の処分解除を肥後藩に「建議」した文中に、「永鳥は嘉永六年の春、不意に諸国遊歴を希望しました。その後、京都の梅田源次郎（梅田雲浜のこと）、江戸の鳥山新三郎、長州の吉田松陰らと同じ志をもつようになり、それぞれ大親友となりました。そのような時、米国の船が浦賀に乗り込んで来ました。

しかし、幕府は的確な対応をすることができませんでした。そこで、上述した者達を始めとして、宮部鼎蔵らも毎日鳥山宅へ集まり、『米兵らを一戦の下に皆殺しにし、我が日本国の威力を世界に光り輝かそうではないか』と話し合ったことは、私も同席しておりましたので、よく知っております。しかしながら、幕府の方針は和親と決まり、また、米兵などがほしいままに振る舞う様を目の前に見ることは我慢できないものがありました。そこで、吉田松陰は天下の先駆けをしようと、同藩の金子重之助を仲間として、米国艦隊の指揮官であるペリーを一刺しの間にやっつけようと、船に乗り込んだのであります」と記し、下田事件の経過を次のように記している。

米兵達は、吉田が米艦に取り付けた帆綱《ほづな》を切り放ちました。勿論、米艦はお城のような大艦です。しかし、吉田らが漕ぎ寄せたのは釣り舟のような小舟で、打ち寄せる高波に木の葉のように翻弄されました。吉田らは口を真一文字に結んで、米兵をにらみつけ、再び乗り込もうとしました。しかし、あっけなく米兵に押し止められてしまいました。吉田らの志は失敗に終わっただけではなく、獄中で憂い苦しむ日々を送ることとなりました。そして、間もなく、長州へ送り帰されたのであります。その後、有志の面々も、あっちこっちへちりぢりとなり、次のチャンスを待っておるところです。

中村が、「吉田松陰は天下の先駆けをしようと、同藩の金子重之助を仲間として、米国艦隊の指揮官であるペリーを一刺しの間にやっつけようと、船に乗り込んだのであります」

と明言していることに注目したい。また、「その後、有志の面々も、あっちこっちへちりぢりとなり、次のチャンスを待っておるところです」と述べているのは、上述した松陰の姿勢とも一致する。

森田節斎が語る真相

更に、安政元年（一八五四）十二月五日、森田節斎《もりたせっさい》も弟《ほ》菴《あん》に、下田事件の真相を次のように送っていた。

僕は門下生の中に、海防に関して、三名の素晴しい人物を出している。それは、藤《ふじ》井雨香《いうか》（藤井竹外《ちくがい》のこと。高槻《たかつき》藩士で、儒者、漢詩人。頼山陽《らいさんよう》・梁川星巌《やながわせいがん》に学び、広《ひろ》瀬淡窓《せたんそう》・森田節斎らと交わった人物）に与えた手紙に記してある。三名の中で、長州藩の吉田松陰が最も優れている。今年の春、米艦隊の指揮官へ手紙を送り、西洋へ行って、西洋事情を詳しく学びたいと希望したが、うまくいかなかった。他でもない、真の目的は指揮官であるペリーを刺殺することにあった。惜しいことに、近づくことができなかった。

現在は、自首して入獄している。獄中から僕に詩を送ってきた。その詩および幕府の判決書類などをお送りします。ご一見の後、同志らへ伝え、示してください。この吉田生はかつて大和に来て、半年位僕について学問をしておりました。現在、僕らは

十津川で約二千名の農兵の訓練をしております。目的は天皇をお守りすることにあります。

森田は真相を記し、それを「同志」へ「伝え示す」よう指示している。これに関し、注目すべきは、同年十一月二十一日付けと思われる、森田から「五市」なる同志（磯田五市《いそだごいち》郎《ろう》カ）あての書簡である。ここには、「吉田生が僕に寄こした書簡および獄中で作った詩などは、余り表向きにしてしまっては、関係がばれてしまい、大変なことになるぞ、と浪華《なにわ》（大阪のこと）の諸友が申して来ました。それで、一通りご覧になったら、すぐに返却くださるようお願い致します」とある。

さて、下田事件の真相が広まることを最も恐れたのは、松陰本人だったはずである。その理由は二つある。一点目は、彼自身が自由を得、再起を期すためである。また、二点目は同志を守るためである。事実、事件直後の四月二十四日、松陰は宮部鼎蔵に、評定所の鳥山信三郎の供述を絶賛していた。また、安政六年（一八五九）七月九日、幕府の評定所で梅田雲浜との関係を聞かれた際には、「梅田はいうまでもなく、悪賢いところがありますので、私は共に志を語ることは望まなかったところです」と答えたことも同様であろう。

そして、それに対する最も適切な対策は、松陰自身が、下田事件を「渡海」といい続けることであった。

事実、彼は安政元年、「幽囚録《ゆうしゅうろく》」に、「こっそり米艦に乗り、海外への航海を企てました」と記して以来、安政六年に至っても、なお、「下田事件の時のことを思い起こすに、私と亡き友である金子は、横浜と下田の間であれこれと画策し、こっそりと米艦に乗って、海外へ出ようとしました。しかし、失敗して身柄を拘束され、今に至ってもまだ獄の中で日々を送っております」と述べ続けていた。その結果、確かに松陰は同志を守ることには成功した。しかし、彼自身が自由を得、再起を遂げられなかったことは、その後の人生が示す通りである。

第七章

幽囚室での教育

松陰先生幽囚室（萩）

族中教育

安政二年（一八五五）十二月十五日、野山獄を許された松陰は、松本村新道《まつもとしんみち》の実家杉家に帰った。そこで、三畳半の一室を幽囚室《ゆうしゅうしつ》とし、世間との交渉を一切断って、読書、思索の生活を送ろうと決意した。

ところが、安政二年十二月十七日、父百合之助と兄梅太郎が、獄中での『孟子』の輪読会が途中であることを惜しみ、その再開を提唱してきたのである。松陰が感激と共に、快諾《かいだく》したことはいうまでもない。

勉強会はその日の夜、すぐに開始された。松陰は『孟子』の万章下首章《ばんしょうげしゅしょう》から講義を再開した。松陰の記録に、「母方の叔父久保五郎左衛門《くぼごろうざえもん》もまたわざわざお出でになった」とあるところを見れば、生徒役は父百合之助、兄梅太郎、そして叔父の三名であったものと思われる。そして、この『孟子』万章下《ばんしょうげ》の講義は同二十四日に終了した。

情として、父親が息子を「師」とすることはまま見られることであろう。しかし、ここにあるように、兄が弟を「師」とした例を、私は寡聞《かぶん》にして知らない。杉家とは実にこういう家であった。

その後、『孟子』の講義は三月まで中断された。安政三年という新年を迎え、多忙だったのであろうか。

安政三年（一八五六）三月二十一日、勉強会が再開された。松陰は『孟子』告子上首章《こくしじょうしゅしょう》から始め、この日、三章まで講義した。

その日のことを、松陰は、「二十一日の夕方、父兄、親戚らが一堂に会して、また、以前の勉強会を行うこととなった。ここに『箚記《さっき》』（書物を読んで学んだことや思ったことなどを、随時、書き記したもの）も続けることとなり、執筆の年月日を記し、千年の後までも長く伝えることとする」と記している。

そして、この『孟子』の勉強会は、安政三年六月十三日に終了した。この間、確認することのできる参加者は、父、兄、外叔《がいしゅく》久保五郎左衛門の他、三月二十三日の従兄弟《いとこ》玉木彦介《たまきひこすけ》（十六歳）、五月十四日の遠縁者高洲瀧之允《たかすたきのじょう》（二十二歳、高須瀧之允《たかすたきのじょう》のこと）、隣家の佐々木梅三郎《ささきうめさぶろう》（二十七歳）らである。

さて、『孟子』の勉強会を行っていた頃、松陰は別に個別教育も始めている。「野山獄読書記《のやまごくどくしょき》」、安政三年四月の条に、「文章軌範続三冊《ぶんしょうきはんぞく》　毅甫《きほ》（玉木彦介のこと）のために」とあることがそれである。そして、同三年九月までに、毅甫の他、兄梅太郎、佐々木亀之助・梅三郎兄弟（隣家の子）、高須瀧之允らの名前を確認することができる。これより、この勉強会は親戚、近隣の子らを対象としたものであったことが分かる。

幽囚室の教育

ところが、安政三年十月の条に、「左氏伝《さしでん》（『春秋左氏伝《しゅんじゅうさしでん》』のこと）徳民《とくみん》のために」とあり、ここで初めて門人増野徳民《ましのとくみん》（後、字《あざな》は無咎《むきゅう》）の入門を確認することができる。また、同年十二月には、岡部繁之助《おかべしげのすけ》、安政四年正月には、吉田栄太郎《よしだえいたろう》（後、字《あざな》は無逸《むいつ》、後の、吉田稔麿《としまろ》）の名前があり、この個別教育が親戚、近隣の子から、更に、門人を対象とするものへと拡大を始めていることが分かる。

その後も、入門者は続いたようである。「野山獄読書記《のやまごくどくしょき》」によれば、安政四年十一月までの間に、有吉熊次郎《ありよしくまじろう》・馬島春海《まじましゅんかい》・国司仙吉《くにしせんきち》・高橋貫之助《たかはしかんのすけ》（野山獄時代からの門人）・土屋《つちや》恭平《きょうへい》・中谷茂十郎《なかたにもじゅうろう》・冷泉雅二郎《れいぜんまさじろう》（後の天野御民《あまのみたみ》）・提山《ていざん》（後の松本鼎《まつもとてい》）・佐世《させ》八十郎（後の前原一誠《まえばらいっせい》）らの名前が確認できる。

また、「丙辰《へいしん》日記」によれば、松陰は更に、この間の安政三年八月二十二日より同年十月六日の間に、『武教全書《ぶきょうぜんしょ》』（山鹿素行《やまがそこう》がまとめた軍事学の教科書のこと）の中の「武教小《ぶきょうしょう》学《がく》」（『武教全書』の要旨をまとめたもの）の勉強会も行っている。開講初日のことを、松陰は、「午後、武教全書を開講する。久保五郎左衛門・兄梅太郎・佐々木兄弟・高須瀧之允・従兄弟毅甫が参加している」と記している。

その後、「丙辰日記」によれば、上述した人物以外に、「倉橋直之助《くらはしなおのすけ》・叔父《おじ》玉木文之進《たまきぶんのしん》・山賀生《やまがせい》（詳細不明）・中谷正亮《なかたにしょうすけ》・土屋松如《つちやしょうじょ》（土屋蕭海《つちやしょうかい》のこと）・小幡良右衛門《おばたりょうえもん》（詳細不明）・来原良三《くりはらりょうぞう》・妻木士保《つまきしほ》」らが幽囚室の松陰を訪ねている。

いずれにせよ、松陰を中心とした勉強会の輪はこのような形で徐々に広がっていったのである。

とりわけ、増野徳民《ましのとくみん》は玖珂郡本郷村《くがぐんほんごうそん》（現岩国市本郷町）の医者の家に生まれた、当時十六歳の青年で、この十月一日、わざわざ杉家に遊学してきたものであった。

また、安政四年（一八五七）八月、松陰の記したところによれば、増野、吉田栄太郎に続いて松浦松洞《まつうらしょうどう》（後、字《あざな》は無窮《むきゅう》）が門人となったことが分かる。

いずれにせよ、松陰は、安政三年春頃より、待望の、行動の自由をもつ青年を対象とした教育活動を始め、それは徐々に大きな広がりを見せて行ったのである。

松下村塾記

また、この間、注目すべきは、外叔《がいしゅく》久保五郎左衛門の依頼により、松陰がまとめた「松《しょう》下村塾記《かそんじゅくき》」であろう。

実は、松下村塾は、松陰が創ったものではない。創設は天保十三年（一八四二）、松陰の叔父玉木文之進の手による。この玉木松下村塾には、兄梅太郎、松陰、安田辰之進、久保清太郎らも通っていた。

また、玉木松下村塾については、『吉田松陰全集』の「吉田松陰年譜」に、「弘化四年四、五月頃、松陰はこの玉木松下村塾に通い、勉学しつつあり」、とあるので、この時点までは存在していたことはまちがいない。しかし、いつの時点まで玉木が主宰していたのかは不明である。

また、この間の弘化元年（一八四四）、外叔久保五郎左衛門が隠居し、塾を開いた。これは最初久保塾といわれたようである。たとえば、安政四年正月、松陰に入門した吉田栄太郎などは、それ以前、この久保塾で、伊藤利助《りすけ》（後の伊藤博文《ひろぶみ》）と共に学んでいたといわれる。しかし、「吉田松陰年譜」、安政三年九月四日の条には、「松陰は久保五郎左衛門のために松下村塾記を作った。これより先、久保は隣の家で子弟を教育し、松下村塾の名前を玉木からそのまま受け継いで用いている」とあり、安政三年九月の時点では、この久保塾は松下村塾と名乗っていたことが分かる。久保松下村塾である。

この久保松下村塾について、松陰は、安政四年閏《うるう》五月、「久保先生は書道で、村中の子弟を教育しておられた。その中でも最も女子教育に心を払われ、『女大学《おんなだいがく》』・『女小学《おんなしょうがく》』・『女式目《おんなしきもく》』などを、段階を踏んで女子に与え、読ませておられた」と記している。

ただ、この久保松下村塾はいつ頃までこのように名乗っていたのかは不明である。

いずれにせよ、安政三年九月、松陰が草した「松下村塾記」は、後、松陰が主宰した松下村塾ではなく、この久保松下村塾のためのものであった。実際、松陰自身も、「僕は最近久保翁のために松下村塾記を作った。その中に、ほぼ志していることを述べた」と記している。

以下、「松下村塾記」の中で、この頃の松陰の気持ちをうかがうことのできる部分を記す。

松下村《まつもと》（松本村のこと）は萩城の東方にある。東方を震《しん》（易《えき》で算木《さんぎ》に現れる形象の一つ。陰気が充塞《じゅうそく》した所に一陽が発生してようやく活動しようとする形のこと）とす

る。震は全てのものが生まれるところ、また、気力をふるい起こし、震え動くという形である。だから、私は、萩城下で正しい精神がはっきりと現れる際には、必ず松本村から始まるであろうと考えている。私は昨年野山獄を放免され、松本村の実家に蟄居し、他の人々とは一切の接触を断ってきた。ただ、外叔久保先生および数名の従兄弟らが、時々訪ねてくれるだけであった。そこで、彼らと共に人としてのあるべき道徳や学芸を調べ、究めようとしてきた。父百合之助・叔父玉木文之進と兄梅太郎らもまた一緒になって、これをすすめ励ましてくださった。我が一族の意気は盛んである。将に、ちょうど今から、松本一村の気力をふるい起こし、動かそうとしているのである。最初に、叔父玉木文之進先生が門人を集めて教えられた際には、その塾に門札を懸け、松下村塾と名付けられた。叔父上はその後、すぐに役人となられ、その塾の名前も長い間廃止されていた。その内、外叔久保先生が子供達を集め、教えられることとなった。そして、松下村塾という名前を玉木先生の塾にならって使用された。このほど、久保先生は私に、松下村塾記を記すようお命じになった。

私は次のように述べたい。「学問というものは、人間とは何か。人間とは、いかに生きるべきであるかを学ぶことである。塾は村の名前を塾名として掲げている。本当に、村の子弟に、家では親に孝行を尽くし、兄姉に従順に接し、また、殿に忠を尽くし、信義に厚い生き方をさせることができるのであれば、村の名前を塾名としてかかげても、恥ずかしいことはないのではあるまいか。もしも、それができないのであれば、また、松本村の恥であろう。大体、人間にとって、最も重要なものは、君臣《くんしん》の義《ぎ》、天皇と家臣とのあり方である。また、国家にとって、最も重要なものは、華夷《かい》の弁《べん》、我が国と外国とが違ういわれを正しく認識することである。今我が国はどういう状況にあるか。君臣の義を考え、行わないで六百余年にもなる。最近に至っては、更に華夷《かい》の弁《べん》をも合わせ、見失っている。それなのに、天下の人々は安心し、我が国は、諸事うまく行っていると思っている。神州、日本に生まれ、皇室のご恩をいただきながら、内には君臣の義を失い、外国に対しては、華夷の弁を忘れてしまっては、どうして学問の学問であるいわれ、また、人の人であるいわれ、それらはどこにあるのであろうか。これが、二先生が心を痛めておられる理由である。

　そして、私が松下村塾記を作らなければならなかった理由も、ここにある。ああ、外叔久保先生は、誠に松本村の子弟をよく教え諭されている。子弟達は、国家の重要事に関しては、君臣の義、華夷の弁を明確に認識し、また、日常生活については、親に孝行を尽くし、兄姉に従順に接し、また、殿に忠を尽くし、信義の厚い生き方を失っていない。それで、優れた、非凡な人物が育ち、先生の教えのままに、松本村の山河に滞《とどこお》ってきたという、昔、ここで非命に倒れた人々の憤りや怨みの気を一変し、我が藩の最も麗《うるわ》しい気を本来の状態とするのであれば、萩城の本来ある姿が世に現れるであろうことは、将に、この時のこととなるであろう。この気が起これば、どうして、一つの場所、また、一つの町でのみであろうか。そうではない。誠にそのような状況となれば、すなわち長門《ながと》の国（当時の長州藩の西半分。現在の山口県の西部のこと）は、中心から遠く離れた本州の西隅であるとはいえ、我が国全体の気力を奮い起こさせ、現在我が国を虎視眈々《こしたんたん》と狙っている諸外国を震え上がらせることとなる。これは予測できないことではない。私は罪人の一人であり、語るほどの者でもない。しかし、幸いに、杉一族の末席を汚している。村内の子弟を集め、そして、二先生の跡を継ぐこととなれば、その時には、無理をおしてでも努め、励むものである」と。

この「松下村塾記」で松陰が強調しているのは、「君臣の義」と「華夷《かい》の弁《べん》」である。また、彼が「君臣の義」という場合の「君」とは、「君臣の義を考え、行わないで六百余年になる」と述べていることより、天皇であることが分かる。これに関し、彼は嘉永六年（一八五三）八月以降、二十四歳の頃に、「我が国は古代より朝廷の軍事力をもって基礎とし、天下四方の外国を従順に従わせてきた国柄である。それなのに、中世以来、武士達がその権力を盗んだので、天皇が行う政治に陰りが見られるようになり、国体も立たなくなっている。（中略）私が孝明天皇に希望しているのは、天皇の行うべき政治を明白にし、国体を正しくして、我が国の武権を古代の姿に戻すことである」と述べ、また、安政三年（一八五六）七月には、「神武天皇の時代に我が国の基礎が完成した。しかし、我が国の二千三百余年の歴史において、後半の六百余年も、立派な政治がなかった訳ではない。しかし、それをよく治まっていたということができないのは、権力が朝廷から失われていたからである。志をもっている武士は、ここに思うことがある。朝廷に権力を取り戻し、次第に、我が国をよく治まっている状態にしたいと望んでいる」と記していた。

また、「華夷《かい》の弁《べん》」強調の背景にあったのは、依然として、彼が「我が国を虎視眈々《こしたんたん》と狙っている」と認識していた「諸外国」の存在であろう。松陰は安政三年（一八五六）春夏頃においても、「諸外国は猛悪である。親しむべきではない」と述べている。

以上より、この時期、松陰がどのような教育を考えていたかが分かる。

またこの「松下村塾記」に、「村内の子弟を集め、そして、二先生の跡を継ぐようであれば、その時には、無理をおしてでも努め、励むものである」と記していることは、実に興味深い。つまり、この時点で、すでに松陰が将来、久保松下村塾の後継者となる話がもち上がっており、また、松陰の耳に入っていた証拠となるからである。

安政三年十一月二十日、松陰が、嘉永四年（一八五一）江戸遊学以来の畏友であり、また、嘉永六年に松陰の妹寿《ひさ》が嫁いで義弟となっていた、小田村伊之助（当時相模出張中）にあて、「あなたも来春には、相模警備の役を交代されるとのこと、誠におめでとうございます。どうか、速やかにご帰国いただき、共に松本村の学問を盛んにしていただければとお待ちしております。僕は最近久保翁のために松下村塾記を作り、ほぼ志していることを述べました。この実現のためにはあなたのお帰りをお待ちするのみです。来春には、久保清太郎も江戸から帰ってきます。それ迄には、野山獄にいる富永有隣《とみながゆうりん》（富永弥兵衛のこと）の出獄運動もうまく行くでしょうから。そうなれば、いずれにしても、松本村の教学を盛んにする機会が来ると、色々心に思い描いている私の気持ちを、どうか、憐れみ、お察しください」と送っているところを見れば、彼自身、実に、積極的であったことが分かる。

また、この年の秋冬の間、松陰は、同じく久保五郎左衛門の依頼により、更に、「松下村《しょうかそん》塾聯《じゅくれん》」の文案もまとめた。

曰く。「万巻《まんがん》、沢山の書物を読破するのでなければ、どうして長い年月にわたって名を残す、不朽《ふきゅう》の人となることができるだろうか。できはしない。自分一身に降りかかる労苦を何とも思わないような人でなければ、どうして天下国家の人々を幸せにすることができようか。できはしない」と。これも将に当時松陰が心に抱いていた教育への思いだったのであろう。

なお、「聯《れん》」とは、漢詩などの対句《ついく》を分けて記し、左右の柱に相対して掛ける札をいう。文案を受け取った久保は、これを、後、安政四年、自ら彫刻刀で一本の孟宗竹《もうそうだけ》に刻んだとされている。なお、この竹は新道《しんみち》の「能正路《（ママ）》（能美《のうみ》正路カ）」宅から伐採したものといわれる。そして、この「聯」の内容は、現在でも、松陰主宰の松下村塾の教えの一つといわれている。

しかし、これに関し、昭和八年、廣瀬豊が、安政五年、十六歳の頃から松陰主宰の松下村塾へ通っていたという渡邉蒿蔵《わたなべこうぞう》にインタビューをした際の記録は実に興味深い。つまり、廣瀬の、「塾の看板は梅田雲浜の書きしものありし筈《はず》」との問いに対し、渡邉は、「そんなものは見たことはない。看板はなかつ《（つ）》た。塾中には大原三位《おおはらさんみ》（公卿大原重徳《くぎょうおおはらしげとみ》のこと）の七《しち》生滅賊《しょうめつぞく》の幅《ふく》（正式には、「三余読書七生滅賊《さんよどくしょしちしょうめつぞく》」。なお、明治三十年（一八九七）、天野御民《あまのみたみ》はこの書幅《しょふく》は、広島藩の藩医木原松桂《きはらしょうけい》の書と記している）のみであつ《（っ）》た」と答えていることである。とすれば、この松陰が文案を作ったという「松下村塾聯」、本当に久保松下村塾や松陰主宰のそれに懸けてあったかどうかさえ分からなくなるのである。

更に、この年の暮れ、下田事件以来の同志である梅田雲浜《うめだうんぴん》が来萩し、翌安政四年の正月中旬まで滞在した。その際に、松陰は梅田に松下村塾の「額面《がくめん》」を依頼し、書いてもらったという。どのような気持ちで依頼したのであろうか。あるいは、自分が主宰する時のことを考えたのかもしれない。この梅田が書いたという「額面」は現存しない。

三余説

さて、このような間にも、安政三年以来の、松陰の族中教育は広がりを見せながらも、継続されていた。

また、松陰に「丁巳《ていし》日乗《にちじょう》　三余《さんよ》七生之《しちしょうの》室《しつ》」と題した、安政四年（一八五七）正月元旦から始まる日記がある。「三余七生之室」の「七生」とは、上述した「七生滅賊」の書幅を懸けていた部屋という意味であろう。また、「三余」は「三余読書」の略と思われる。これについては、安政二年四月二日、かつて松陰が野山獄で記した「三余説《さんよせつ》」にその意味を求めることができる。

昔、中国三国時代の人である董遇《とうぐう》は、「書物を読むには当然、三余、三つの余った時

間にするべきである。冬は一年の余り、夜は一日の余り、雨は移りゆく日月の余りである」といった。しかし、これらは全て天体運行の常識であり、あえて、余りとするほどのものではない。私は野山獄入獄以来、また、三余をいただいて、書物を読んでいる。思うに、私はすでに忠孝の道を失ってしまった。しかし、それでも食事を藩や家からいただいている。これは殿様や父上のご恩の余りではないか。すでに、牢獄に収監されているのに、それでも光を格子戸の隙間からいただいている。これは日月の光の余りではないか。私の性質は気ちがいじみていて、道義にもとっており、多くの重要な法律を犯した。また、体質は大変弱く、何度も病気にかかった。このような私であるので、何か一つのきっかけでもあれば、命を落としたことであろう。しかし、未だに余恩や余光をいただいている。これは私の人生の余りではないか。

大体、この三余はすべて蓮遇《とうぐう》になかったもので、私一人がこれを得たのであるから、死ぬこととなろうとも満足である。そもそも、蓮遇はある時には農民、また役人となり、ただその三余を得たのみである。しかし、今でもなお名前が伝わっているのだから、それで十分であろう。ましてや私は私だけの三余を得たのである。どうして、この喜びを推しはかることができようか。できはしない。

そして、この「三余」を松陰は、「三余読書七生滅賊」と木原に揮毫《きごう》してもらい、幽囚室に懸けていたといわれる。よって、「三余七生之室」とは実家杉家の幽囚室を指す。つまり、安政四年正月の時点でも松陰はまだ幽囚室を活動の中心としていた。

富永有隣の出獄を嘆願

では、「丁巳日乗《ていしにちじょう》」より、安政四年当初の教育活動の一端を見てみたい。

正月元日、佐々木亀之助《ささきかめのすけ》が幽囚室《ゆうしゅうしつ》を訪ねてきた。

二日　夜、吉田栄太郎《よしだえいたろう》・増野徳民《ましのとくみん》と『経済要録《けいざいようろく》』の七を読んだ。

三日　○彦介《ひこすけ》が来た。それで『方正学文粋《ほうせいがくぶんすい》』を読んだ。夜、佐々木謙蔵《ささきけんぞう》・岡部繁之助《おかべしげのすけ》・玉木彦介《たまきひこすけ》・増野徳民《ましのとくみん》のために『孟子』公孫丑《こうそんちゅう》の首章《しゅしょう》を講義した。佐々木亀之助《ささきかめのすけ》もまた参加した。

四日　玉木彦介《たまきひこすけ》、朝、『方正学文粋《ほうせいがくぶんすい》』十枚の講義を受けた。夕食後、岡部繁之助《おかべしげのすけ》・増野《ましの》徳民《とくみん》・吉田栄太郎《よしだえいたろう》が『日本外史《にほんがいし》』八枚の講義を受けた。夜、岡部《おかべ》・佐々木謙蔵《ささきけんぞう》・増野《ましの》・吉田栄太郎《よしだえいたろう》に、ものの道理を説いて聞かされた。（中略）

二十日　玉木彦介《たまきひこすけ》・吉田栄太郎《よしだえいたろう》・増野徳民《ましのとくみん》のために『山陽詩抄《さんようししょう》』巻の一を読む。玉木《たまき》のために『方正学文粋《ほうせいがくぶんすい》』を読んだ。夜十時以後、玉木《たまき》・岡部《おかべ》・佐々木謙蔵《ささきけんぞう》・吉田《よしだ》・増《まし》野《の》のために『日本外史』を読んだ。

このような記述が、二月二十日まで続く。これより、以下の二つが分かる。

一つは、授業の形、時間帯、受ける門人らがほぼ定着化していることである。二つ目は、途中、再び松陰が記した部分もあるが、正月四日以降、この記録が門人の手で記されるようになったことである。これは現在の学校における「当番日誌《とうばんにっし》」のようなものと見ることもできよう。

安政四年（一八五七）四月の初め頃、松陰待望の小田村伊之助が相模出張から、また、同月二十九日、久保清太郎が江戸から萩へ帰ってきた。この後、小田村は明倫館の助教《じょきょう》（江戸時代、一部の藩校に置かれた教員で、正規の教師の職務を助ける教員のこと）に任命され、多忙となる。しかし、久保はこれ以後、松陰の教育活動を、陰となり日向となって、助けるのである。

松陰は、早速、久保の名前で、野山獄にいた富永有隣《とみながゆうりん》（弥兵衛のこと）の出獄嘆願書を、嘉永二年以来、松陰の兵学門下生であり、かつ、毛利家の家老であった益田弾正《ますだだんじょう》へ提出した。松陰が起草した文中には、「弥兵衛は、生まれつき、気性が激しく、荒々しい男です。その悪事を憎むことは、まるで仇《あだ》に対するようで、意気込んでその人を罵《ののし》っておりました。確かに、弥兵衛にやり過ぎがなかったとはいえません。ただ、これを、田舎の人々がいやがり、腹を立てるところとなり、野山獄へ収監される原因となりました。しかし、本人は決して不忠不孝ではなく、また、不義、道にはずれた人間でもありません。私は野山獄で彼と知り合って以後、聖人君子の書で教導してきました。その結果、激しい気性は心正しく、きちんとした性格と変わり、悪を憎んでいた心も、善をほめたたえる心へ変わって、まるで前とは別人のようになりました。書物を読むことはすばやく、文章を作ることも、力強く、他より抜きん出ており、また、筆を執らせれば、素晴しい文字を記します。その己れを修める度合いは速く、近い内に一大家となることと思われます」とあった。松陰が富永をいかに評価していたかが分かる。

その結果、七月三日、富永は野山獄を許された。松陰の記録によれば、野山獄の獄卒権《ごくそつごん》介《すけ》、塾生吉田栄太郎《よしだえいたろう》・増野徳民《ましのとくみん》・松浦松洞《まつうらしょうどう》らが、富永出獄のため、尽力したことが分かる。

そして、七月二十五日、富永は松本村の幽囚室へ招聘《しょうへい》され、「先生」となった。この間の事情を、松陰は、「二十五日、富永を我が松本村へ招き、塾の先生とした。松本村は千戸の小さな村である。しかし、これにより更に盛んになるだろう」と記している。実際、この前後、中谷正亮《なかたにしょうすけ》の紹介で久坂玄瑞《くさかげんずい》・高杉晋作《たかすぎしんさく》・尾寺新之丞《おでらしんのじょう》が入塾し、また、僧侶許道《きょどう》、有《あり》吉熊次郎《よしくまじろう》、中村理三郎《なかむらりさぶろう》、岸田多門《きしだたもん》、飯田吉次郎《いいだきちじろう》、更に、吉田栄太郎《よしだえいたろう》が自宅で教えていた無《ぶ》頼《らい》の三少年市之進《いちのしん》・音之進《おとのしん》・溝三郎《こうざぶろう》らが来塾した。

久坂玄瑞の入門

さて、これらの門人の内、久坂玄瑞《くさかげんずい》について、入門に至るまでの経過などをやや詳しく触れてみたい。

久坂は天保《てんぽう》十一年（一八四〇）、藩医良廸《りょうてき》の次男として、萩城下平安古《ひあこ》に生まれた。松陰より十才年下である。幼少期、平安古の吉松淳蔵《よしまつじゅんぞう》の教えを受け、その後、明倫館に入り、更に、医学所で蘭学を学んだ。十四歳の時、母富子《とみこ》を、また、翌年兄玄機《げんき》と父良廸《りょうてき》を相次いで喪《うしな》い、わずか十五歳にして孤児となり、家督《かとく》を相続した。安政元年（一八五四）六月九日のことであった。

安政二年（一八五五）二月二十二日、月性が萩を訪れ二十八日まで滞在した。この間の二十七日、亡き兄玄機の友人であり、また、松陰の仲間でもあった中村道太郎《なかむらみちたろう》、土屋蕭海《つちやしょうかい》らは月性に、当時、長州藩の医学所「好生館《こうせいかん》」の学生であった久坂を紹介したものと思われる。月性も久坂の人物たることを認めたのであろう。

その後、三月九日頃より、月性と松陰との文通が始まる。そして、これを契機に、月性は久坂に松陰への入門、また、口羽徳輔《くちばとくすけ》との交際を勧めた。

後、安政六年（一八五九）四月二十八日、久坂はこの頃のことを、次のように回顧している。

僕は十五歳の時、家族がことごとく死去し、独りぼっちとなりました。そこで、学問があり、志のある大人物を師とし、父や兄と思って、この人物にお仕えしようと決意しておりました。そして、ついに、亡き兄の知り合いであった月性上人について学ぶこととなりました。そこで、初めて書物を読み、ほぼ天下国家の形勢を知ることができました。月性上人はいつも松陰先生および口羽徳介が人物であることを、言葉を尽くしてお話しになりました。そして、ついに僕を、その両先生の教えをいただけるようにしてくださいました。

しかし、これで久坂がすぐに松陰の門を叩いた訳ではない。叩こうにも、この時期、松陰は野山獄にいた。

実は、この一年後の安政三年（一八五六）三月、久坂は眼病治療のため、筑前の名医田原《た》原哲《はらげんてつ》を訪ねた。そして、その際、九州遊歴を企て、久留米《くるめ》・柳川《やながわ》・大村・長崎・熊本・耶馬溪《やばけい》・中津などを回った。この時、熊本で訪ねたのが松陰の同志宮部鼎蔵《みやべていぞう》であった。宮部が松陰を絶賛したことはいうまでもない。

久坂は萩へ帰るとすぐに土屋にこのことを報告した。そして、次のような一文を松陰に寄せ、入門を請うた。安政三年五月末か六月初め頃のことである。松陰二十七歳、久坂十七歳のことであった。

この春鎮西《ちんぜい》（九州のこと）に遊び、肥後で宮部先生を訪ねました。話が先生のことになると、宮部先生は先生のことを長々と誉め称えられ、終わることはありませんでした。私が先生を敬いお慕い申し上げる気持ちは前々からのものでございました。その宮部先生のおっしゃることをお聞きし、欽慕《きんぼ》の気持ちは益々抑えることができなくなりました。そこで、まずはお手紙を差し上げ、私の想いを述べさせていただきたいと思います。（中略）

現在、我が国はいかなる状態であるか。国家の紀律は日々たゆみ、武士の気風は日々衰え、西欧人共は日一日とのさばり、度々《たびたび》通商を要求している。彼らの目的は、我が国の隙をうかがい、その願うところを実現することにある。そして、朝廷の評議は一時的に通商を許し、その間に我が国の軍備を整備することがよいとしている。しかし、とりわけ通商を許可すれば、天下の人々は益々その平和な状況に慣れて、更に遊び怠けるようになり、軍備を厳重に整備することなど不可能であることが分からないのである。

昔、弘安《こうあん》の役《えき》の時、元《げん》の使いは何度もやって来た。我が国はその国書の文面が無礼であるとして、その使いを斬った。その結果、十万の元軍が来襲した。しかし、その時には選りすぐりの兵士が防衛に当たった。元軍は敗れて跡形もなく、生き帰った者はわずかに三名であった。その後、元は再び我が国の隙を狙うことはなかった。嗚呼、我が国が「男子国」といわれるのは、もっともなことである。もし、現在、弘安の役の時のようにしようとするのであれば、西欧人共が通商を要求すれば、我が国は、「国法で禁止されている」と回答すればよい。それでも、彼らが更に通商を強制してくれば、将にその使いを斬るべきである。

松陰はこの久坂の手紙に対し、すぐに返事を返している。

私は実家での蟄居生活を始めて以来、一切、世間の人との交際を絶つと誓い、それを守ってきた。今、君の手紙をいただいた。返事をするまいとすれば、君の意向にそむくこととなる。また、返事をしようとすれば、前からの誓いにそむくこととなる。そこで、まずは、君からの手紙を返却して、誓いを守りたい。そして、別に、私の考えを手紙にまとめ、申し越しの趣意に応えようと思う。君が私の気持ちを理解し、また、この度のことを他人へ語ることがなければ幸いであります。
○私の恩師である山田宇右衛門《やまだうえもん》先生は君の兄上玄機さんのことを大変ほめておられ

ました。また、後に、友人の中村道太郎も度々兄上の話をしておりました。それで、私は一度でいいから兄上に会ってみたいと思っておりました。しかし、兄上はすでに亡くなっており、ただ涙を流すのみでした。そんな時、更に身内の者が、玄機さんには玄瑞君という弟がおり、また、素晴しい人物であるという。しかし、その頃、私は野山獄の囚徒でした。それで、いうまでもなく、獄外の人と会える訳などなく、その時も望みを捨てました。しかし、今、にわかに君からの手紙をいただきました。兄上にお会いしたいと願って果たせませんでした。また、君という男児がおり、君に会いたいと願いながら、これまで、それも果たせませんでした。そんな時、君からの手紙を読んだのです。

しかし、松陰は一転して、「君のいっていることは、上調子《うわちょうし》で、考え方も粗《あら》く深みがない。心の底の誠から発する言葉ではない。世を憤り嘆き、気骨のあるような振りをして、名誉や利益を求める者と、どうして異なっているであろうか。全く同じではないか。私はこのような種類の文章をにくみ、また、最もこのタイプの人間をにくんでいる。その訳を以下に記そうと思う。君は、どうかじっくりと考えなさい」と続け、本題へ入る。

米国の使いを斬るという企ては、これを嘉永六年に挙行することには価値があった。しかし、これを安政元年に行うことは、すでに時期を逸していた。しかし、まだ取り返しのつく時期ではあった。安政も二年を過ぎ、今日となっては遅く、全くそんなことをする時ではない。大体、時期というものが来り去っていくことは、影のようであり、響きのようなものである。過ぎ去った昔の事例をもってきて、今日変化しつつある状況をどうにかしようとしても、大変難しいというべきである。君の考え方が粗く深みがない、というのはこのことである。

また、天下には行動を起こすべきでない地位はなく、起こすべきではない身分はない。ただ、物事を論ずる時には、今、将に自分がおる地位、また、自分のおかれている身分から論ずるべきである。いいかえれば、それが物事が危なげなく行われるということである。（中略）今、君は医者である。将に医者という立場から行動すべきである。私は囚徒である。将に囚徒という立場から行動を起こすべきである。そして、必ず、利害を心中に絶ち、死生を忘れ、我が日本国、天皇、そして、父上のことのみを念ずる。我が家と我が身のことを忘れる。そうすれば、やがて、家族、親友、同郷の人々が同じ気持ちとなる。上においては殿様から誠実な人間と見られるようになり、また、下においては、人々から信用されることとなる。

このような状態となれば、将軍、大名職でも行うべきである。百姓、乞食も行うべきである。また、医者、囚徒にいたるまで、行うべきでないものはない。このようなことさえも考えず、驕り高ぶって、天下の政策を簡単に口にする。いくら君が口が焦《こ》げ、爛《ただ》れるまで説いたとしても、私はそれが我が国のためになるということは分からない。君の考えが上調子《うわちょうし》である、というのはこのことである。

そして、松陰はこの手紙の最後を、「誠実に、今、ある所で、なすべき事をしなさい」と結ぶのである。

しかし、松陰は久坂にこのように厳しく当たる一方、六月三日、土屋蕭海《つちやしょうかい》にあて、「久坂生の意気込みは並の青年のものではありません。どうか、立派な人物になって欲しいと願い、力の限りを尽くして、彼の寄こした意見に反撃を加えておきました。これで久坂生が発憤し、大いに論じ返してくるようなら、私の思う通りであり、これ以上の喜びはありません。しかし、もしも、表面的には服従するようにみせ、内心でそむき、従わないようであれば、私が行ったことは、実に、人間というものを知らない、不注意な発言だったというべきでしょう。このことをあなたはどう思われましょうか」と送っている。松陰がいかに久坂の出現に感激し、認めていたかが分かる。

一方、久坂は当然納得しなかった。その後二度にわたり同様な論を繰り返し、送ってきた。そこで、七月二十五日、松陰はついに下田事件の真相を書き送った。

この後、久坂玄瑞は松陰に入門する。彼は、実に、このようにして、門人となったのである。

松陰の教育実践

では、松陰の日々の教育実践は、どのようなものだったのであろうか。少し、後の事例だが、それをうかがうにたる逸話を二つ記す。

一つは、安政四年（一八五七）九月の「煙管《きせる》を折るの記」にある次の話である。

ある夜、松陰は富永有隣《とみながゆうりん》と武士の気風について語り合っていた。その場には、増野徳民《ましのとくみん》、吉田栄太郎《よしだえいたろう》、市之進《いちのしん》、溝三郎《こうざぶろう》らがいたという。話が当時十四歳の岸田多門《きしだたもん》のことになった。松陰の顔に憂いの色が浮かぶ。それは岸田が喫煙《きつえん》少年だったからである。しばらくその場に沈黙が続いた。すると、突然、吉田栄太郎が、松陰の気持ちを察し、元気よく「私はこれから始めます」といって、煙管《きせる》をとり、それを折った。増野ら三名もそれに続いたという。そこで、富永は、「お前達がこのようにするのなら、私も煙管《きせる》を折らざるをえないな」といって、自分の煙管《きせる》を松陰に折らせた。それに対し、松陰は、「たばこは飲食以外の嗜好《しこう》とはいえ、それに慣れると習慣となる。私はたばこを大変憎んでいる。しかし、君たちは一時的な憤りで、煙管《きせる》を折り、禁煙《きんえん》を誓った。しかし、その結果、生涯退屈を感じるのではないかということが心配である」と感想を語った。それを聞き、富永、吉田らは驚き、不満の色を顔面にたたえて、「先生は私共の誓いを疑われるのですか。今、岸田生、市之進、溝三郎は皆同じ十四歳です。おおっぴらに喫煙していることは、年老いた先生方と全く同じ状況です。そして、現在の世間も皆同じです。どうして、私が一人の岸田生のためだけにこのようなことをするでしょうか。そんな小さな気持ちからではありません。それでもなお先生は私の誓いを疑われるのですか」と反論した。松陰は前言を詫び、「君たちがそういう気持ちであれば、松本村はこのことより意気盛んとなるであろう。私の憂いや心配もなくなる。このことを記録しておきたい」と話したという。

翌日、松陰はこの夜のことを中心に、岸田のために授業を行った。授業がまだ終わらないうちから岸田はうつむいて涙を流していた。彼はその時一言も語らず、松陰もあえて語りかけなかった。その後、岸田は喫煙道具一式を実家へ送り返し、その後、禁煙した。そして、前にも増して、読書など、学問に励んだという。松陰は、これを、「たしかに、塾生らの気持ちに感じるものがあったのだろう」と記している。後、このことを知った高杉晋作は松陰に、「私は十六歳ですが、たばこが好きです。大人はこれをやめさせようとした者もおります。しかし、もう三年間も、いうことを聞きませんでした。この前、ついつい、喫煙道具を路上で落としてしまいました。私はこのことに感じるところがあり、きっぱり、たばこをやめました。これは小さなことではありますが、考えてみれば、また難しいことであります。私には、塾生らの苦労はよく分かります」と述べたという。松陰は、その高杉を、「高杉は十九歳である。心を励まし努力しており、学問は最も進歩している。その将来は、容易に想像することもできない」と絶賛している。

これより、当時、塾生らの間に、現在の学校教育における「同級生」的な意識、友人を案じ、共によき方向へ、成長していこうとする、「同級生」意識のようなものが芽生えていたことが分かる。

また、二つ目は、吉田栄太郎が連れてきた無頼の少年、市之進《いちのしん》の次の話である。

ある日、市之進は松陰の側で筆写をしていた。松陰は彼に掃除を命じた。しかし、「はい」と、返事はするものの、掃除を始める気配がない。松陰は再び促す。市之進は、「自分で十枚書を写し終えたいと思っております。しかし、まだ二枚終わりません。終わってから、掃除をしたいと思います」という。松陰はその後、何度か同じことを命じた。しかし、一向に、習字を止める気配はなかった。そこで、松陰は立ち上がって、筆など筆写道具を取り上げ、庭へ投げつけた。市之進は黙ってそれらを拾い、再び筆写を続け、その後、掃除を始めた。掃除が終わり、松陰は彼を呼びつけ、「お前は私と対抗しようとしているのか」と叱った。

「いえ、少しもそんな気持ちはありません」

そこで、松陰は、「少しも対抗する気持ちがないというのなら、どうして掃除にとりかかるのが遅かったのか」と詰問する。

市之進は、「死罪であります。私は先生と対抗しようと致しました」と詫びた。

松陰は、「お前がよく私と対抗できるのであれば、この天下に対抗できない人はいないであろう。お前が天下の人々と対抗できるようであれば、私はお前と仲間となろう。そうでなければ、許さないぞ」と述べたという。

市之進は松陰の激しい叱責《しっせき》にあい、下を向き、反省している様子であった。そこで、松陰は、「お前は若いのに、才気が他に抜きん出ている。共に、学問の道へ入ることのできる人物である。物事に屈服せず、退くことのないのは、お前の真心、これであろう」と、優しく声をかけた。

市之進は、「そうです」と応える。

松陰は改めて、「聞くところによれば、お前は父を亡くしてから、母のいうことも聞かず、また、日々の生活態度も乱れており、親戚や近所の人々がいくら叱っても、従わないそうではないか。お前は自分のことさえきちんとすることができていない。それで、どうして、天下の人々と対抗することができようか。できはしない。仮にも、天下の人々と対抗しようとするのであれば、私に一つ考えがある。今から志を立て、どんなことであっても、他の人がよしとして勧めることは、途中で、死ぬこととなろうとも挫《くじ》けず、どんなに辛いことであっても、それから逃げないようにしてみなさい。これが、不屈不退《ふくつふたい》ということである。お前の真心を試すには十分ではないか。とすれば、どうして天下の人々は対抗する程の価値があろうか。ありはしない」と教えた。

市之進は奮い立ち、「分かりました。先生のご命令の通りにやってみたいと思います」と決意を述べた。

松陰はこれを認め、「今後三十日間、今、決意したことを実践しなさい。三十日後、再びお前に話すことがあるだろうから」と激励したという。松陰は、一方では、市之進のことを、「並の子供ではない」と称賛していた。

松陰は実にこのような教育を行っていた。つまり、このような少年に対しても、決して見捨てず、真心を尽くし、教え導いていたのである。

後、安政六年（一八五九）三月、畏友中谷正亮《なかたにしょうすけ》は、長州藩の藩校明倫館を指して、「学校というものが盛んとなるか衰退するかは、全て先生が心ある立派な人であるか、それともくだらない愚かな人であるかによる」と、述べている。将に、このような松陰の教育実践をみて、そのような感慨をもったものであろうか。

新塾舎完成

安政四年（一八五八）十一月五日、久保五郎左衛門の協力のもと、実家杉家の宅地内にあった小屋を修理し、八畳一間の塾舎が完成した。

松陰は、この時の気持ちを、絵画遊学中の門人松浦松洞《まつうらしょうどう》へ、次のように送っている。

久保氏の新しい塾は、予定通り、本月五日をもって開塾しました。富永有隣《とみながゆうりん》が厳としてその中心にあり、冷泉雅二郎《れいぜんまさじろう》（後の天野御民《あまのみたみ》）・岸田多門《きしだたもん》の二人は寄宿しています。久保清太郎《くぼせいたろう》は食事、入浴、就寝時以外、塾にはおりません。塾生達の学問は素晴しい進展をみせ、大変、前とは様相も変わってきています。とりわけ、品川彌二郎《しながわやじろう》・馬島甫仙《まじまほせん》・妻木寿之進《つまきひさのしん》・国司仙吉《くにしせんきち》・飯田吉次郎《いいだきちじろう》の五名は、十五歳にも満たない年少の俊才でありますす。そして、飯田生はまだ十一歳ですが、書を読むさまは、川の水が流れるようであり、国司生同様、『三国志』を課題として課しております。皆、飯田生はまだそんな歳なのに、「二十二史《にじゅうにし》」（中国の正史二十四史のうち『旧五代史《きゅうごだいし》』『明史《みんし》』を除いたもの力）を読み終えるのではないか、と思っております。

品川・馬島・妻木の三名の勢いも、大体、同じような状況であります。これらの塾

生はまだまだ少年ですが、まずはこの松本村から天下の立派な人物との交友は始まります。また、必ず私より、天下の英才育成が始まります。更に頑張らない訳にはいかないのであります。

松陰は確かに、新塾を久保五郎左衛門のものと記し、富永をその中心と述べている。しかし、新塾と述べ、また、「必ず私より、天下の英才育成が始まります」と宣言していることなどをみれば、これはあくまでも「自宅蟄居」中という状況を憚《はばか》った故の発言であろう。私はこれをもって、松陰主宰の松下村塾の成立宣言と見る。つまり、この安政四年十一月五日、松陰の松下村塾は開塾したのである。

その後、この年の十二月、久坂玄瑞は松陰の妹文《ふみ》をめとり、杉家へ同居することとなった。松陰は久坂という協力者を得て、益々教育実践に邁進《まいしん》するのである。

幽囚室以降の読書、思索

さて、実家杉家での蟄居生活において、松陰が教育活動と共に力を注いだのは、読書、そして、思索であった。その基底にあったのは、西欧諸国の我が国侵略の恐怖であり、それに対する、「人心」「不正」という日本人観の自覚だったものと思われる。松陰は、安政三年春夏頃になっても、「西欧諸国は残酷で貪欲である。親しくするべきではない」と述べていた。とすれば、これらの方策を得ることが、読書目的の一つだったのであろう。

「野山獄読書記《のやまごくどくしょき》」によれば、安政三年（一八五六）の読書は五百五冊、また、安政四年は、十月までに三百八十余冊を確認することができる。

内容的に一番多いのは、やはり『宋元資治通鑑《そうげんしじつがん》』、『漢書《かんじょ》』、『史記《しき》』など、中国の歴史書である。松陰はこれらより、外国との交渉の事例、古人の美事善行、忠孝節義の言行などを抄出《しょうしゅつ》し、著述している。

また、我が国の書籍も見ることができる。それは、『日本外史《にほんがいし》』、『古事記《こじき》』、『太平記《たいへいき》』、『新論《しんろん》』、『弘道館記述義《こうどうかんきじゅつぎ》』などである。また、本居宣長《もとおりのりなが》の『古事記伝《こじきでん》』、山鹿素行《やまがそこう》の『中朝事実《ちゅうちょうじじつ》』、北畠親房《きたばたけちかふさ》の『神皇正統記《じんのうしょうとうき》』などもあげることができる。

松陰はこれらの漢籍、和書らから対西欧交渉のあり方、また、我が国の国体観、天皇観などを学んだものと思われる。

第八章

国家観の確立

吉田松陰墓所（萩）

西欧観の変化

安政元年（一八五四）三月三日、日米和親条約締結後、松陰の西欧観はどう変わったのであろうか。

同年十二月、松陰は、「貿易とは外国の不要品を買い、我が国の大切な品々を失うことである。米国、英国、ロシアなどに貿易をお許しになれば、いずれ我が国の資財は不足することとなろう」と述べ、また、キリスト教の問題もあるので、禁止するべきである、と述べていた。

ところが、翌安政二年四月、彼の主張は微妙に変化する。それは、「我が国の余剰品は外国へ売り出してもいい」と述べるようになったことである。そして、条約締結そのものにふれ、「ロシア・米国との和親条約が一旦定まっております。我が国からこれを破り、諸外国への信義《しんぎ》（約束を守り務めを果たすこと）を失ってはいけません。法律を厳しくし、（諸外国を）あざむかず、誠実な対応を更に確乎としたものとするべきであります」と述べている。これは「信義」の問題であると同時にロシア・米国両国を「驕《おご》り高ぶらせない」ための方策であろう。これに反した後に来るものは「侵掠《しんりゃく》」、そして、清国同様の亡国であったことはいうまでもない。

ところが、このような意識は、安政四年（一八五七）以降、大きな転換を見せ始める。幽囚室での思索の成果の一つであろうか。

松陰は安政四年以降と思われる「孫子評註《そんしひょうちゅう》」に、「鎖国をもって最高の政策とみるような者は、孫子《そんし》が再び生まれ出たとしても、ついには、諭《さと》すこともできないであろう」と、「鎖国」を否定する。では、開国論者に転換したのであろうか。そうではない。それは、安政五年（一八五八）四月の、「対策一道《たいさくいちどう》」に次のようにあることにうかがうことができる。

　対西欧政策という国家戦略的観点から、我が国が雄大な計略をもって、彼らを意のままにしたいと思うのであれば、航海通市策《こうかいつうしさく》、我が国から主体的に開国し、航海して貿易を進める以外、どうしてうまく行うことができようか。できはしない。もしも、これまで行ってきた鎖国という、我々は一歩も海外へ出ず、ただ相手の来航を待つだけ、という状態が続けば、国家としての勢いはふさがれ、力も縮こまってしまう。こんな状態であれば、滅びる以外、他に何があろうか。何もありはしない。

　昔、神功皇后《じんぐうこうごう》が新羅《しらぎ》・高句麗《こうくり》・百済《くだら》などを平定された時代には、航海、通市が行われていた。（中略）だから、我が国から航海して貿易を進める航海通市《こうかいつうし》策は、いうまでもなく、雄大な計略の基本であり、また、神功皇后《じんぐうこうごう》以来の遺法である。一方、鎖国は一時しのぎの政策であり、世も末の悪策である。（中略）今、米国は総領事ハリスを派遣し、我が国との貿易を意のままに行おうと企《たくら》んでいる。総領事の派遣は、まさにそのためである。（中略）そこで、ハリスに対しては、「一旦我が国から退去してほしい。貿易については、我が国から貴国へ商船艦隊を派遣し、貴国の利益をそこなわない方策を考えるから」と話し、説得するべきである。（中略）

そして、今日より方針を定め、上は我が国の遺法に従い、下は徳川のかつての方針を研究して、遠い将来まで見越した雄大な政略を実施するべきである。我が国の武士や庶民、公家や武士などは、身分に関係なく、推薦《すいせん》や抜擢《ばってき》により、軍隊の総大将や船長とする。また、大船を建造し、操艦などを練習させる。そして、東北方面では、蝦《え》夷《ぞ》地《ち》（北海道のこと）やカラフト、西南方面では、琉球《りゅうきゅう》（沖縄のこと）・対馬《つしま》などとの間を絶えず往来させ、無為に時間を過ごさせないようにする。また、海運や捕鯨漁の際には、船の操縦や海そのものを学ばせる。その後、朝鮮・満洲、そして清国などへ進出させ、更に、広東《カントン》・「カルパ」（不明）・喜望峰《きぼうほう》・オーストラリアなどに出先機関を設け、軍隊を派遣して、常駐させる。そして、各国・各地の状況を調査し、貿易の利益を上げさせる。これらは、三年以内にほぼ実施できるであろう。

この後、カリフォルニアを訪問し、これまでの米国使節の労に報い、改めて、新しい和親条約を締結すればいい。これがうまく実施できれば、我が国の威光は奮《ふる》い立ち、才能に溢《あふ》れた人材は育ち、決して国体を失うこととはならない。（中略）米国は実際の利益を望んでいるだけである。戦争で我が国を屈させようとしたのは蒙古の策略であった。しかし、言葉によって、我が国を奪おうとしているのは米国の策略である。

彼は「鎖国」策をきっぱりと否定し、「航海通市策」、また、具体的な対米政策まで提唱していた。この背景に、安政五年（一八五八）正月、松陰が月性へあて、「私の恩師である佐久間象山先生は大変素晴しい見識をもっておられました。先生は、我が国から他国を開国させることが大切である。そうすれば、国家間の交際や、貿易も思うままとなる。しかし、外国から開国させられ、『涙出《なみだい》でて呉《ご》に妻《めあわ》す分《ぶん》』（古代中国の斉《せい》の景公《けいこう》が、南方の野蛮な強国呉《ご》から姫をお嫁に欲しいと迫られた時、自国は弱くて、呉の要望を拒否するだけの実力がない。その要望を拒否するのは、自ら危険を招くというものである、と述べ、涙ながらに姫を呉に嫁がせたという故事のこと）という状態では、とても国家を維持することなどできない、といわれました。私はこの説に賛成しております」と送った、象山の考え方があったことはまちがいない。

交渉によって米国を説得し、一旦、関係をご破算《わさん》とすることに関し、松陰は、安政五年（一八五八）五月にも、「道理で（ハリス）を諭せば、彼らは必ず服従して帰国するであろう。不満をもつとはいえ、決して我が国の『あだ』や『かたき』とはなりえない」と述べ、更に、安政六年正月にも、「一つひとつ説明すれば、米国は必ず我が国を信じて、従ってくれる」とまで記していた。正に、「言葉によって、我が国を奪おうとしている」米国を、「言葉で服従」させようと考えていたのである。

かといって、松陰が米国を信頼できる相手と考えるようになった訳ではない。松陰はほぼ同時期の安政五年正月には、「米国の態度が最もおごり高ぶっている。（中略）これは（米国が）我が国を侵略しようとする姿勢が、いうまでもなくすでに表れているからである」と、米国の姿勢を憤慨し、また、「外国人は様々にそむき、あるいは詐《いつわ》りをなし、通商において、利益を争っている。利益を争えば、世の変乱を助長することは、自然の勢いである」と、通商そのものに否定的な見解も披瀝《ひれき》していた。
　では、松陰がこのような主張をするに至った主因は何であろうか。それは、安政五年十月に草した、次のような国際社会観の把握であろう。

　西欧諸国では、世界中で「一族」になりたいという気持ちがあるようです。とすれば、ロシア・英国・フランスらも米国と同じ気持ちの国というべきでしょう。（中略）その際、外国との接触をたち、交わりを結ばない国は取り除かれるようです。取り除きは、戦争という手段によることはいうまでもありません。（中略）二百年前、ポルトガル・イスパニア人を国外へ追放された頃と現在では、世界の状況は大変異なってきております。（中略）
　人としての情に、日本人と外国人の区別はありません。ただ、利益のみを追求しているだけです。（中略）嘉永六年、安政元年時、ペリーは多くの軍艦を率いて来航し、その威力を背景に我が国との交渉に臨みました。しかしながら、今思えば、その書状の言葉はそんなに思い上がったものではありませんでした。また、要望した四箇条も、米国としてはやむを得ない内容であり、助けを我が国に求めたものでした。

　松陰は、国際社会の状態を、一体化の方向に向かっている、と、見ていた。また、後、安政六年（一八五九）四月には、「米国はアジアに一つも植民地をもっていないので、ジャワや我国をひたすら欲しがるのは、やむを得ないことではある」とまで述べるようになっていた。

そして、最終的に、行き着いたところは、安政六年六、七月の「国と国との交際や貿易は世の中の常に遵守《じゅんしゅ》すべき道であります」との主張であった。ただ、彼は「我が国から海外へ人を派遣し、世界情勢をきちんと理解した上でなければ、準備ができたとはいえません。こちらの準備ができないまま、むやみに開国するというのはよろしくありません」と、しっかりと釘を刺すことは忘れていなかった。

以上、松陰の対西欧観は、幽囚室での思索を経て、安政四年以降大きな成長を見せたことが分かる。とりわけ、安政五年五月、「どうか大きな船を建造し、公卿から大名以下、世界を航海し、見聞を広めて、富国強兵の長大な策略が立てられるようにしたいものでありますす」と述べていることなどを見れば、彼はすでに西欧同様、「富国強兵」立国をめざし、「入西欧」論まで考えていたのではないかと見ることもできる。

確かに、西欧諸国に対する不信感が消えたわけではない。むしろ強まっていた。だからこそ、我が国を取り巻く国際状況をほぼ的確に把握・分析し、上述したような対応策を提唱したものであろう。しかし、ここにある対西欧観は、わずか数年前の安政元年、下田事件をおこした時の松陰のそれとは別人の感がある。では、松陰はなぜこのような変容を遂げることが可能だったのであろうか。確かに、「飛耳長目《ひじちょうもく》」という情報収集を怠らなかったからという説明もできよう。しかし、彼は萩の片田舎で、それも蟄居《ちっきょ》生活をしていたのである。情報に関してはあくまでも受け身の立場でしかなかった。つまり、彼が入手し得た情報は他の同志や門人などから送られたもののみだったはずである。とすれば、この一八〇度とでもいうべきコペルニクス的転換の原因は松陰自身に求めるしかないのである。

安政六年（一八五九）十月二十日、松陰は門人入江杉蔵《いりえすぎぞう》にあて、「学問のすじみち、道理を正すということが大切なのであって、朱子学とか陽明学とか、一つに偏《かたよ》っているようでは、何の役にもたちません。尊皇攘夷の四文字を主眼として、誰が書いた書でも、誰の学問でも、その優れているところを採用するようにしなさい」と送っていた。これより、その答えは、眼前の脅威である西欧の、「その優れているところを採用」した松陰の頭の柔軟性にあったと見ることができるのである。

松陰は現在においても、ともすれば、幕末期における日本型原理主義の代表の一人のように見られる傾向がある。しかし、彼は実にこのような柔軟な思考能力をもち合わせていたのである。

松陰と黙霖――その諫幕・倒幕論争

また、この幽囚生活中、注目すべきは、「安政三年八月の黙霖」と「松陰」との「痛烈なる論争」であろう。論争の中心は諫幕《かんばく》か倒幕《とうばく》かにあった。ただ、これは何も安政三年（一八五六）八月に限定されるものではない。なぜなら、前年九月の「出会い」の時より、二人の間には、天皇と幕府に関し、すでに、いくつかのやり取りが始まっているからである。

安政二年（一八五五）九月十三日、松陰は黙霖にあて、「武家が天皇を侮《あなど》り軽んじていることは、誠におっしゃる通りです。仮にも、天皇のご恩に浴している者としては、いうまでもなく、それを口にし、耳にすることさえも耐えられるものではありません」と述べている。また、同年十一月一日にも、「近頃、幕府が諸外国と結んだ条約書を読んだところ、自らを日本帝国政府と記しているのは、相応のいい方であり、問題はありません。しかし、日本国大君主といっているのは、大変けしからんことであります。このような調子であれば、外国人は必ず幕府を我が国の至尊《しそん》、統治権《とうちけん》の総攬者《そうらんしゃ》と見るようになるでしょう。また、すでに至尊というのであれば、その発令する文書などは詔勅《しょうちょく》（天皇が意志を表示する文書のこと）や制誥《せいこう》（天皇の命令文のこと）といわないわけにはいかなくなります。詔勅、制誥は、幕府が唱えるべきものではありません。このようなことでは、今後、発令される文書などは、きっと我が国の国体をそこなうこととなります。また、天朝からの命令を聞かなくなるような者も出てくることでしょう。これは、実に恐るべきことであります。（中略）

今、幕府が武力で、たとえ外国を滅ぼすことができないとしても、文章などの言葉遣いは、決して国家を汚し、はずかしめるべきではありません。上人（黙霖のこと）が、私の主張を是とされるのであれば、どうか同志の方々と、この点を講究し、幕府に非を悟らせてください。とすれば、我が国への功績は大変大きく、立派となるのではないでしょうか」と送っている。これらより、二人の間に、安政二年から、天皇と幕府に関し、すでにやり取りが行われていたことが分かる。

さて、安政三年八月以降の松陰と黙霖のやり取りである。それは、安政三年八月十五日、松陰から黙霖にあてた手紙によれば、およそ次のようなものであった。

黙霖は、時代を「風俗が乱れた世」と見ており、たとえ、幕府の当事者を悟らせたとしても、根本的な改革などできないと考えていた。そこで、「文章の力で、悪い武士を責め殺し、それで、忠孝の志をもつ正しい武士の汚名を除き払いたい」との志をもっていたのである。しかし、松陰はまごころをもって説得すべきと考えており、「そのような努力もせず、全て今の武士や僧侶を責め殺し、その後で皇室を再び再興するなどということは、絶対にできない」と考えていた。これより、黙霖の主張の延長線上にあったのは倒幕論であり、一方、松陰はあくまでも諫幕論者であったことが分かる。これに関し、二人の間には、何度かの手紙のやり取りが行われている。

その間の安政三年八月十八日、松陰は黙霖にあて、次のような手紙を送っている。

私は毛利家の家来であります。ですから、日夜、毛利公へのご奉公を心懸け、励んできました。毛利家は天皇の家来であります。ですから、我が殿は日夜、天皇にご奉公を尽くしてこられました。よって、我々が我が殿に忠を尽くすということは、天皇に忠を尽くすということであります。しかしながら、この六百年の間、我が殿は天皇への忠を尽くされなかったことも多々ありました。それが大罪であったことは十分承知しております。我が殿に、本来、この六百年来果たすべきであった天皇への忠を、今日、改めて償いさせたい、というのが私の思いであります。（中略）

そこで、まずは我が家老を諭して、この六百年来の罪と、今日それを償わせるべき道理を納得させたいと思います。そして、我が殿、諸大名、幕府と順々に説得し、天皇への忠を尽くさせたいと思います。（中略）彼らへは一言も諫《いさ》めない、というのであれば、私共のような主人に仕えている者へは、絶対に謀議などされないというご意志でしょう。私は上人の独行特立《どっこうとくりつ》、他人の力を借りず、一人で行おうとされていることを悲しんでいるのではありません。上人のやり方では、人が善に気づき、過ちを改めることを塞《ふさ》いでしまう、ということを悲しんでいるのであります。

黙霖は、この書を二回読み、ある箇所では涙を流し、また、微笑んだという。しかし、最後には、涙もでないほど、胸が塞がれた、と記している。そして、松陰の手紙に十四カ所の感想を、頭注の形で朱書《しゅしょ》（朱色で書くこと）している。その中には、「私は志が同じかと同じでないということで君と争うのは本意ではない。君には君の志があるべきだし、私は私である。しかしながら、皇室を尊敬するものは、その気持ちがまごころより出ているのであるのであれば、同志である、ということはほぼ分かることではないか」と記していた。

しかし、松陰は納得しなかった。更に十九日にも、黙霖へあて、「他のことはさておき、上人のいわれる『一筆姦権《いっぴつかんけん》を誅《ちゅう》す』（文章でもって、よこしまな権力を責め殺す）と、私のいう『一誠兆人《いっせいちょうじん》を感《かん》ぜしむ』（まごころでもって、多くの人々に非を感じ悟らせる）ということの分かれ目を、今一度、萩をご出発される前にお答えくださいませ。意見が合わないのなら、それはそれで私には何の差し支えもありません。きっと、上人は私を絶交されるのでしょう。この天地間において、屈指《くっし》の友であるあなたと絶交するかと思えば、その辛さには到底堪えられそうにありません。どうかよくお考えください」と手紙を送っている。

黙霖は「『一筆姦権《いっぴつかんけん》を誅《ちゅう》す』というのは、一人で千万人に対応する方法である。しかし、君は納得はしないであろう。私が考えているのは、（現在のよこしまな権力者らを攻め殺した後）天下を平定するであろう覇者《はしゃ》（武力や陰謀などを用いて国家を統治しようとするもののこと）を教導して悟らせ、天皇を敬わせたい、ということである。一生、この気持ちが変わることはない」と述べ、また、絶交云々《うんぬん》に関しては、「私は絶交しない」と記すのみであった。

松陰は、黙霖からのこの手紙を読み、「手を打ち、小躍りして喜んでいます。訳もなくやたらと涙もでます。上人と私が同志であることは疑うべくもありません」と記している。

八月二十二日、黙霖は萩を発ち、須佐《すさ》（現萩市須佐）へむかった。そして、二十六日、再び萩へ帰っている。

その間、黙霖は須佐で、小国剛蔵《おぐにごうぞう》に、「三日前、ある武士と手紙のやり取りをしました。話し合ったことは我が国の重要事についてでした。しかし、私のまごころでは、その人を同意させることはできませんでした。現在にいたるも、胸がつまる思いです」と述べていた。

以上より、諫幕・倒幕論に関しては、二人の間に何らの意見の一致はなかった、ということが分かる。

ただ、その後も、黙霖は松陰のことがあきらめきれなかったのであろう。八月二十四日付けで、松陰にあて書簡（この手紙は現在のところ、不明）を送ったことが、九月一日、松陰から黙霖あての次の書簡から分かる。

先月二十四日付けでいただいたお手紙を急いで開き、拝読しました。度々の上人のお心遣いに感動し、泣きました。何とお礼を申し上げていいか分かりません。（中略）色々なご教示をいただき、それぞれを心に刻みつけ、深く感動致しました。しかし、ご教示の趣旨は、「五、六年の間、読書に勤め、正しい精神と心を育成する。朝廷を崇《あが》め、上にいただくという志を更に堅固なものとする。衷心《ちゅうしん》より分別のない行動を戒めよ」という点にあるかと思っております。

私はこれまで、三余説《さんよせつ》（安政二年四月、松陰がまとめた読書論のこと）や七生説《しちしょうせつ》（安政三年四月、松陰が記した決意表明書のこと。「身体は個人的なものである。心は公的なものである。個人的な心身を公に捧げる人を立派な人という。公的な心身を私的なことのみに使う人を、賤《いや》しい心の、つまらない人という」と述べ、楠木正成《くすのきまさしげ》の「七《しち》生報国《しょうほうこく》」、七回生まれ変わっても、国家のために力を尽くす、という精神を受け継ぐ、という決意を表明したもの）をまとめてきました。その意図するところは、もとよりご教示いただいた点になかったものではありません。しかし、これまでそれ程堅固な記している。

ものではありませんでした。

また、後、安政三年（一八五六）十一月二十三日、松陰は「又読《またよ》む七則《しちそく》」に次のように

天朝の現状を嘆き悲しみ、その結果、西欧諸国の我が国への態度を怨み怒るものがいる。西欧諸国の我が国への態度を怨み怒り、その結果、天朝の有様を嘆き悲しむものがいる。私は幼くして、家の学問である山鹿流兵学研究に身をささげ、また、それを講義してきた。その結果、西欧諸国の我が国への来航は国家の安危にかかわる災いであり、怨み怒らないではおれないことを知った。それ以後、広く、西欧諸国がよこしまである訳を考え、また、我が国が衰えた理由を知った。そして、ついに、天朝のご憂苦《ゆうく》が昨日今日の問題ではないということに思い至った。

しかしながら、そのどちらが根本的なもので、どちらが末端の問題であるかは、未だに自分で判断することができなかった。この八月、ある友から啓発され、驚き、あわてて悟った。これまで、天朝のことに心を痛め、悲しんできたのは、全て我が国へ来航した西欧諸国への対応を憤って、そのような考え方をしてきただけであった。本末がすでにまちがっていた。本当に天朝を憂えていたのではなかった。

この「ある友」が、黙霖であることはまちがいない。これらより、松陰は黙霖から、幕府、国体・天皇観などに関し、多くのことを学んでいたことが分かる。

また、八月十九日、松陰が黙霖にあてた書簡の末尾に、いつ記したのかは不明だが、「右

の黙霖は一向宗の僧侶である。耳は不自由で、言葉も不明瞭である。しかし、その志は大変高い人物である。これまで、漢文で、数度の書簡のやり取りをしてきた。しかし、ついに私は降参しました。この人は芸州宇土浜《げいしゅう（ママ）》（現広島県呉市長浜の小字《こあざ》カ）の出身である」と「附記」した一文にある、「私は降参しました」、原文では、「終《つい》に降参するなり」との一節は、どう考えればいいのであろうか。地方史家の中には、この「降参した」との主語を、松陰ではなく、黙霖と見る方もいる。しかし、私は、「論争」の内容、「附記」の文脈、また、松陰の他人の悪口を嫌う性格などを考えれば、やはり主語は松陰であり、これは、「（余りの黙霖の過激さに）終いには、お手上げでした」位の意味ではないかと考えている。

以上が、安政三年八月を中心とする、松陰と黙霖との「論争」の概略である。

徳川幕府観

では、徳川幕府観、国体・天皇観などはいかがであろうか。幕府観は国体・天皇観とも密接な関係があり、大変重要な問題と思われる。そこで、まず、その基底にあったと思われる武家政権観から概観することとする。

嘉永四年（一八五一）二月、二十二歳の松陰は、「上書《じょうしょ》　政体論《せいたいろん》」において、「我が国の覇府《はふ》、武力や陰謀で我が国を統治した幕府の政治を見るに」と述べ、その例として、鎌倉・室町幕府を挙げている。また、嘉永六年（一八五九）八月、ペリー艦隊来航以後の作と思われる「急務策一則《きゅうむさくいっそく》」には、「恭《うやうや》しく考えるに、我が朝廷は遠い昔から武力を基本として政権を建て、それで、世界四方の諸外国を恐れ、従わせて来られました。我が国の国体《こくたい》（国柄のこと）は最初からこのようでありました。それなのに、中世（この場合、平氏政権・鎌倉幕府成立時のことカ）以来、武士が権力を盗んだため、天皇の政治が不明瞭となり、また、国体も建たなくなりました。最近に至っては、たいした国家でもない米国の使節（ペリー艦隊のこと）から軽蔑され、侮《あなど》られております。なんたることでありましょうか。（中略）大体、我が国に生を受けた者は、何としても、我が天朝の武力を、遠い昔の状態に戻すことを考えるべきではありませんか」と述べている。松陰ははっきり、「中世以来、武士が権力を盗んだ」と記している。

そして、このような認識は、安政三年の黙霖との「論争」以後、更に強固なものとなっていく。

安政三年八月下旬以降と思われる頃、松陰は、「清盛・頼朝以来、武士が（本来朝廷のものである）軍隊を指揮する権利を横奪《おうだつ》（無理やり奪うこと）し」と述べ、また、同年十月には、「天朝があるからこそ幕府もある」と記している。更に、それ以降に記したと思われる、「講孟劄記評語草稿《こうもうさっきひょうごそうこう》の反評《はんぴょう》」には、「征夷大将軍（中略）が、朝廷から爵位《しゃくい》（世襲的身分を表す称号と位のこと）をいただいておられるのであれば、幕府・三家《さんけ》（御三家という。尾張《おわり》、紀伊《きい》、水戸《みと》の徳川家の総称）・加賀《かが》の臣（加賀の前田家のことカ）もすでに皆王臣《おうしん》（天皇の家来のこと）である」と述べている。このような主張は、将に、安政三年八月、黙霖との論争以前には見られなかったものである。やはり、松陰は黙霖に学んでいた。

では、具体的な徳川幕府に関しては、いかがであろうか。嘉永二年（一八四九）十月、二十歳の松陰は、幕府につき、「もしも今、幕府から、文政《ぶんせい》の時のように（幕府が文政八年、一八二五年に発した外国船追放令をさす。無二念打払令とか、外国船打払令ともいう）、異国船打ち払いという命令を発せられる時には、（中略）打ち払いは国体《こくたい》の建つところであって、志士や仁義を知る者が心から願い望むことである。だから、もしもそのような命令が出た時には、全身全霊を尽くして、幕府の命令に従わない訳にはいかない」と述べていた。これなど、ほぼ一般的な幕府観というべきであろう。

その幕府観が変化を見せ始めるのは、嘉永六年六月のペリー艦隊来航以後であった。

嘉永六年（一八五三）六月二十日、松陰は米国の砲艦外交の前に醜態をさらした幕府のことを、「幕府は腰抜けである」と痛烈に批判する。このような幕府批判は、この後も続く。しかし、安政五年（一八五八）七月、違勅《いちょく》（天皇の命令に違《たが》うこと）である日米修好通商条約締結の報を聞いても、「幕府はすでに天皇の命令にたがう条約を締結した。しかし、二百年間のご恩もあるので、このまま黙って、捨てて置くべきではない。遠慮なく、信ずるところを述べ、諫争《かんそう》（意見を争って諫《いさ》めること）し、幕府にまごころを尽くすべきである。（中略）決死の覚悟で大声をあげて悲しみ嘆き、諫めるべきである。（中略）ここに至り、征夷大将軍にお仕えする道の、ほぼあるべき様が自得できた」と述べているところを見れば、彼は依然、幕府の存在を前提とした諫幕論を維持していたことが分かる。

その意味で、安政五年八月、「幕府において、悪い役人を排除されることが、誠に重要かと思います」との発言は、一つの変化と見ることができる。将軍本人ではなく、幕府の「君《くん》側《そく》の奸《かん》（主君のおそばに仕える悪者のこと。この場合、幕府の将軍に仕える重臣を指す）」否定である。

独行特立宣言

その後、安政五年（一八五八）十二月二十六日、松陰は「学術が不純粋で、人々の心を動揺させる」との理由で、再び野山獄に収監される。しかし、その野山獄で、松陰の考えはまた一つの変化を見せるのである。それは、安政六年正月九日、「幕府や諸藩は天皇の命令に従わず、それを守ることができない。藩の重臣や役人らは我が藩主のお考えに応えず、その趣旨を藩内に示し、広めることができない。これがどうして正常な状態といえるであろうか。まちがっている。この世に生を受け、このような非常事態に遭遇している。こんな時、平常な時の生き方をするのは志士のあり方ではない」との主張である。そして、ついに、同二十七日、松陰は、「徳川幕府を決して扶持《ふじ》（助け支えること）するべきではない」と述べ始める。そして、安政六年三月五日頃、「私は私の志すところを行うだけである」として、次のように述べている。

昨年三月、「修好通商条約の交渉は、国威を失わないように、諸大名と協議して決定

せよ」、という勅諭《ちょくゆ》（天皇が親しく下される言葉のこと）が出された。私は勢いよく、手にしていた筆を投げ捨て、「草莽《そうもう》の微臣《びしん》（在野の名もない家来のこと。この場合、松陰自身を指す）が死ぬ時が来た」と声をあげた。それは、亡き友黙霖《もくりん》（当時、黙霖死去との誤報があり、松陰もそれを信じていたようで、それがこの言葉となったものと思われる。黙霖は実際には明治三十年まで存命した）の教えを思い出していったのである。黙霖がかつて、「天朝の衰頽はわずかな期間におこったことではない。今の世を憤り、嘆く人々は、ひとたび大事が起これば、朝廷の権力はすぐに回復されると思っているようである。しかし、これは実に浅はかな考えである。さて、私は討幕を説いているのだから、必ず殺されるであろう。これは自分の定めと思っている。それは、（現在のよこしまな権力者らを責め殺した後）立ち上がるであろう覇者《はしゃ》（武力や陰謀などを用いて国家を統治しようとするもののこと）を教導して悟らせ、天皇を敬わせたい、と望んでいるからである」と語った。

黙霖の思いは、何と深いものがあったんだなあ。その心は何と遠大なものだったんだなあ。私はこの黙霖の教えを心に刻みつけ、決して忘れないようにしたい。黙霖は今日のような状況になることなどあらかじめ予測していた。すでにこのような事態となることなど、分かっていたのである。しかしながら、私が黙霖の教えのままに死を迎えるならば、亡くなった師や友にそむくこととはならないはずだ。これが、私の安《あん》心立命《じんりゅうめい》（心を安らかにして、全てを天命《てんめい》、天の定めた運命に任せ、何があっても動揺しないこと）という覚悟であり、他の友人らと同じでない理由である。

多くの友人らのいう尊皇攘夷は、なすべき時勢であれば、これを行う。しかし、なすべきでない時には行わない、というものである。彼らが私を狂といい、愚というのは、全て当たっている。私は彼らのいうことを決してとがめはしない。しかし、これまで画策した要駕策《ようがさく》（安政五年秋に松陰が計画、実行しようとした政治運動の一つ）は、長州藩の家来として、行わないではおれない、という気持ちからであった。これらは行うべきではなかった、ともいえよう。しかし、何もしないで、殿が不義《ふぎ》（人としての道にはずれること）の道にお入りになるのを傍観し、命を懸けて殿をお助けしないということは、大体、家来としてのあり方であろうか。そうではなかろう。

安政六年三月、松陰が状況の変化、自身の成長などにより、やっと、黙霖の考え方を理解し、受け入れつつあることが分かる。かといって、松陰は討幕論者に転換した訳ではない。正に、孤憤《こふん》（自分一人で世を憤ること）・孤醒《こい》（自分一人醒めていること）・幕府黙殺《もくさつ》ともいうべき、松陰による、「独行特立《どっこうとくりつ》（他人の力を借りず、一人で行うこと）」宣言であった。

諫幕か倒幕か

松陰は、同年三月末頃、同志小田村伊之助、久保清太郎にあて、「礼を失し、大変恐れ多いことではあるが、朝廷の公卿《くぎょう》（太政大臣以下三位以上の朝官のこと）間には俗論を唱える者が多く、欲深く、邪悪な風潮が止むことはない。いまだに正論は提唱されていない。（中略）しかしながら、我が国が沈み滅びようとしていることを、ただ傍観することなどはどうしてもできない。そこで、国内に一騒乱をおこし、人々を決死の気持ちにさせたくて、大原策《おおはらさく》（尊皇公家の大原重徳《しげとみ》父子を長州へ迎え、これを擁立して、長州その他四、五藩で蹶起しようとした作戦）・清末策《すえすえさく》（松下村塾の有志が、長州藩の孫支藩である、現下関市の東部にあたる清末に集まり、長府藩主毛利元純《もとずみ》を擁立して、宗家である長州本藩に蹶起を迫ろうとした作戦）・伏見策《ふしみさく》（伏見獄舎破壊策と藩主伏見要駕策《ようがさく》がある。破壊策は、梅田雲浜ら、志士が収監されていた京都伏見奉行所の獄舎を破壊し、同志を救出しようとした作戦。また、要駕策は、参勤交代途上の長州藩主毛利敬親を松下村塾から選抜された『十死士』が伏見で待ちかまえ、大原重徳《おおはらしげとみ》と共に上京し、天皇の命令をもらって、幕府の失政を正そうとした作戦）と色々と苦心して考えてきた。（中略）

私の考えは、私共が蹶起に失敗し、罪をこうむれば、心ある人々の気持ちも固まり、将来、結果的に国家のためにもなるであろうと、しきりに議論した結果であった。目をつけたのは、いうまでもなく草莽崛起《そうもうくっき》（在野《ざいや》の名もない武士、庶民らが蹶起すること）にある。（中略）私が　天朝のために命を捧げることができるのはこの方法だけである」と送り、また、同六年春頃には、「今日、我が国の正気《せいき》（天地にみなぎっているとされる、至公《しこう》・至大《しだい》・至正《しせい》な気のこと）はどこにあるか。失礼ではあるが、天皇と朝廷の一、二の高官、我が毛利公と私だけにある。私が毛利公を恭《うやうや》しくいただき、二、三の朝廷の高官が天皇を恭しくいただき、国家を害する悪人共を片っ端から斬り捨てなければ、我が国は必ず滅亡するであろう。小田村伊之助や久坂玄瑞《くさかげんずい》らが藩公のお側役となっても勤王の実行はできない。そこで草莽という手段が必要である」と述べていた。

この背景にあったのは、同年四月四日、門人野村和作（入江杉蔵の実弟）あての書簡にある、「現在、我が国を取り巻く時勢というものは、我が国や中国の歴史にもかつて見ることもできなかった程の悪い兆候であり、太平の世から戦乱の世を経ず、すぐに亡国となる程のものである。（中略）なぜかといえば、西欧諸国、とりわけ米国が幕府を箝制《かんせい》（束縛して自由にさせないこと）し、幕府は天朝と諸大名を箝制し、諸大名は全国の志士などを箝制しているからである。だから、今の諸大名が不本意にも、幕府に制圧されて、天朝へ不忠を行っているように、将来、西欧諸国に制圧されるのではないか、と、それだけが心痛である。（中略）

我が毛利家は勝負運が悪く、関ヶ原でのたった一回の敗戦のため、徳川家に屈服した。（よって、徳川家を怨む者は多い。しかし、）諸外国に対しては、そのような気持ちなど全くもちあわせていない。ただ、徳川家も朝廷から征夷大将軍に任ぜられているのであるから、私怨《しえん》（私的、個人的な怨みのこと）という感情を（公的なことに）差し挟むべきではない」という時勢観であった。これなど、将に、倒幕の勧めと見ることもできるかもしれない。しかし、その直後の同年四月七日、門人野村和作へあて、「私共の志を殿様へお伝えする方法は全くありません。同志達も私情、私欲を遂げようとする心で国家・社会のことを考えているだけですので、斡旋《あっせん》などしてはくれません。今の幕府や諸大名では、勤王攘夷など、ぜったいにできないと、あきらめるべきです。ただ、私共の志を殿様へお伝えする方法があるのであれば、命のある限り、諫争《かんそう》するのもいいでしょう。それがないのであれば、天朝と我が長州藩を外部からお助けする手段があるのみです」と送っていた。

この、「私共の志を殿様へお伝えする方法があるのであれば、命のある限り、諫争するのもいいでしょう」との一節をみれば、松陰は依然、諫幕《かんばく》を捨てていないことが分かる。しかし、一方で、「その方法がないのであれば、天朝と我が長州藩を外部からお助けする手段があるのみです」と述べていることは、実に興味深い。松陰がいかに我が国を憂い、悩み、迷っていたかが分かる。実際、松陰はこの年の正月には、在江戸の高杉晋作らからの、「蹶起時期尚早」との手紙に激怒し、「私がみんなに先んじて死んでみせたら、それに感じて蹶起するものもあろうか」と記し、「私は天朝への忠義をするつもりである。高杉ら諸友は手柄をたてたいだけである」と述べていた。また、同月には、それらを憤って、野山獄中で断食までするのである。

北山安世への手紙

その意味で、安政六年（一八五九）四月七日、松陰が、長崎遊学の帰路、わざわざ自分を訪ねて来萩した北山安世《きたやまあんせい》にあて、次のように述べていることは注目される。北山は佐久間象山の甥で、松代《まつしろ》藩士である。松陰が嘉永六年（一八五三）の江戸遊学中に交際を始めた人物であり、よって、下田事件の真相をも知る同志中の同志であった。松陰はいう。

天下の情勢は大体予測することができます。実際、我が国の滅亡を思えば、心が痛み、悲しみの極地であります。幕府には未だに人物がおりません。ささいなことは、それなりに処理できますが、天下、国家全体を見極めて、大戦略を展開できる人物がおりません。西欧諸国を制し、思うままに動かす策などなく、逆に、着々と彼らに制せられている状況です。ペリー艦隊が来航した嘉永六年、安政元年よりすでに六、七年が過ぎました。しかし、現在に至るも、一人の青年の海外航海さえ全く行われておりません。ワシントンがどこにあるのやら、ロンドンがどのような場所やら、全く想像しているだけであります。こんなことで、どうして西欧諸国を制し、思うままに動かすことなどできましょうか。できはしません。

しかし、幕府の役人というものは、みな何の不自由もない生活に慣れた田舎者（ものを知らないバカのこと）や柔弱者の子弟のみであります。ですから、一人、二人の心ある立派な人物がいたとしても、周囲がつまらない人物ばかりですので、何もできないでありましょう。これを思えば、中国の東晋《とうしん》（四世紀から五世紀の王朝のこと）・南朝《なんちょう》（五世紀から六世紀の王朝のこと）や趙《ちょう》（中国の王朝のこと）・宋《そう》（十世紀から十三世紀の王朝のこと）らが国家を再建することができなかったことも時勢だったのでありましょう。ましてや、徳川幕府にできるわけはありません。幕府が存在するうちは、どこまで米国・ロシア・英国・フランスらに思うままにされるか予測することさえむずかしいことであります。誠にため息ばかりです。

しかし、幸い、我が国には上に心ある立派な天皇がおられます。天皇は現状に深く心を悩まされておられます。しかし、天皇を取り巻く朝廷の公家達には、まるでシミ（衣服や書物などを食べる昆虫のこと）のように、徐々に、ものをそこない、破る悪しき習慣があり、それは幕府の役人達より激しいものがあります。彼らは、ただ外国人を我が国に近づけては、神州《しんしゅう》（我が国のこと）が汚れるというばかりです。古代の我が朝廷の雄々しく、奥深い戦略などは少しもお考えにはなりません。物事がうまく行かないのもこれが原因であります。諸大名に至っては、将軍の意向をうかがっているのみで、何の方針もありません。ですから、将軍が西欧諸国に降参されれば、その後を慕って降参する以外、手段がないのです。三千年来、独立し、外国から何の束縛も受けたことのない大日本国が、突然、外国からの干渉を受けることなど、血の気が多く、義侠心《ぎきょうしん》に富む者としては、とても忍ぶことなどできません。

ナポレオンを生き返らせ、共に「フレーヘード（オランダ語で自由のこと）」と、声高く叫ばねば、今の苦しみや憤りを癒やすことはむずかしいものがあります。私は最初から、要駕策《ようがさく》など行うべきでないことは分かっておりました。ただ、昨年来、自分の力に応じて、色々と天朝、国家のために、力の限り努力して来たところです。しかし、どれもうまくいかず、むだに野山獄に座るだけの日々を得ただけでした。これ以外の対策などを、みだりに口にでもすれば、罪は一族にまで及ぶこととなるかもしれません。しかし、今の幕府や諸大名らはすでに酔っぱらいのようなもので、助ける手だてなどありません。草莽崛起（在野の人々が立ち上がること）を望む以外、頼みとするものはありません。けれども、私は毛利様からいただいたご恩と、朝廷のありがたい御徳は、どうしても忘れることができません。草莽崛起の勢力をもって、我が長州藩を支え、また、天朝のご中興《ちゅうこう》（一旦衰えたものを、再び盛んにすること）を補佐することができるのであれば、分を越えた行為のようではありますが、それは我が神州に大きな功績のある人というべきでありましょう。（中略）

今のままでは、神州の滅亡はまちがいありません。本来の我が国にするには、劉邦《りゅうほう》（紀元前三世紀、全中国を統一し、前漢を建国した人）や項羽《こうう》（紀元前三世紀、秦末期の楚《そ》の武将。秦を滅ぼす中心となり、一時西楚《せいそ》の覇王《はおう》と号した人）、ナポレオンなどのような人物でなければむずかしいことでしょう。しかしながら、今もって、ここに目を付ける人がおりません。あなたは、人が思いもよらないような、すぐれた見識をもつ武士であります。どうか、あなたのお考えをお聞かせいただきたいと願っております。（中略）

私は野山獄に収監されておりますので、お会いすることは実に難しいかと思います。その上、臭く、きたない獄舎へお越しいただくのは大変失礼に存じます。しかしなが

ら、萩へお出でになる時には、是非、直接お会いし、心に思うことを全て語り合いたいと、昨年来より願い、お待ち続けておりました。事を成就《じょうじゅ》することは、衷心《ちゅうしん》よりの願いであります。

後、四月十二日、松陰が北山へあて、「昨夜は思いの外、素晴しい夢のようでした」と送っていることを見れば、前日、十一日の夜、二人は直接対談したことが分かる。

では、松陰が、「志はすり減ってはいない」と聞いたという北山に語った「心に思うこと」とは何であろうか。それは四月某日、「平凡でない、非常な人物は非常のことを行うべきであります。（中略）三千年もの長きにわたり、絶えることなく続いてきた皇統《こうとう》（天皇の血統のこと）の天皇をいただき、世界に独立を誇ってきた我が国が、わずかの間に、外国人から制限を加えられ、自由を奪われようとしております。これをどうして傍観していいでしょうか。すべきではありません」と送り、更に、同月二十一日、「君は自ら手綱《たづな》を振り切る駿馬《しゅんめ》（並外れてすぐれた馬のこと）であります。激しい勢いで天下四方へ突き進み、（平凡な）人々や志士らを超越しておられます。それなのに、私は俗世間によって押さえつけられて幽囚の身となり、いかに尊攘の大義を建てようとしても、大山《たいざん》を背負わされた蚊のような状況であって、到底その任に堪えないところであります。それで、日頃は沈黙を守って、年来の志を包み隠して参りました。しかし、たとえ夢であっても、同志である君に向かっては思うところを全て語ってみたいものであります。（中略）

今、君は米国人やフランス人らをにらみつけ、神武天皇以来の我が国の威力や武力をて、彼らに当たろうとしておられます。願えるものであれば、どうかこの無限の国家のご恩、天皇の御徳を思い、多難である我が国の現状を打破するため、非常の勲功《くんこう》を建てていただきたい」と草していること等にうかがうことができる。かつて、安政元年、下田で、「墨夷膺懲《ぼくいようちょう》」＝ペリー刺殺を謀《はか》った松陰が、その同志北山に、「我が国の現状を打破するため、非常の勲功《くんこう》を建てていただきたい」と激励しているのである。とすれば、それに類する策を授けたと見るのが素直な解釈であろう。しかし、後、同月二十二日、松陰が、十一日夜の密談の仲介をした門人品川彌二郎《しながわやじろう》にあて、「北山が去った後、考えてみたが、北山は桂小五郎《かつらこごろう》・松島瑞益《まつしまずいえき》らへすぐに（私が授けた策を）話したにちがいない。二人はその場では、何もないかのように聞いたのであろう。しかし、そのことで、私は兄梅太郎から叱られ、注意された。それは相当激しいものであった」と述べているところを見れば、北山は賛同せず、逆に桂・松島へ「策」を暴露したことが分かる。その結果、松陰は兄梅太郎から叱られたのであろう。同日、更に、松陰は品川にあて、「この世界にいても当分仕事はないぞ」と送っている。これは同志北山への失望と不満の表明だったものと思われる。一方、残された史料より、北山の方は、松陰の出獄斡旋《あっせん》を考えていたことが分かる。

そして、この時の失望、不満は、安政六年四月二十五日、門人高杉晋作を紹介するため、師佐久間象山にあてた書中にある、「幕府、諸大名は、いずれを期待すべきでしょうか。我が神州の回復は、何から着手すればいいのでしょうか。男児たるものの死に場所は、どこが適当でしょうか」という質問になったものと思われる。

その四月の間、松陰は門人入江杉蔵にあて、「我が敬親公にすぐに尊皇攘夷を実行なされよ、というのは無理である。それが可能となるような状況を作って差し上げるのがよい」と述べ、また、入江の弟野村和作へは、「私が崛起《くっき》を断行する人間である。野山獄さえ許されれば、私は一人でも蹶起するであろう、といえば乱暴に聞こえるかもしれない。しかし、これが私の志である。（中略）草莽崛起に、どうして他人の協力など借りることがあろうか。借りはしない。恐れ多いことではあるが、天朝も幕府、我が長州藩もいらない。ただ、この六尺（一尺は約三十センチ）の体だけが必要である。しかしながら、私は決して義にそむくような人間ではない。ご安心、ご安心」と送っていた。

以上、述べたように、松陰は最後の最後まで、諫幕論者であった。あるいは、極秘事項故、ごく親しい同志、門人らへ直接語ったのでは、ということも考えられない訳ではない。しかし、彼の残した史料を見る限り、松陰はあくまでも諫幕論を基底とし、幕府黙殺《もくさつ》、幕府に滅ぼす程の価値はないと断じて、関心は「独行特立《どっこうとくりつ》」＝「草莽崛起」にあったと考えられる。

では、彼のいう「草莽崛起」は、最終的には、何を対象としたものだったのであろうか。私は、これを、嘉永六年、熊本で林櫻園から教えられた国民戦争、全国民による、西欧諸国を対象とした攘夷決行のためのゲリラ戦の先駆けとしての蜂起提唱だったと考えている。松陰はその先駆けたらんと望んだのである。

その意味で、松陰の対幕府観への黙霖からの影響は、ごくわずかなものでしかなかった、と見ることができるのである。

国体・天皇観

では、国体・天皇観に関してはいかがであろうか。

嘉永四（一八五一）、五年の「東北遊」旅行において、松陰は水戸で、後期水戸学を代表する会沢正志斎《あいざわせいしさい》、豊田天功《とよだてんこう》の教えを受ける。そして、その影響などにより、我が国の歴史研究に目を向けた。

ペリー艦隊来航直後の嘉永六年八月、松陰は江戸藩邸へ意見書「将及私言《しょうきゅうしげん》」を提出する。その中には、「大義《たいぎ》（重要な意義、原理のこと）」と題する一節があり、「天があまねくおおう限り、天子のものでない土地はなく、天子の家来でない民はない。この重要な原理は、聖人の著述にみられる、明らかな教えであって、誰が知らないであろうか。誰でも知っている。（中略）天下は天朝の天下であり、（我が国においては）天下は（天朝の中心である）天皇の天下である。よって、幕府の私有物ではない」という、松陰の国体観をうかがうことのできる一節がある。

松陰は「天下は天朝の天下」と記して、「幕府の私有」を否定し、国土・国民を「王土《おうど》（天皇が治める土地のこと）」・「王臣《おうしん》（天皇の家来のこと）」として、それを「大義」と規定している。

では、「天下は天朝の天下」という根拠はどこにあるのであろうか。それは松陰が安政三年五月に記した、「天下は一人の天下に非ざるの説」との一文中に見ることができる。

天下は一人の天下ではないというのは、これは支那人《しなじん》（支那《しな》は秦《しん》の音《おん》がなまったもの。この場合、中国人のこと）の言葉である。我が国においては、絶対にそうではない理由がある。恭《うやうや》しく考えるに、我が大八洲《おおやしま》（多くの島からなるという意味で、我が国の古称）は　天皇家の始祖がお開きになったものであり、永遠にご子孫へお伝えになっており、これは永遠に、天地と共にきわまりのないものである。だから、天皇のご子孫以外の者が、分不相応《ぶんふそうおう》にその地位をうかがい、望むべきではない。従って、我が国が天皇お一人の天下であることは明白なことである。ここで、絶対にあり得ないことを並べて、本当に、天下は一人の天下である、といういわれを明らかにしたい。

我が国の天皇が、ひょっとして、桀《けつ》（古代中国、夏《か》王朝最後の王。暴君の代名詞とされる）や紂《ちゅう》（古代中国、商《しょう》王朝最後の王。桀《けつ》と共に桀紂《けつちゅう》と称され、暴君の代名詞とされる）のようなむごい政治を行われたとしても、我が国の万民はただ首を並べて、御所《ごしょ》の門前にひれ伏し、声をあげて泣き叫び、恭《うやうや》しく天皇が（まちがいを）お悟りになることをお祈り申すべきである。残念なことにも、天皇が非常にお怒りになり、万民を残らず殺されるのであれば、天下の民で生き残るものがあることはない。そうして後、我が国は滅亡するのである。それでもなお、生き残っている民がいれば、それも御所の門前へ行き、死ぬのである。これが我が国の民のあるべき姿である。

松陰はまず、「天下は一人の天下ではない」との説を、中国人の説として否定する。そして、「天皇一人の天下」である理由を、我が国は「皇祖《こうそ》（天皇の先祖のこと）」である天照《あまてらす》大神《おおみかみ》が開かれ、その「子孫」＝歴代の天皇へ伝えられた国家であるとし、それは「天地と共にきわまりのないもの」、永遠に続く真理と述べている。よって、その天皇の位は、他人がうかがい、望むべきではないという。そして、「絶対にあり得ないこと」としながら、「王臣」のあり方については、天皇に「桀紂《けっちゅう》」のような「むごい政治」があったとしても、「民」たるものは、「ただ首を並べて、御所の門前にひれ伏し、声をあげて泣き叫び、恭《うやうや》しく天皇が（まちがいを）お悟りになることをお祈り申しあげるべきである」。それを、天皇が「非常にお怒りになり、万民を残らず殺される」のであれば、「生き残っている」最後の一人に至るまで、「御所の門前へ行き、死ぬのである」。これが、「我が国の民」である、という。

また、安政三年八月の黙霖との論争直前の、同年八月十三日には、更に、「私は会沢正志斎先生の『新論《しんろん》』に、『天照大神《あまてらすおおみかみ》が三種《さんしゅ》の神器《じんぎ》（「八咫鏡《やたのかがみ》」・「八尺瓊勾玉《やさかにのまがたま》」・「天叢雲剣《あまのむらくものつるぎ》」（「草薙剣《くさなぎのつるぎ》」）のことで、日本の歴代天皇が継承してきた宝物《ほうもつ》のこと）を皇孫《こうそん》である瓊瓊杵尊《ににぎのみこと》に授けられる時、特に宝鏡《ほうきょう》（「八咫鏡《やたのかがみ》」のこと）を手にして、『この鏡を見るのは、私を見るようにせよ』との箇所に至って、それを、『天孫が宝鏡を仰ぎ、影をその中にご覧になる時、ご覧になっている影は天祖のご遺体であり、それをご覧になっていると、実の天祖を眼前にご覧になっているような心持ちになられるのである』と記しているのを読み、厳かで身が引きしまるような気持ちとなる。早くからその解釈の精緻なことに感服してきた」との一文を草している。これより、松陰が会沢の学説に心服していたこと、また、天皇とは「天祖」である天照大神から「神器」を伝えられた「神孫」の直系である、という意識をもっていたことが分かる。

実際、松陰はその二カ月前の講義でも、「寿永《じゅえい》（西暦一一八二年から一一八五の、わが国の年号）時代に、安徳《あんとく》天皇が西へ向かわれたからといっても、正統な天皇であったことはいうまでもない。その間、後鳥羽《ごとば》天皇が即位されたが、お仕えするべきではなかった。そうでなくても、神器《じんぎ》は安徳天皇と共に西国にあったのである。どうして、神器をおもちでない天皇にお仕えするべきであろうか。そうではない」と語っていた。彼ははっきりと、「神器」のない天皇に仕えるべきではないと述べている。

更に、安政六年春、松陰は、「私は幼少の頃から、漢籍《かんせき》（中国の書物のこと）のみに親しんできた。よって、より大切な我が国のことには大変疎《うと》く、全く恥ずかしく思うことも多かった。そこで、試みに、考えてきたこと、見聞してきたことなどを自らの反省のためにあげ、同時に、同志の人々へ示すものである。大体、皇統《こうとう》が長く続いて絶えず、変更が行われなかったことは偶然ではない。つまり、皇道《こうどう》（天皇が行う政治のあり方のこと）の基本もまたこの点にあるのである。まさしく、天照大神《あまてらすおおみかみ》が三種の神器を孫である瓊々杵尊《ににぎのみこと》にお伝えになった時、『天皇の位が永遠に栄えるであろうことは、正に天地と共にきわまりのないようにあるべきである』というお誓いがあった。そもそも、私は中国やインドにおける臣道《しんどう》（家来の守るべきあり方のこと）は知らない。我が国においては、天皇の位はいうまでもなく永遠なものであり、それと共に、臣道もまた永遠である、ということに深く思いを留めるべきである」と記している。

以上より、松陰は、我が国は「皇祖」である天照大神が開かれたものであるという、神話的国体観をもち、また、「神孫」の直系の子孫である天皇は神であり、その正当性は、「皇祖」から受け継いだ三種の神器の所有にある、という考えをもっていたことが分かる。

しかし、安政元年（一八五四）三月の「下田事件」の際、米兵に手渡した「投夷書《とういしょ》」に、「私共は、生涯走り回ったとしても、東西三十度の経度内、また、南北二十五度の緯度内から外へ出ることなど、できないのですから」と記し、緯度、経度を認識していることをみれば、私には、彼はやはり十九世紀中期の人物であり、上述した神話的国体観およびそれに基づく神としての天皇の存在を、事実として容認していたとは到底思えないのである。よって、これらはあくまでも理念であると考える。つまり、松陰は理念として、神話的国体観をもち、また、天皇を神とみていたのであろう。そう考えれば、松陰にとって、天皇は絶対の存在であったことが理解できる。

なお、私はこれまでの研究で、以上の天皇観故にといおうか、「理想的天皇」への期待が大変大きかった故にといおうか、松陰には、これとは別に、たとえば、「統治権の総攬者《そうらんしゃ》としての望ましき天皇観」とでもいうべき天皇観があったのではないかと考えている。ただ、この問題に関しては、史料の真偽の問題もあり、ここでは、研究中とだけ記すに止める。

第九章

松下村塾と塾生達

松下村塾

松下村塾

安政四年（一八五七）の夏から秋にかけても、多くの塾生を迎え、同年十一月五日、松陰主宰の松下村塾は新たなスタートを切った。これを祝福するかのように、この日、登波《とわ》が松本村を再訪してきた。同年九月以来の来訪であった。この九月の来訪時、松陰は彼女を引き留め、実家杉家へ宿泊させている。

登波は当時、「烈婦《れっぷ》登波」と呼ばれた女性で、「大津郡川尻《おおつぐんかわじり》（現、山口県長門市）の山王社（現、日吉《ひよし》神社）」の宮番《みやばん》幸吉の妻であった。文政四年（一八二一）冬、幸吉らが備後の「浪人」枯木龍之進《かれきりゅうのしん》に殺傷された。登波は、文政八年、意を決して、仇討ちの旅に出た。そして、十七年間かけて、ついに枯木を見つけ出し、天保三年（一八三二）、悲願を遂げた女性である。

安政三年、長州藩は登波の「孝義《こうぎ》（孝行などの善行のこと）」を表彰し、翌四年、「平民」とした。安政四年六月、七月頃、松陰は、「安政三年、藩命により善行者の名前を各村の入り口に掲示させられた。それぞれ皆素晴しい女性である。しかし、登波の勲が最もすばらしい」と記し、その事蹟を、「討賊始末《とうぞくしまつ》」として、まとめる程、彼女の義挙を絶賛していた。

確かに、一義的に松陰が絶賛したのは登波の仇討ちであろう。しかし、この当時、「平民」になっていたとはいえ、元宮番という、被差別身分であった登波をなんの躊躇もなく、実家へ宿泊させたことに、人間としての松陰の温かさを見ることができる。松陰という人は実にこういう青年であった。

登波の再訪を、松陰が驚喜して迎えたであろうことは、まちがいない。この夜、登波は権介《ごんすけ》（安政元年、松陰を江戸から萩まで護送した一人で、後、野山獄で獄卒をしていた。富永有隣に書を学び、また、松陰には士の礼で接したといわれる）の家に宿泊している。あるいは、松陰が紹介したのであろうか。

天下の英才育成

さて、松陰はこの五日のことを、後、同月二十四日、遊歴先の小倉から書を寄せた門人松浦松洞《まつうらしょうどう》への返書に、「必ず私より、天下の英才育成が始まります。とすれば、更に頑張らない訳にはいかないのであります」と書き送っている。

では、松陰は具体的には、どのような教育を行っていたのであろうか。以下、いくつか、その具体例を見てみたい。

安政四年（一八五七）十一月十三日、松陰は馬島甫仙《まじまほせん》に次のような指導を行っている。馬島は医者の子で、当時十四歳。書を読む能力にすぐれ、松陰が「深く愛する」少年であった。しかし、まだまだ「童心《どうしん》（おさな心のこと）」が多く、松陰から見れば不足を感じる塾生でもあった。彼は、孔子のいう、「重《おも》からざれば威《い》あらず、学《まな》べば則《すなわ》ち固《こ》ならず（人の上に立つ者は言語動作が重々しくどっしりとしていなければ、威厳がなく、学ぶところも堅固ではない)」という一節を、まるで馬島のための教えのようだと認識しながらも、馬島のすぐれた気質を損なうことを恐れ、それを語らないでいたという。ところが、松陰が『日本外史《にほんがいし》』を読んでいたところ、大坂の役の箇所に至った。その時、徳川家康の子徳川頼《より》宣《のぶ》は後陣《こうじん》（後方の陣のこと）に配備され、戦には参加できなかったという。そこで、それを抗議したところ、松平正綱《まつだいらまさつな》は、「君はまだ十四歳である。これからの人生ははるか長いものがある。だから、手柄をたてられなかったことをうれえるべきではない」と諭した。頼宣は、「私が再び十四歳になることがあろうか、いやありはしない。（だから、今しかないのである）」と反論した。これを聞いた家康は、「お前のこの一言こそ、第一の功名である」と語ったという。

　松陰は、頼宣の、「私が再び十四歳になることがあろうか、いやありはしない。（だから、今しかないのである）」との一言に感じて奮い立ち、「何事かをなそうとする人の志というものはこのように、雄大なものである。子供ではあるが、子供ではない。しかし、古の英雄頼宣も恐れるほどのこともない。（同じことができるはずである）」と考えた。そこで、馬島を呼んで、この話を語り、賀屋恭安《かやきょうあん》（長州藩医）の『好生緒言《こうせいしょげん》』を手にし、「医者でありながら、人としての道義が分かっている者は、それ程いるわけではない。恭安は我が藩屈指の名医であり、そこらにいる普通の医者ではない」と語ったという。松陰は、馬島に期待しているからこそ、話したと記し、また、「馬島は十四歳でありながら、才能、志があり、また、自信にあふれている。それなのに、どうして今のような生活態度でよかろうか。

よろしくない」と述べ、馬島の奮闘を促すため、それを直接馬島に語ったのであろう。

また、安政五年（一八五八）正月二日、岡田耕作に対する「講義」は有名である。

正月二日、耕作が一人で村塾を訪ねてきた。松陰は耕作に対し、『孟子』の公孫丑下《こうそんちゅうか》篇《へん》を講義した。この時のことを、松陰は次のように記し、耕作を激励している。

> 村塾が最も重視し、めざすのは、俗世間のくだらない儀礼を洗い流し、常に外敵への警戒を怠らず、武芸を練る気持ちを普段の気風とすることである。この意気込みで、書物の意義をきわめ読むことを、大晦日でさえ徹底して行ってきた。これまで決して学問をしなかったことはない。それなのに、どうしてであろうか。一旦、新年を迎えてみれば、（門人らの）意気込みはにわかにゆるみ、たるんでいる。元日にやって来て、新年の挨拶をした者はいた。しかし、これまで学問の教授を請う者はいない。
>
> 今、米国使節のハリスは江戸城へ入って、将軍に拝謁し、国書を奉呈している。また、それを憤慨し、襲撃しようとした水戸の志士、蓮田東三《はすだとうぞう》・信太仁十郎《しのだにじゅうろう》・堀江克之助《ほりえかつのすけ》らは伝馬町の獄に繋がれている。将に国家の重事《ちょうじ》が迫っている。そんな時に、何が年末、新年であるか。そんな時ではなかろう。将にそんな時であるのに、村塾の士でさえこのような状態である。何を天下に提唱しようというのか。今、耕作が訪ねて来て、たまたま童子の先駆けとなった。村塾の童子達に先駆けをすることは、天下の人々に先駆けることの第一歩である。耕作はこの度十歳となる。本当によく自分を奮い立たせている。この子の将来はどうして予測できようか。できはしない。

よって、以上のことを記して、耕作を激励する。

耕作の感激は想像するに難くない。松陰はこのように、青少年教育に当たっていた。
また、安政四年冬、松陰は、「有隣《ゆうりん》がすでに塾に来て、塾生達は大いに発憤している。十数歳の子供でありながら、ふりがなに頼らず、文字を読む者がどんどん育っている」と述べている。

村塾の増築

また、この頃、教育実践の質的進展と共に、塾生数も増加したものと思われる。これを裏付けるのは、安政五年二月頃に起こったと思われる村塾の増築計画である。それまで村塾は八畳一間であった。それが手狭となったのであろう。新たに十畳半の間の増築が計画された。松陰はこの間の状況を、東行中の久坂玄瑞へあて、「村塾を増築しようという意見が出ました。詳細については、瀬能《せの》（当時、江戸藩邸にいたと思われる吉次郎、後の正路カ。松陰が瀬能へ増築の報告書を送った理由は、この杉家自体、元瀬能家の旧宅だったからといわれる）まで手紙を送っておきました。現在、土砂の運搬は全て塾生達です。雇った人夫は一人もおりません。大変愉快な気持ちをいえば、きりがありません」と記し、また、「読余随筆《どくよずいひつ》」には、「（安政五年）三月十一日、増築部分の構造があらまし完成した。塾生達はことごとく健《すこ》やかで、また、（増築工事が）上手で、誠に楽しんでいる状況です。中《なか》谷茂十郎《たにもじゅうろう》などは、将に大工以上の仕事のできる者である」と記している。
なお、福本椿水《ふくもとちんすい》著『松陰余話《よわ》』（山口県人会、昭和四十五年、三三三頁）には、「村塾の増《ぞう》策《さく》」として、次のような逸話が収録されている。

その後、漸次《ぜんじ》門生が増加し、また他地方からも来塾するものもあって狭隘《きょうあい》（狭いこと）になったので、安政四年七月久保清太郎《せいたろう》（久保五郎左衛門《ごろうざえもん》の男《だん》）の発意によって増築することになり、十畳半と土間一坪の古家《ふるや》を買って一室を建て加えたので、十八畳半の塾舎になったのである。この時、門生達はおのおのその長所に応じて労役《ろうえき》に当り、或る者は鋸《のこぎり》を執《と》る或る者は錐《きり》を手にする或る者は土台を運ぶといった仕組《しくみ》であって、先輩門人の中谷正亮《なかたにしょうすけ》が監督に当り、中谷の甥中谷茂十郎《おいなかたにもじゅうろう》が設計したのであった。本職の大工としては船津本通《ふなつほんどお》りの藤井（藤井増太郎の父）や清水口高洲《しみずぐちたかす》の長屋に居た青木弥一《あおきやいち》なども参加したと云われている。

そして、品川・山県らは屋根葺《ふ》きをする、松陰先生自らも参加されたのであった、処《ところ》が、先生が下からなげ上げられた屋根土を品川がうけ損《そん》じたので、先生の顔におち、先生は汚れた顔で飛び去られたのであった。品川はこれはしまった、大変だ、中訳けがない、どなられることと思って、恐れ恐れ下の先生を見ると、先生は土をふかれながら『弥二！将来おれの顔に泥だけはぬらぬようにせよ』と微笑されつつ云われたという逸話もある。かくして地均《じなら》し、壁塗《かべぬり》、屋根葺き等一切尽《ことごと》く門生の手によって出来上ったのが、十一月五日であった、その後また手入れあって翌五年三月にほぼ完成したのである。この増築は土間《どま》一坪《つぼ》（現在の塾出入口）の炊事場《すいじば》、三畳の塾生の荷物置き場、三畳と四畳半二間の塾生控室とであった、土間の炊事場は計入《けいにゅう》しないので、村塾は十八畳半となるのである。

この、増築された塾舎が、後、大正十一年（一九二二）、国の史跡に指定され、現在にいたる松下村塾である。

塾生の諸国遊学を願う

安政五年四月、松陰は親友であり、また、当時、長州藩における少壮《しょうそう》役人中第一人者であった周布政之助《すふまさのすけ》にあて、塾生らの諸国遊学を願う、次のような文章を送っている。

国家を治める要点は、賢者を登用し、才能のある者を採用することである。これは昔から現在まで通じる定論である。しかし、ただ登用、採用することだけを知って、これらの人物の気持ちを鼓舞《こぶ》（人の気持ちを奮い立たせること）、激励することを知らないのでは、それは初歩の段階というべきである。今、我が藩において武士階級への鼓舞、激励は行われている。しかし、いまだに足軽以下の人々に及んでいない。これは、一つの欠点というべきである。（中略）

私が最も鼓舞、激励したいと望んでいるのは、ただ臨機応変の処置ができ、才気にすぐれた少年達である。私は単に彼らを誉め称えたいと望んでいるのではない。藩政府には、彼らがあらゆるところへ遊学できるようにしていただきたいと望んでいるのである。足軽は弓銃隊以下、数十隊あり、千人を下りはしない。私はいつも、天が才能のある人物をこの世にお生みになるのに、貴賤の別はないのではないか、と思っている。彼ら才能に富む者は、あるいはあなたよりすぐれた者もいる。（中略）どうして、藩政府が鼓舞、激励をされる際、上の方でそのやり方をまちがえ、自暴自棄な方法を取られては、下の者達がそれぞれの学問・技芸の修行を怠らないようにさせることなどできましょうか。できはしません。私の聞いたところでは、足軽らの中で遊学を望みながら、今もって遊学できないでいる者は、十数名は下らないと思われます。彼らの気持ちはもっぱら文武の修行にあります。同輩らからの疎外《そがい》・排斥《はいせき》・非難《ひなん》・嘲笑《ちょうしょう》など、なんとも思ってはいないのです。（中略）

藩政府が彼らの願いを聞き届けられるのでなければ、彼らは志半ばで田舎に埋もれ、世に出られないのではないかと恐れています。今、遊学許可の命令が一度下れば、彼らのやる気は十倍にもなることでしょう。そうすれば、先に彼らを疎外・排斥をした者達は化身《けしん》して賛成するようになる。また、非難・嘲笑した者達は彼らを仰ぎ慕うようになるでしょう。（中略）そして、このような政策を実行すれば、三、五年以内に、必ず奇才《きさい》（世にも珍しい、すぐれた才能をもった人のこと）やすぐれた人々がその中から生まれることでしょう。

これより、すでにこの時点で、他国へ遊学に出しうる青少年を育てていたことが分かる。

なお、この間の安政五年七月十九日、松陰の明倫館における山鹿流兵学の門下生であった、妻木彌次郎《つまきやじろう》・諫早半三郎《いさはやはんざぶろう》（後の生二《せいじ》）。後、東京世田谷の松陰神社創立に尽力した人物）らから、松陰の「家学教授」の申請が藩政府へ出された。藩政府は、翌二十日、松陰へ、許可指令を出している。これなど、当時の松陰の教育活動も考慮された結果であろう。

塾生の見た村塾

さて、この安政五年頃、当時、十五、十六歳で村塾へ通っていたと思われる渡邉蒿蔵《わたなべこうぞう》は、後、大正五年（一九一六）、『吉田松陰全集』の編纂委員を務めた安藤紀一《あんどうきいち》のインタビューに応え、次のように語っている。村塾の当時の様子が分かるので、主要部分を引用する。

○松陰先生は言葉遣いが大変丁寧でありました。村塾へ出入りする門人の内、年長者に対しては、たいてい、「あなた」といわれ、私らのような年少者には、「おまえ」などといわれました。

○先生の講説《こうせつ》（講義して、説明すること）は、あまり流暢《りゅうちょう》（言葉づかいがすらすらとして、よどみのないこと）ではありませんでした。いつも脇差しを手から離されませんでした。これを膝に横たえて正座され、両手で脇差しの両端を押さえ、肩をそびやかして講説されました。

○村塾では、兵学（軍事学のこと）伝授《でんじゅ》（伝え授けること）ということはありませんでした。私の兵学勉強は、先生から、「明倫館で山鹿流を学びなさい」と勧められましたので、明倫館で勉強しました。
○松陰先生は罪人ということで、村塾へ通うことを嫌う父兄が多くおりました。それで、子弟で通う者があれば、読書の稽古ならいいけど、政治に関することを合議《ごうぎ》などすることがあってはいけないぞ、と戒める程でした。
○先生は、講義の外、御自分の読書、作文等は全て塾で行われ、飲食・起臥《きが》（起きることと眠ることのこと）もまた塾でしておられました。日々の行事等、時間は決まっておりませんでした。勉強の合間には、運動といって、全員で外へ出て、草取り、また、米を舂《つ》く等のことも行いました。諸生は弁当を持って来ます。弁当を持っていない者が、勉強中、食事時となり、自宅へ帰ろうとすれば、途中で止めさせず、必ず最後までさせられました。先生は、「ご飯は食べさせますから」といって、杉家の台所へ行かれ、お櫃《ひつ》にご飯を入れて来られ、師弟が一緒にいただきました。おかずはたくあんか漬け物でした。このようなことには、気をつけられ、御馳走してくださいました。
○先生のおられる場所というものは決まっておりませんでした。それぞれの塾生のところへ来られ、そこで教授されておりました。（中略）
○初めて先生にお会いし、教えを願う者に対しては、必ず最初に、「何のために学問をするのか」と聞かれました。これに対し、大抵は、「どうも書物が読めないので、勉強してよく読めるようになりたいのです」と答えます。すると、先生は、そういう者に対し、「学者になってはいけません。人は実行が第一です。書物のようなものは、心懸けてさえおれば、実際の仕事をしている間に、自然と読めるようになります」と教えられました。この、「実行」ということは、先生が常に口にされたことであります。

○玉木文之進先生は、時々、村塾へ来られました。松陰先生が、西洋銃陣《じゅうじん》（西洋式の銃隊で組織した陣形のこと）の採用を主張されることには、不同意のようでした。先生は諸生を率いて、家の側、または河原などに並ばせ、竹の棒を銃の代わりにして、操銃法の実習をさせられました。このような時には、先生が御自分で号令を掛けられました。しかし、小畑浜《おばたはま》（現萩市椿東《ちんとう》。松下村塾から約三キロ離れた地名）まで行って演習する時には、先生は謹慎の身でしたので、行かれませんでした。ある時、飯田正伯《しょうはく》（長州藩の藩医。安政五年、三十四歳の時、松陰の兵学門下となった。塾生というよりは、同志）に引率されて、出かけたことがあります。

○先生は御自分の罪を隠して、おっしゃらない方ではありませんでした。御自分の罪を明言され、人を諭し、教えられました。また、決して激しい言い方をされる方ではなく、おもしろおかしい話をする人でもありませんでした。おとなしい方でした。

○塾の柱に刀傷がありました。人々はこれを、「先生が獄へおもむかれる時（安政五年十二月、野山獄再入獄時のことと思われる）、諸生の内、それを憤《いきどお》った者が一太刀のもとに斬りつけた」といい伝えています。私は知らないことでしたので、先年、野村靖《のむらやすし》子爵《ししゃく》（和作のこと。野村は明治二十年、子爵となった）が萩へ帰られた時、この話を語って、お尋ねしました。すると、子爵も大変驚かれ、「そのような狂暴な行為は、先生が日頃禁じられたものである。決してあることではない。もしも、そんなことをする者があれば、先生は絶対にお許しにはならない。そのようないつわりをいいつたえられては、村塾の面目にかかわる」といわれました。（中略）

○吉田稔麿（栄太郎《えいたろう》のこと）は賢いひとでした。

○久坂と高杉の差は、久坂には誰でも付いて行きたいと思っていた。しかし、高杉は、みんなが「どうにもならない」というように、乱暴になりやすく、人望が少なかった。久坂の方が人望が多かった。（中略）

○伊藤博文《いとうひろぶみ》公なども、元来、塾で読書を学ばれていた。しかし、自分の生活と公私の所用に従事せざるを得ない事情があり、長く在塾されることはできなかった。

この回顧中、「いつも脇差しを手から離されませんでした」という一節は、実に興味深い。この「脇差し」こそ、安政元年三月、下田での米艦搭乗の際、彼が身につけていたものである。松陰にとっては行動を共にした「同志」だったのであろう。

さて、現在、松下村塾は、「元来、庶民・下級士族の教育機関だったが、松陰の思想を慕って入門する者が相つぎ、次第に政治集団の性格をつよめた」との解釈が行われている。確かに、上述したような面を見れば、なるほど、私塾と寺子屋を兼ねたような、教育機関だったことが分かる。

松下村塾党

しかし、一方で、松陰および松下村塾には、すでに安政二年初めから、これとは別の顔があった。政治集団としての顔である。

安政二年二月、松陰は「東行《とうこう》（江戸行きのこと）」する久保清太郎へ次のような書を送っている。

江戸行きとのことですので、私の旧友を次の通り記します。お暇な折りに、それぞれお訪ねになりましたら、旅の慰めの一助となるのではないでしょうか。肥後の書生松田重助《まつだじゅうすけ》〈木挽町《こびきちょう》の藩邸におります〉、これは同志中、特にすぐれた人物です。私が紹介して、佐久間象山先生の門下生となりました。轟木武兵衛《とどろきぶへえ》〈大崎《おおさき》の藩邸におります〉これは同志中のライバルです。物事に慣れ、しかも誠実な人で、朱子学に熱心な人物です。かいつまんでいえば、二人とも、心ある立派な人物で、また、秘密のはかりごとができる人です。（中略）

美濃《みの》の書生長原武《ながはらたけき》〈愛宕下《あたごした》とお尋ねください〉、この人の天性の持ち前は、善良で慎み深く、温厚で、兵学を好みます。また、長い間、江戸に住んでおりますので、あらゆることに通じております。どんなことを相談されてもよい人物です。もし、強いて欠点を挙げるとすれば、志が低く、豪快な気持ちがありません。石見《いわみ》の書生近沢啓蔵《ちかざわけいぞう》、自分の意志を曲げず、人と簡単に和合しないことを以て、志を立て、正直であろうと己れを持しておる人物です。ただし、残念なことに、他人を許容する器量がありません。私はこの二人とも、心から交際をしておりました。しかし、「航海一件（＝下田事件のこと）」に関し、二人を欺《あざむ》いたことが多々ありました。やむを得なかったとはいえ、二人にそむいたことを、深く後悔しております。この気持ちをどうか二人に伝言ください。安房《あわ》の書生鳥山新三郎《とりやましんさぶろう》〈両国向にてお尋ねください〉、いつもいつもお話しをしておりますように、清廉潔白《せいれんけっぱく》で義を好む人物です。この人をお訪ねになったら、小田連蔵《おだれんぞう》・村上寛斎《むらかみかんさい》、二人の近況をどうかお尋ねくださるよう願います。松浦竹四郎《まつうらたけしろう》（正しくは、武四郎）、市中の俗人であることを免れえない人物です。君子人たれと責めるようなことがあってはいけません。しかし、奇特《きとく》（特にすぐれて珍しいこと）な人物です。天下の新しい情報を得るためにも、交際されるべきかと思います。

桜任蔵《さくらじんぞう》は志士であります。しかしながら、世の中の流れに敏感で、自分の意見を押さえ、俗世間に交われる人物です。北山安世《きたやまあんせい》は、好んで、奇抜で変わった見方をし、物事にこだわることの多い人物です。私と物事を論ずる度、相容れないものがありました。しかし、その才能や知識は、私よりは数段勝っております。蜷川賢之助《にながわけんのすけ》は高く、大きな見識がありません。しかし、砲術や洋学に別の才能をもっております。実際、得難い人物です。松平伊豆公《まつだいらいずのきみ》（正しくは、伊賀公。信州上田藩藩主忠固《ただかた》カ）の家臣常川才八郎《つねかわさいはちろう》（正しくは、恒川《つねかわ》）は善良な君子であり、意を時事に留めております。共に時事を論ずべき武士であります。（中略）

私が最も願っておりますのは、長原、松田の二人と十分懇意にしていただきたい、ということであります。また、長原の友人で、大垣《おおがき》の書生山本某（山本多右衛門《たえもん》カ）は、また、山鹿流の学問を修めておる者で、将に志士であります。〈鳥山にお尋ねください〉。京師人《けいしびと》（帝都《ていと》、京都の人のこと）である梅田源二郎《うめだげんじろう》（正しくは、源次郎。雲浜《うんぴん》のこと）は帰京したのでしょうか。これは『靖献遺言《せいけんいげん》』で志を固めた男です。人物鑑定を好み、悪しきを正す言葉を好みます。また、色々な事情に通じたところがあります。ただし、酒好きです。もしも、江戸に留まっているようなら、訪問されるべき人物であります。

ここで、松陰が久保に紹介した人物の内、松田、轟木、鳥山、北山、梅田の五名は下田事件の真相を知る同志である。また、長原もその可能性が極めて高い人物である。ここでは松陰が久保に下田事件の同志「長原・松田」と「十分懇意にしていただきたい」と、とりわけ強調していることに注目したい。後、安政四年九月、松陰は門人吉田栄太郎にも紹介状を持たせ、その長原を訪ねさせている。

また、安政四年十一月十三日、松陰は「蘭夷密報《らんいみっぽう》を読む」として、「元々、『蘭夷密報』は無逸《むいつ》（吉田栄太郎）が筆写して、江戸から贈ってきたものである。この十三日の夜、富《とみ》永有隣《ながゆうりん》・中谷正亮《なかたにしょうすけ》・佐世《させ》八十郎と村塾で向かい合って読んだ。その時、塾生らは立ち去り、ロウソクの灯りが細々と燃え残っていた。寒風は戸を打ち鳴らしていた。我々はこの書を読み、股《もも》を叩いて喜び勇んだ。そして、また、功名を立てんとの思いにさせられた」と記し、翌五年二月十五日には、高杉晋作へあて、「私が足下《そっか》（同等の相手を敬っていう称。貴殿）と交わっているのは、単に読書稽古のためだけではありません。いうまでもなく、国家に報いるための大きなはかりごとを立てたいと思っているからです」と述べている。また、同月には、久坂玄瑞を、かつて、松陰が直接「墨夷膺懲《ぼくいようちょう》」策を披瀝《ひれき》した森田節斎に引き合わせ、更に、下田事件の真相を知った際、松陰を「刺客《しかく》」と評した月性の講義に、「松下村塾の童子ら二、三十名を拝聴」させている。

また、安政五年三月下旬頃、須佐《すさ》（現萩市須佐町）の荻野時行《おぎのときゆき》が来塾した。これは、当時、すでに開始されていた村塾と須佐育英館《いくえいかん》（享保二十年、西暦一七三五年頃、創設された郷校）との交流の一環かと思われる。育英館の学頭《がくとう》小国剛蔵《おくにごうぞう》（融蔵《ゆうぞう》のこと）は、月性、土屋蕭海《つちやしょうかい》と親しく、また、松陰とも度々書簡のやり取りをする同志であった。

松陰はこの間の事情を、同三月下旬、「たまたま、須佐の荻野時行が、その村の意気が上がらないことを嘆き、この三月、意を決して来塾した。そして、久保清太郎・富永有隣らと交流し、益々その意見が一致していることを喜んだ。帰る際には、久保・富永や塾生十数名を誘って、須佐へ連れ帰った。まさしく、その村の意気を奮い立たせたい、と望むからである。私は幽囚中とはいえ、いうまでもなく、志は久保・富永と同じである。どうか荻野らに助力して、その希望を実現させてやりたい」と記し、また、四月初めには、須佐の小国にあて、「私が期待しているのは、松下村塾から前のように何名かの塾生が行けば、多くの人々の中には、一人か二人位は、荻野のように志を奮い立たせ、萩へ出てきてくれる人があるのではないかということです。このような人が五人になり、また、八人になれば、呉子がいったように、ある人が軍事学を学んで、それを十人に教え、十人が百人を教え、千、万人、三軍《さんぐん》（古代中国周王朝の制度で、一軍は一万二千五百人の軍勢を指す）と数が増すのは、自然の勢いというものであります。これは本当に途絶えることはないのです。しかし、逆に急がせたいと思って、急がせられるものではありません。春一人、夏一人、秋冬にそれぞれ一人づつという調子で、一年に四人づつ同志ができるのであれば、二、三年後には大分おもしろくなるでしょう」と送っている。

また、同年五月、中谷正亮《なかたにしょうすけ》へあて、「あと四年お待ちください。辛酉《しんゆう》の年（古代中国の予言説で、辛酉《かのととり》の年には天命が改まるとする年）が来ます。これは、神武《じんむ》天皇が我が国を創業された年です。このことは私が幽囚中に感じて、会得したことでして、簡単には同志の仲間内へも話していないことであります。（中略）ご覧になったら、ご焼却ください」と送り、同年六月には、中谷正亮を梁川星巌に引き合わせ、更に、在江戸の久坂玄瑞へあて、「村の子供達を集め、わずかな塾の畑ができました。その上、畑を耕したり、子供達と書を読む位であれば、役人達も余り怪しみませんと、ご伝言ください」と、かつての下田事件の同志桜任蔵《さくらじんぞう》（水戸藩士）への伝言を依頼している。

更に、同年八月には、戸田《へた》（現山口県周南市《しゅうなんし》）の堅田家《かただけ》（長州藩の重臣）から、二十六名の青年が村塾へ派遣され、十数日間、「銃陣」の演習を学んでいる。松陰は、「このことは、随分と萩城下で噂になった」と述べ、「また、すばらしい行事である」と記している。

そして、安政五年九月九日、松陰は門人松浦松洞へ、水野忠央《みずのただなか》暗殺という直接行動を教唆する。また、安政五年九月頃から翌六年正月にかけて、大原策《おおはらさく》・清末策《きよすえさく》・伏見策《ふしみさく》などを立案していた。

更に、この間の安政五年十月にも、松陰は来島又兵衛《きじままたべえ》（長州藩士。元治《げんじ》元年、一八六四年の蛤御門《はまぐりごもん》の変で戦死。松陰より十四歳年長だが、お互いに尊敬しあっていたといわれる）にあて、「この二十三日は、明倫館の小学生の読書試験とのことで、近頃は村の子供達が蠅《はえ》のように群がり集まって来ます。それで、あらゆることを廃止しております。諸友へは別に手紙もお送り致しません。いずれ、有志の人々は御小屋（村塾のことカ）までお出でいただくので、申しにくいことではありますが、この手紙でもお見せいただくようお頼み申し上げます」と送っていた。

政治集団としての村塾

では、これらの事実は、どう理解すればいいのであろうか。ここで、教育志向時の松陰の教育目的を再確認しておきたい。

それは、安政元年の下田事件後の五月二十一日、肥後へ帰る宮部へあてた、「とくかへり《(え)》たけき教《おしえ》を弘《ひろ》めて給《たま(え)》へ広《ひろ》き大和《やまと》に誰《た》れかあるらん」であり、また、自身が萩へ護送される際に詠った「五十七短古」中の、「大樹将《たいじゅまさ》に顚仆《てんぷ》せんとす、一縄《いちじょう》の維《つな》ぐべきに非《あら》ず。且《しばら》く北《ほく》園《えん》の棘《いばら》を除《のぞ》き、盛《さか》んに桃李《とうり》の枝《えだ》を植《う》ゑ（え）ん」との思いであった。また、安政二年六月十三日、野山獄中での『孟子』講義の初日には、「聞くところによれば、近頃、海外の諸外国は、それぞれ賢人や智恵のすぐれた人を推薦して政治を改革し、その勢いに乗じて、急激に先進国をしのぎ、軽蔑《けいべつ》しようとする状況であるという。（中略）我が国の国体が外国のそれと異なる根本の道理を明らかにし、我が国の人は、国家をあげて我が国のために死ぬ。全藩士は藩をあげて自藩のために死ぬ。家臣は主君のために死ぬ。子は父のために死ぬ、という意志がしっかりと定まるなら、どうして諸外国を恐れることがあろうか。ありはしない。なんとかして、諸君と共に、この大義の究明、会得のために奮起したい」と述べていた。これより、松陰は「我が国の国体」の「根本の道理を明らかにし」、「我が国のため」に「死ぬ、という意志がしっかり定まる」人間、同志の育成をめざしていたと見ることができる。

それどころか、安政五年正月の時点でさえ、松陰は「龍は時を得れば伸び上がって、天にまで駆け上る。そうでない時には、蛇となって地に伏し屈するものである。私は龍となり、天に駆け上ることを忘れたことはない」と詠っていた。これより、松陰の願いは、あくまでも再起を期すことにあったことが分かる。とすれば、答えは自ずから分かる。つまり、松陰の頭の中に、政治集団と「家塾《かじゅく》」という二つの村塾が存在していたのである。いうまでもなく、松陰が終始めざしたのは、あくまでも前者の政治集団であろう。あるいは、嘉永六年に「墨夷膺懲」を合議した、林櫻園《はやしおうえん》の率いる肥後勤王党などがモデルとして頭の中にずっとあったのかもしれない。

一方、近隣の子弟にとっては、玉木文之進が創設した「松下村塾」は、天保十三年（一八四二）より存在し、松陰はその三代目の、「米国密航」に失敗した「先生」だったのであろう。彼らが松下村塾を「寺子屋」あるいは「家塾」と認識して、入門したであろうことはまちがいない。また、下田事件の真相秘匿に努めていた松陰が、彼らに真意を漏らすはずなどないことはいうまでもない。

とすれば、松陰の家塾的言動が理解できる。つまり、それは組織強化のための理論武装の一環だったのであり、また、少年層を対象とした、次世代育成の一環だったのであろう。事実、彼は安政六年正月、「人間は父母の生死、妻子の有無などによってその時々変わるものである。だからこそ、志を確実なものとする修行を怠ってはならない。もしも同志の中で志を変えるような人物があれば、同志一同の大恥である」と述べている。これは現在においても、多くの組織において見られるところであろう。ただ、松下村塾が違ったのは、後、その塾生達が「明治日本」創造の主要勢力の一つとなり、体制の中心の一角を占めたことである。しかし、松陰が最も期待したのは高杉晋作・久坂玄瑞らであり、明治の顕官伊藤博文・山縣有朋などではなかったという事実は看過すべきではない。それはあくまでも結果でしかない。しかし、それも一つの主因となり、これまで松下村塾＝家塾という前提での論考が繰り返されてきたのである。

ただ、松陰が門人に遊学を奨励し、その際、必ずかつての仲間あるいは同志を訪ねさせ、ある意味で、その教育を任せていることは感嘆の他ない。自分の行為をも含め、己が語りにくいことを、仲間に任せることの教育的効果の絶大であることは、多くの事例が示すとおりである。

以上述べたように、松陰の目を教育に向けさせたものは、実に、下田事件であった。つまり、当初から、彼には同志育成という明確な動機があったのである。そして、その野山獄に始まる教育が松下村塾まで継続・発展したと見るのであれば、村塾もまた、一般的な意味での家塾と見ることは不可能となる。私はこれまでの最大の誤りは、松下村塾＝家塾という、松陰も活用した「建前」を、後の研究者らが何の疑いもせず、そのまま鵜呑みにしたことにあると考える。山県・伊藤ら明治の顕官の存在もそれを助長した一因であろう。また、「松陰門下生中最後の生存者」とされた渡辺蒿蔵の回顧をもって、松下村塾の全体像と見たことも主因の一つであろう。しかし、彼は「寺子屋」あるいは「家塾」としての門人でしかない。残された史料中に散在する、松陰の教育活動開始の動機にこそ目を向けるべきだったのである。

現に、安政六年九月十一日、松陰は江戸伝馬町獄の同囚堀江克之助《ほりえかつのすけ》にあて、「私の住まいは、萩の東隅である松本というところです。その同志の集合場所を松下村塾と申します」と述べていた。

第十章

草莽崛起《そうもうくっき》

左より高杉・松陰・久坂像（萩）

時務論

安政五年九月九日、門人松浦松洞への、水野忠央《みずのただなか》暗殺教唆《きょうさ》以降、松陰の政治活動は本格化していく。

そもそも、このような松陰の動きの発端は、安政五年三月二十日、朝廷が堀田正睦《ほったまさよし》に対し、「(日米修好通商)条約交渉は国威を失わないよう、諸大名と協議して決定せよ」という沙汰書をくだされたことにある。松陰はそれを伝聞し、「我が国の中興はこの時である」と驚喜して、なにがなんでも「勅諚《ちょくじょう》」を守らねばならないと感じたという。また、この背景に、「米国との修好通商条約締結は、我が国にとっては、憂いごととなるのではないか」という天皇の憂慮があったことまで、知っていた。しかし、幕府はそのような天皇の気持ちにもかかわらず、独断で米国と条約を締結し、また、ほとんどの諸侯はその動きを傍観するのみであった。ただ、長州藩主毛利敬親は、「勤王攘夷を以て自分の任とする」という書き付けを藩内へ下している。

さて、松陰がこの違勅条約の締結を知ったのは、安政五年七月十二日頃である。

松陰はすぐに藩政府へ対し、いくつかの上書を行った。それは、あくまでも天皇の意志の尊重を説き、また、幕府の対米交渉のあり方や鎖国の否定、我が国の主体的な開国などを説いたものであった。しかし、藩政府が具体的な動きを見せることはなかった。

ところが、この頃、中谷正亮《なかたにしょうすけ》と久坂玄瑞《くさかげんずい》が、京都で三位《さんみ》大原重徳《おおはらしげとみ》と会談していた。その際、大原は、「今日、朝廷では諸侯の赤心《せきしん》（いつわりのない心、気持ちのこと）を聞きたいと思っている。しかし、諸侯は一向に赤心を上申してくれない。諸藩の大臣の内、敢えて私に面会をしてくるものがあれば、私はすぐに方策を決めて、その藩へ赴《おもむ》くのだが。お前達の藩の大臣らはどうであるか」と聞いたという。それは、すぐに中谷より松陰へ伝えられた。それを聞いた松陰は、すぐに、「時務論《じむろん》」という意見書をまとめた。そして、手紙を添え、藩命により、塾生伊藤利助《いとうりすけ》（後の伊藤博文《ひろぶみ》）らと共に、「京都の状況偵察のため」上京する伊藤伝之助《いとうでんのすけ》に託して、大原へ送った。「時務論」の大意は、「現在、幕府は勝手気ままに振る舞い、諸侯はそれを傍観《ぼうかん》している。皆、あてにするべきではない。あてにするべきは草莽《そうもう》の英雄のみである。しかしながら、三位《さんみ》が自ら下向して、諸藩をお説きになるのであれば、あるいは、四、五藩位は応じるところもあるであろう。ただ、できることなら、朝廷が承久《じょうきゅう》の変《へん》を戒めとされないのであれば、必ず建武の中興を目標とされるべきであります」というものであった。また、同時に、書簡は大原三位の長州への下向を促していた。三位の子息大原重実《しげみ》は、「時務論」を読み、「然《しか》り（全く、その通りである）」と賛意を示したという。しかし、それがすぐに具体化することはなかった。

松陰も、これだけでは不安だったのであろう。後、安政五年九月二十七日には、門人野村和作へ、「万事、よく考えてのち、実行するべきです。また、目上の人をあなどり、無視して、人から嫌われるようなことをしてはいけません。お前に才気《さいき》（才知のすぐれたはたらきのこと）がないことなど心配してはおりません。この二点のみ、心配しております。

この度の上京は喜ぶべきことではありません。しかし、このような状況となってしまいました。疑い迷ってはいけませんぞ。もしも、不安であれば、（仲間《ちゅうげん》として京都にいる）伊藤伝之助を謀主《ぼうしゅ》（主となって、謀《はかりごと》をめぐらす人のこと）としてもいいのですから」と送り、「大原西下策」、大原重徳長州招聘のための、上京を命じている。なお、松陰は、藩の軽卒《けいそつ》（足軽のこと）田原荘四郎にも同行を命じた。

上京した二人は伊藤伝之助と合流し、大原三位と面会することに成功した。そして、ついに、この年の十二月十六日をもって京都出発、長州下向と決まったようである。しかし、田原が急に怖じ気づき、長州藩大坂藩邸へこの件を密告した。そして、この計画は水泡に帰した。この結果、伊藤伝之助・野村は長州への帰国を命ぜられた。そして、帰藩後、伊藤伝之助は入牢、野村は自宅「厳囚《げんしゅう》」を命じられた。

蹶起《けっき》計画

安政五年十二月二十九日、野村の兄入江九一（杉蔵のこと）から、これらの顚末《てんまつ》を告げる手紙が届いた。状況を理解した松陰は、同日、入江杉蔵・小田村伊之助にあて、次のように送っている。

大原策は（長州藩主毛利敬親の）参勤交代を京都で止め、勤王の実行、幕府の失政を正すことが一番のねらいである。この遠大な策略が成功するまでは、爪を隠し（自

分の思いや才能などを表に表さないこと）、どんな恥でも我慢する積もりである。大原西下策の失敗は、大変悲観的なことではある。しかし、策略が成功するまでには、このような失敗は何度もあるであろう。何も心配することはない。伊藤伝之助や野村和作らの働きぶりはどれも感心なことであった。田原荘四郎のことは笑うべきであり、取り上げる程のことでもない。いずれ、血祭りにするべきである。

（来年三月の）参勤交代までは、まだ日数もあるので、ゆっくり策略を練り直すべきである。といっても、藩政府はあわてて、早めに参勤交代を実施するかもしれない。もしも、そのようなことになれば、志士の亡命すべき時が来る、ということである。よくよくお考えになることが大切かと思います。

これより、松陰は本気だったことが分かる。

さて、悶々《もんもん》とする松陰に、安政五年十月終わり頃、赤川淡水《あかがわおうみ》より、尾張、水戸、越前《えちぜん》、薩摩藩が連合し、大老井伊直弼《いいなおすけ》を暗殺する。ついては長州藩にも応援を頼む、という噂が伝えられた。

これを耳にした松陰の反応はすばやい。彼にとっては、将に渡りに船だったのであろう。松陰自身が残した史料より、勤王の名門と自負する長州藩がこれらの他藩に遅れを取ることは、耐えられない、という気持ちをもっていたことが分かる。

そこで、このままでは、「いながらにして、我が国は滅亡する」と考えていた松陰は、単独で行動することを決意する。

十月末、松陰は須佐の小国剛蔵へあて、「我が国の状況は大変切迫したものとなりました。（中略）まだ確実なものではありませんが、尾張・水戸・越前・薩摩藩が連合し、大老井伊直弼を襲撃するという話が伝わって参りました。（中略）もしも噂通りであれば、天下がまっ二つに割れることは今日のことであり、私共がためらっている場合ではありません。京都では、間部詮勝《まなべあきかつ》が特によこしまな意見を述べているようです。また、違勅条約を締結したのは水戸《みと》（これは松陰の誤記。正しくは彦根。井伊直弼のこと）・堀田正睦《ほったまさよし》、この二人の独断のようです。伏見奉行である内藤正縄《ないとうまさつな》はしきりによこしまな勢力を振るい、正義を唱える有志の士を捕らえているとのこと。誠に憎むべきことであります。（中略）このような状況であれば、私にも考えがあります。（中略）つきましては、いずれにしましても、死ぬことを恐れない少年を三、四名、私の塾まですみやかに派遣ください」と書き送っている。

後、安政六年六、七月頃の松陰の回顧によれば、この「考え」とは、違勅条約を結んだ老中「間部詮勝《まなべあきかつ》を討ち果たすか、または、路上で待ち受けて意見具申を行う。いずれ、これらの重要な行動を起こし、その後で、天皇のお考えをうかがい、我が国の大義《たいぎ》、取るべき道を決めるしか方法はない」というものであった。

そして、十一月三日、松陰は佐世《させ》八十郎に対し、小銃弾の用意を命じる。また、十一月六日には、周布政之助《すふまさのすけ》にあて、「薩摩藩の発案で、越前藩らと申し合わせ、大老井伊直弼を討ち果たす」という伝聞を聞きました。ついては、「私共も現在の状況を黙って捨て置くことはできません。それで、連名した十七名で上京し、間部詮勝《まなべあきかつ》・内藤正縄《ないとうまさつな》を討ち果たし、我が毛利家勤王の魁《さきがけ》となりたいと思います。そして、天下の諸藩に後れることなく、毛利家の正義を末代まで輝かせたい、と考えております。このことを、どうかお許しをくださいますよう、お願い申し上げます」と送っている。また同日、前田孫右衛門に対しては、「クーボール（速射砲の一種）三門」などや弾丸の貸し下げなどを願い、更に、翌七日には、土屋蕭海に、「金百金《きん》（両のこと）」の調達を依頼している。

永訣書

そして、この十一月六日、松陰は、父百合之助、叔父玉木文之進、兄梅太郎へあて、次のような永訣書《えいけつしょ》を送るのである。

愚息矩方《ぐそくのりかた》（松陰の本名）が甚だ涙を流しつつ、父上、叔父上、兄上様へ申し上げます。私は生まれつき虚弱であり、赤ん坊の頃から何度も大病を患《わずら》って参りました。しかし、幸いなことに、病気で死ぬことはありませんでした。また、日頃から性格や行動は狂暴であり、二十歳の頃以来、度々法律を犯して参りました。しかし、これまで法の裁きで、死ぬこともありませんでした。今に至るもまだ死んではおりませんが、父上や兄上様には今日のような煩《わずら》いをお掛けしております。この上、どのような不孝の罪をお掛けするのでしょうか。今日の状況は、皇室の存亡に関わり、我が毛利公の栄辱《えいじょく》（誉《ほま》れと辱《はずかし》め）に関係することであります。決して、止《や》めるべきことではありません。古人のいう、「忠孝両全《ちゅうこうりょうぜん》ならず（忠と孝、両方を、共に完全に行うことはできない）」とは、このようなことであります。（中略）

　米国使節ハリスは幕府へ入り込み、仮条約を提出いたしました。天皇はこれをお聞きになり、勅《みことのり》を下して、締結の動きを中断させられました。しかし、幕府は従わず、仮条約であるのに、正式のものとしました。（中略）天皇は勅を下され、御三家・大老をお呼びになりました。大老は上京せず、御三家は幕府からの罪を蒙《こうむ》っております。幕府は反対に老中間部《まなべ》侯を上京させました。侯はすでに上京しておりますが、病気と称して、御所へもうかがわず、虚言ばかりをくり返しております。思うに、水戸《（ママ）》（正しくは彦根。井伊直弼のこと）と堀田、将軍の意見が一致し、それ故、それぞれが阿《おもね》り合って仲間となり、ついには違勅の暴挙を行ったのでありましょう。水戸《（ママ）》（正しくは彦根。井伊直弼のこと）・堀田を斬らなければ米国との条約の件は、収まるものではありません。（中略）

　最近、にわかに江戸の情報を手にしました。尾張・水戸・越前・薩摩藩が、将に大老井伊直弼を襲撃し、成敗しようというものです。私はこれを聞き、躍り上がって喜び、「神州の正気《せいき》（天地間にみなぎっていると考えられた、至公《しこう》・至大《しだい》・至正《しせい》の気）はまだ消え去ってはいなかった。藩政府は、いうまでもなく、これら四家と連合して、幕府の悪い政治を鎮圧するべきである」と思いました。しかしながら、私は残念であります。この計画は他の四家から起こったものだからです。他家からの立案により、国家へ忠義を尽くすのであれば、私共長州人は平凡で役に立たない家以外の何ものでもありません。そこで、私は自分のことはさておき、まずは同志を寄せ集め、すみやかに上京し、間部《まなべ》の首をとって、これを槍先に刺し貫き、上は我が毛利公の勤王の思いを表明し、また、毛利家の威名《いめい》を天下に知らしめたい。また、下は天下の武士や庶民の公憤《こうふん》（正義感に発する、公のことに関する憤り）を解き放ち、正義の旗を掲げて、宮城《きゅうじょう》（御所のこと）の御門へおもむく、先駆けとなりたいと思います。このようにして死ぬるのであれば、死んだとしても、引き続き生きているというものでありましょう。しかしながら、これは私《わたくし》（公《おおやけ》に対し、自分一身だけに関する事柄、思い）の心で行うべきことではありません。また、敢えて、公《おおやけ》に頼み、何かを求めは致しません。趙《ちょう》の貫高《かんこう》がいったという、「物事がうまく行けば、全て王の手柄とする。失敗したならば、我が身一身で責任を取る」ということ、これが私の志であります。（中略）

　私がここで死ぬことはどうして遅いでしょうか。そうではありません。つい先日、大原重徳《おおはらしげとみ》正三位《しょうさんみ》公は、「七生滅賊《しちしょうめつぞく》（七たび生まれかわっても、我が国に仇《あだ》をなす賊を滅ぼす）」という四文字をくださいました。また、その世継ぎである大原重実《しげみ》公の漢詩などをご伝示《でんじ》くださいました。それには、「英雄たる者、（後醍醐天皇《ごだいごてんのう》に対して忠勤を励み、生涯、一貫して南朝《なんちょう》に仕えた）児島高徳《こじまたかのり》のようにならないのであれば、誰と共に勤王の戦《いくさ》を起こせばいいのであろうか」とありました。また、「博浪《はくろう》の鉄椎《てっつい》（古代中国、秦《しん》の時代、張良《ちょうりょう》が始皇帝《しこうてい》を博浪という町で、力士に命じて、鉄椎、鉄の槌《つち》を投げつけて殺そうとした故事《こじ》）を望む」ともあり、そのお気持ちは大変切実なものでございました。私がどうして死ぬべきでないでしょうか。いえ、ここで死ぬべきであります。

親不孝を重ねてきた私をひたすら父上は憐れんでくださいました。年長者に従順でなかった私をもっぱら友や兄上様は許してくださいました。親孝行などの喜びや楽しさ、再びお膝元にいて、この上ない喜びを感じることは不可能となりました。できることなら、（私への）思いを切りすて、友らの気持ちを静め、私が死んだのは遠い昔のこととお思いくださいませ。ご両親様からいただいたこの健康な身体、髪膚も全て私にくださいませ。私の願いにこれ以上の何を加えることがありましょうか。ありはしません。泣血《きゅうけつ》（血の涙のこと）がこぼれ落ち、思いを尽くすことができません。愚かな息子矩方　泣血《きゅうけつ》再拝

これより、松陰は本気だったことが分かる。十一月十五日、彼はこの年の「十二月十五日を蹶起《けっき》の日と定め、上京を決定致しました」と、同志生田良佐《いくたりょうすけ》へ書き送っている。実際、この蹶起計画に対し、藩の大砲・弾丸などの貸与を依頼された前田孫右衛門《まえだまごえもん》は賛意を表明したという。

周布政之助の反対

しかし、周布政之助《すふまさのすけ》は驚愕《きょうがく》し、「勤王のことはすでに藩政府として決めた政策がある。殿のご出馬を待ち、それから藩としての政策を決めることが大切である。書生が妄動《もうどう》（理非の分別もなく行動すること）するべきことではない。妄動を止めないのであれば、投獄するのみである」として、松陰を制止しようとした。これに対し、松陰は、「京都の状況は極めて難しい状態であり、殿自らのご出馬は危険であります。私がまず上京して色々と試してみます。うまく行くようであれば、殿のご出馬をお待ちして、これを継続していただき、そうでなければ、私が斬り殺されるだけのことであります。いうまでもなく、長州には何の損もありません。これが私の志であります。しかしながら、あなたが私のことを忌み嫌い、妨げようとされるのであれば、どうぞ野山獄へ投獄してください。そうなれば、私は（この度の策略の）首領《しゅりょう》ということとなり、虚名《きょめい》（実際の価値以上の評判のこと）をこの人生において得ることとなるのですから。何を、これ以上の恩恵として加えていただくことがありましょうか。ありはしません」と返していた。このようなやり取りの間、小田村伊之助らの同志や門人らは、二人の意見の一致を画策して、松陰と周布の間を何度か往復し、調整しようとしたようである。しかし、最終的に、二人が和解することはなかった。この背景には、松陰の周布に対する不信感があったといわれる。実際、これ以前にも、松陰は他のことで、何度か周布の「欺《あざむ》」きを、経験していたからであろう。

安政五年十一月二十九日、松陰を止められないと見た周布は、藩主毛利敬親の力を借りることとした。野山獄への再収監《さいしゅうかん》である。藩主へ提出する草稿に、周布は、「寅二《とらじ》（松陰のこと）は学問が純粋でなく、（そのため）人々の心は動揺している。そういう訳で、松陰を野山獄へ下獄させる」と記した。ところが、この草案のことを先に知った郡奉行《こおりぶぎょう》の井上《いのうえ》與四郎《よしろう》は、これを旧知の仲であった松陰の叔父玉木文之進《たまきぶんのしん》に示し、「このような事態となれば、寅二が誠に不憫《ふびん》である。あなたに何かできることはありませんか。どうかお考えいただきたい」と告げた。そこで、当時、厚狭郡吉田《あさぐんよしだ》（現下関市吉田）の代官であった玉木は、「職を辞して、寅二と同居し、共に学問に専念します。もし、寅二の学問に純粋でないところがあれば、まちがいなくこれを修正致します。また、ご採用いただける内容があれば、お上《かみ》に申し上げさせたいと思います。私も寅二の言動を見るに、その乱暴さは、度を超えております。しかしながら、心には国家や皇室を思うまごころがあるのみでございます」と返答し、実際、すぐに病気を理由とした退職願を提出した。

驚いたのは井上である。そこで、井上は、松陰の兄梅太郎を呼び、「藩政府はけっして寅二を憎んでいる訳ではない。また、まったく寅二のことを玉木に丸投げしようとしているのでもない。ただ、寅二のいっていることは過激過ぎており、ひょっとすると、それがわざわいや失敗を招くのではないかと恐れているのである。また、彼の意見が、俗論派といわれる人々の唱えている、朝廷の条約拒絶派と幕府の条約締結派とを折り合わせ、公武合《こうぶがっ》体《たい》で内外の状況を打開しようという意見に抵触《ていしょく》（さしさわること）し、更に世間の人々の論議をひきおこすのではないかということを恐れているのである。そのようなことを考え、現在、このように苦心している。藩政府の意図は、少し寅二に議論の矛《ほこ》を収めさせ、どうか平穏裡《へいおんり》に物事がうまく行くようにしてやりたいと願っているだけである」と弁解している。そして、藩政府は、当時、名代官といわれていた玉木の辞職願いを却下した。その間の事情を、松陰は、「(叔父玉木文之進は)名代官という評判が当面広まっていたので、藩政府はその辞職を許さなかった。それで、(玉木には)病気療養につとめさせ、同時に(私のことを)監視させることとした。この結果、(十一月二十八日夜)叔父玉木先生は私のところへやって来られ、私を箝黙《かんもく》(口を閉じて、しゃべらさないこと)厳囚《げんしゅう》(厳しく閉じ込めること)させられた」と記している。安政五年十一月二十九日のことであった。

諸友に示す

この十一月二十九日、松陰は「諸友に示す」との一文を草している。

我が国の衰頽はわずかの間のことが原因ではない。最近、諸外国の勢いは盛んであり、天皇の御稜威《みいつ》(天皇などの威光、威勢)さえも押さえつける程である。それなのに、征夷大将軍や諸大名はこれを抑制することさえできないでいる。それで、私は憤って、「攘夷に関する責任は私にある」と考えるようになった。すでに、天皇から、修好通商条約締結を不可とする勅旨が発令され、また、征夷大将軍や諸大名へは攘夷

の実行もうながされた。しかし、いずれも実行することさえできないでいる。ただ、我が藩主毛利敬親公だけは、奮然として役人を鼓舞され、勅をうけたまわれた。しかし、役人達はある場合には従い、また、ある場合には逆らうという状態で、いまだに腹を据えることができない。

私は藩の役人達のことを危ぶみ、「役人達が藩公のお考えに従い、天皇の勅をうけたまわるのであれば、誠にめでたいことである。もし、それができないのであれば、勅をうけたまわるという責任は実に私にあるのである。しかしながら、我が公はとてもダメだと見限って善政をすすめない者を本当の賊《ぞく》という。また、困難な、難しい政策を主君に責め望む者を、誠の恭《きょう》（うやうやしいこと）という。私共は毛利家から、百年の間、養育のご恩をいただき、また、我が敬親公の二十年にわたる徳政の一端を（家来として）支えてきた。しかし、事態はすでにこのような状況となってしまった。だから、私は恭臣《きょうしん》となるとしても、決して賊臣《ぞくしん》にはならないぞ」と、決意している。そして、このような考えより、はなはだ難しい政策を実行するよう、敬親公と役人達を責めている。また、もしも、藩主と役人が予想している通り（攘夷の実行が）できないのであれば、たとえ賊といわれようと、天皇の勅をうけたまわらない訳にはいかない、と思っている。私の気持ちはこれだけであり、他に何かを考えているのではない。

昨夜、玉木叔父（玉木文之進のこと）が来て、次のようにいわれた。「藩政府はとっくにお前のまごころを理解している。ただ、心配しているのは、議論が先行し、つまらない連中達が藩政府へ出入りして、（結果的に）長州藩の国体をそこなうなど、藩に害をなすのではないか、ということだけである。また、藩政府が本当にきちんと正しい政策を実行するのであれば、どうしてお前の進言など待つ必要があろうか。ありはしない。また、予想通り、藩政府に実行する能力がないのであれば、お前の進言は藩政府への強制ということになる。強制すべきでないのに強制するのは、相手を知らないということである。進言すべきでないのに、進言するのは、進言というものを知らないということである。私の見るところはこんな感じである。

昔の言葉に、『家には父兄がいる。父兄に相談しないで行うと、却って義をそこなってしまう。どうして（人から善いことを聞いて）すぐにこれを行ってよかろうか。行うべきではない』とある。また、『子供が親にお仕えする際には、三度諫めても聞いてもらえない場合には、号泣《ごうきゅう》しながらも、親の意見に従うものである』ともいう。たとえ、私の言葉が当たっていなくても、将にこの義というものを考えるべきである」と。

ああ、私は決して普通の人間より低俗な生き方をしてきた者ではないと思っている。常に、同志と力や心を合わせ、正義を村塾に唱え、そして、国家の命脈を養い育て、天下・国家を維持したいと考えてきた。それなのに、意外にも、私が忠と思うものは忠ではなく、義と思うものは義ではない。それらはただ、国家をふさぎ、妨げるものであるとされるとは。国家をふさぎ、妨げることは、私の望むことではない。以後は、戸を閉じて世の中から隠れ退き、厳重に諸君との交際を絶とうと思う。諸君はそれぞれやろうと思うことをしなさい。私は心静かに、ものをいわず、ただ、それがどのようなものであるか見せていただくのみである。

この一文を読み、久保清太郎《くぼせいたろう》・佐世八十郎《させ》・岡部富太郎《おかべとみたろう》・福原又四郎《ふくばらまたしろう》・有吉熊次郎《ありよしくまじろう》・作間忠三郎《さくまちゅうざぶろう》・入江杉蔵《いりえすぎぞう》・時山直八《ときやまなおはち》・吉田栄太郎《よしだえいたろう》・品川彌二郎《しながわやじろう》の十名が急ぎ集合した。松陰が「諸君はそれぞれやろうと思うことをしなさい」と記していること、これこそ、それまでの教育に対する自信だったのであろうか。

再入獄を命じられる

松陰のこの様子に安心したのであろう。十二月二日、叔父玉木文之進は、代官としての任地吉田へ旅立った。ところが、十二月五日の夜、その玉木の留守を見計らったかのように、藩政府より、当時、重い病の床にあった父百合之助へ、松陰の「再入獄内命書《さいにゅうごくないめいしょ》」が届いた。それには、聞き込み捜査の結果、有罪と認められたので、「借牢」願いを提出せよ、とあった。父は松陰を枕元へ呼び、その旨を告げた。そこで、松陰はすぐにこれを村塾の当直であった作間忠三郎《さくまちゅうざぶろう》と吉田栄太郎《よしだえいたろう》へ告げた。驚愕《きょうがく》した二人はすぐに同志、門人らに連絡するため、飛び出していった。その間、急ぎ駆けつけた富永有隣《とみながゆうりん》と兄梅太郎との間で、松陰を病気ということとし、実家療養を願い出るという案も考えられたようである。そうこうしている内、入江杉蔵《いりえすぎぞう》が駆けつけてきた。また、作間《さくま》らに連れられ、佐世《させ》八十郎・岡部《おかべ》富太郎《とみたろう》・福原又四郎《ふくばらまたしろう》・有吉熊次郎《ありよしくまじろう》・品川彌二郎《しながわやじろう》が集まってきた。その後、松島瑞益《まつしまずいえき》・小田村伊之助《おだむらいのすけ》も駆けつけた。松陰はその夜のことを、「夜は寒く、月は没していた」と記している。

早速、酒が運ばれてきた。松陰は、「私が獄に収監されることは、今日命を奪われることもなく、名声を天下に留めることとなるので、これ以上の幸せはない。また、投獄されることなど、何の悲しむべきことでもない。悲しむべきことは、敬親《たかちか》公が攘夷勤王の実行を幕府へ建白し、また、家中にお示しになって、その意志は広く（藩内に）知られている。それなのに、よこしまな心をもった役人が一旦権力を手にするや、私を野山獄に収監しようとしている。私が収監されてしまえば、我が国を狙っている諸外国を打ち払うことはできない。藩政府がその国事（国家に関する事柄のこと）を進めることができなければ、天下の人々に、長門には、一人吉田松陰だけがいるだけである、といわせるようになってしまう。国事をどうすればいいのであろうか」と語った。一同、しばらくは声もなかったという。

やがて、佐世八十郎と入江杉蔵が松陰の言葉に呼応するかのように、「急ぎ、藩政府へ行き、先生の罪名を聞かせてもらおう。聞いたところによれば、藩政府は先に、先生の学問は純粋ではない、といったという。もし、先生が学問のことで罪を蒙られるのであれば、我々、先生の教えを受けてきた者も、皆、罪を逃れることはできないではないか」と声をあげた。一同は、「そうだそうだ」といいながら、勢いよく立ち上がった。そして、それぞれが盃を飲み干し、藩政府めざし、闇夜へ駆けだしたのである。

しかし、彼らは藩政府の役人の相手にさえしてもらえなかった。それどころか、逆に、十二月六日、作間《さくま》、吉田《よしだ》ら八名の門人は、城下を騒がしたという罪名で自宅謹慎を命じられる始末であった。

実は、この頃、松陰の父百合之助は、「度々《たびたび》嘔吐《おうと》し、食事も全く摂《と》ることができず、衰弱激しく、命さえ予測できない」という、将に、危篤《きとく》状態にあった。病気は「腸胃の熱」が原因とされ、また、「神経疫《しんけいえき》」とも診断されていた。しかし、そのような状態にありながらも、父百合之助は松陰へ、野山獄への下獄を勧めている。

「私は獄を恐れているのではない。罪名が明白であれば、むしろ喜んで入獄するものである」と述べていた松陰も、さすがに、この父の状況には気合いを削《そ》がれたようである。彼は早速、藩政府の高官であり、かつ、常に「理解と同情」を示してくれていた前田孫右衛門《まえだまごえもん》へあて、次のような書簡を送っている。

私の最初の気持ちは、私の罪名が明らかにされたなら、その後で野山獄へ入獄するというものでした。同志らも皆賛同してくれました。（中略）それなのに、藩政府は罪名さえも明らかにせず、ただ、入獄せよ、と急がせるだけでした。私はたとえ死を迎えることとなろうとも、罪名が明らかでない限り、入獄はしないと心に決めておりました。ところが、思いもかけず、父が危篤となり、命さえ危ない状態となりました。

私はどうして、これまでの些細《ささい》なことを心にかけ、こだわるでしょうか。こだわりはしません。幸いにもあなたが藩政府と話し合い、私が数日間、父を看護し、父の病気が少しでも癒えた後での入獄をご許可いただけるならば、これ以上の幸せはありません。そうしていただけるのであれば、私の罪名問題や政治活動、また、同志の怒りによる奔走などは全てとりやめさせ、再び行わせることは致しません。私はこれまでは夜叉《やしゃ》でした。しかし、今は菩薩《ぼさつ》であります。しばらくの間、同志にそむくことを大変恥ずかしく思っております。しかし、事体は父子の至情に代えられるべきものではありません。どうかお察しくださいませ。

手紙を受け取った前田は松陰の意を憐れみ、すぐに藩政府に相談した。そして、藩政府もそれを了承し、野山獄への収監延期とした。

その後、松陰はしばらく父の看護に専念することとなる。ただ、この間にも、松陰は門人らと手紙のやり取りをしたり、また、江戸から帰ってきた桂小五郎《かつらこごろう》（後の木戸孝允のこと）の来訪を受けている。

そして、父の病もようやく回復の兆しを見せてきた。そこで、十二月二十六日、父百合之助は、「入獄届書」という、借牢願いを提出した。松陰は再入獄に際し、「将《まさ》に獄《ごく》に赴《おもむ》かんとし、村塾《そんじゅく》の壁《かべ》に留題《りゅうだい》す」という漢詩を詠っている。曰く。

宝祚《ほうそ》天壌《てんじょう》と隆《さかん》に、千秋《せんしゅう》其《そ》の貫《かん》を同《おな》じうす《（じゅうす）》。何如《いかん》ぞ今《いま》の世運《せいうん》、大道《だいどう》糜爛《びらん》に属《ぞく》す。今我《いまわ》れ岸獄《がんごく》に投《とう》じ、諸友《しょゆう》半《なか》ば難《なん》に及《およ》ぶ。世事《せじ》言《い》ふ《（う）》べからず、此《こ》の挙《きょ》旋《かえ》つ《（つ）》て観《み》るべし。東林《とうりん》、

衰漢《すいかん》を持《じ》す。松下陋村《しょうかろうそん》と雖《いえど》も、誓《ちか》つて神国《しんこく》の幹《みき》とならん。

【口語訳】天皇は天地と共に栄え続けられるのであり、それは永久に終始変わるものではない。それなのに、今、国家のあるべき道は乱れ、実に、憂国の志士は悱憤《ひふん》慷慨にたえられない状況にある。今、私は再び野山獄へ収監され、諸友も半ばは連座して災難を蒙り、家居幽囚《かきょゆうしゅう》の身となっている。投獄は、全くいわれのない暴挙であり、このような無法が行われる時には、世事を論ずべきではない。

また、このような暴挙はしっかり見て、私共の心に刻んでおくべきことである。かつて、明の万暦帝《ばんれきてい》の時、顧憲成《こけんせい》らは東林書院《とうりんしょいん》に同志を集めて、大いに気節を養い、時の政府に反抗して、国家の衰運を挽回したところである。この松下村《まつもと》（＝松本村）は萩城下の東隅の一寒村とはいえ、同志が一致協力し、誓って、この尊き神国《しんこく》（＝日本のこと）の根幹となりたいものである。

松陰がいかに松下村塾での教育に自信をもち、塾生に期待していたかが分かる。

なお、この日は雪が舞い、特に寒さの厳しい一日であったという。松陰はこの日の離別の様子を、十二月三十日、次のように回顧している。

別れを告げに来た者は親戚、門人ら二十余名であった。酒宴たけなわな頃に出発した。父上にお別れを告げれば、父上は顔に喜びの色を浮かべ、「一時的にかがみ、縮こまることは、永遠に伸びるためである。どうして、悲しむことがあろうか。ありはしない」といわれた。兄梅太郎《うめたろう》・弟敏三郎《としざぶろう》・久保清太郎《くぼせいたろう》・富永有隣《とみながゆうりん》・玉木彦介《たまきひこすけ》・倉橋直

之助・馬島甫仙《まじまほせん》・国司仙吉《くにしせんきち》・妻木寿之進《つまきひさのしん》・藤野荒次郎・安田孫太郎《やすだまごたろう》・岡田耕作《おかだこうさく》・増野《ましの》徳民《とくみん》・僧侶提山《ていざん》（後の松本鼎《まつもとてい》）らは途中で別れることもできなかった。

それで、皆、私の檻輿《かんよ》について野山獄まで来た後、帰って行った。その間、提山《ていざん》は糖薑《とうきょう》（生姜糖《しょうがとう》のこと）一袋を檻輿《かんよ》へ投げ入れてくれた。途中の沿道には、吉田栄太《よしだえいた》郎《ろう》・品川彌二郎《しながわやじろう》・入江杉蔵《いりえすぎぞう》・岡部《おかべ》兄弟・佐世《させ》父子らがおり、おじぎをして去っていった。ある者に対しては、糖薑《とうきょう》一握りを与え、別れの印とした。皆、喜びの色を浮かべ、よし、といわないものはなかった。

また、他の史料より、これ以外に、音三郎《おとざぶろう》・吉田栄太郎の母・馬島甫仙の母らが松陰を見送ったことが分かる。なお、この日、大原策に失敗した伊藤伝之助と野村和作が萩に帰着している。

蹶起尚早論への怒り

安政五年（一八五八）十二月二十七日、松陰は野山獄で目覚めた。彼は早速、父百合之助へあて、「病状はいかがでございましょうか。別離の宴が余りに楽しく、心地よかったので、後でお疲れになったのではないかと心配しております」と、まずは病気うかがいをした。そして、続けて、「今朝から少しずつではありますが、学問をしようと思っております」と記している。

二十九日、松陰は入江杉蔵・小田村伊之助へあて、早速、政治的活動に関する具体的な指示を出した。前年九月から画策していた「大原西下策《おおはらさいかさく》」である。また、この日、水戸の密使関鉄之助《せきてつのすけ》（当時、三好貫之助《みよしかんのすけ》と変名）と矢野長九郎《やのちょうくろう》（当時、弓削三之允《ゆげさんのじょう》と変名）が萩に着いた。

安政六年（一八五九）正月、松陰は晴天の元旦を野山獄で迎えた。この日、松陰は、「九重《ここのえ》の悩《なや》む御心思《みこころおも》ほ《(お)》へ《(え)》ば手《て》にとる屠蘇《とそ》も呑《の》み得《え》ざるなり（天皇は我が国の現状を憂い、お悩みになっておられるという。その御心を思えば、手にした正月の屠蘇もいただくことができない）」と詠い、また、「斯《こ》の身獄《みごく》に降《くだ》るも未《いま》だ心《こころ》は降《くだ》らず、寤寐《ごび》猶《な》ほ《(お)》迷《まよ》ふ《(う)》皇帝《こうてい》の邦《くに》。聴《き》き得《え》たり三元《さんげん》、雞一唱《にわとりいっしょう》、勤王今日《きんのうこんにち》孰《た》れか無雙《むそう》ぞ（私は野山獄に収監され、世情を離れて、静かな境地に置かれた。しかし、我が国を憂える心情は、いまだ落ち着き、静かになることなどできない。起きている時も眠っている時も、私の心は我が国の前途に思いを寄せ、迷い乱れるのである。今日は年の初めの元旦ということで、獄中でも、にわとりが朝を告げる第一声を聞くことができた。同様に、今日、勤王のさきがけをなすべき無双の国士は誰であろうか。私である）」と漢詩に思いをしたためた。

四日、松陰は、小田村からの手紙で、水戸浪士関鉄之助、矢野長九郎の来萩を知る。彼らの目的は、孝明天皇の、「攘夷」という勅旨《ちょくし》（天皇の意志。詔勅《しょうちょく》の趣旨のこと）を伝達し、また、「奉勅義挙《ほうちょくぎきょ》」（この場合、その攘夷という勅旨を奉じて、蹶起すること）をめざしての、長州藩への同盟締結の要請であった。

六日、松陰は小田村へあて、「矢野・関へは会われましたか。彼らにお力添えをしていただきたいと思っております。人物はいかがでしょうか。腹の据わった人物であれば、私共同志の思いを打ち明けられてもよいのではないかと思います」と期待を寄せている。しかし、藩政府にその意志はなく、関・矢野とは形通りの面談をしただけで、要請を拒否。結局、二人は正月七日、萩を去っていった。

ところが、正月十一日頃、そのような松陰の元へ、在江戸の高杉晋作・久坂玄瑞らから連名で、蹶起「時期尚早」を説く、次のような安政五年十二月十一日付けの手紙が届くのである。

十一月二十四日の先生のお手紙は昨日届きました。同志中、ありがたく拝読致しました。先生、この度のご正論は意気盛んであり、また、いろいろとご苦心されておりますこと、誠に感激致しております。ところが、天下の情勢も今日に至り大いに変わって参りました。諸藩は過激な論を収め、時勢を傍観するようになっております。誠に嘆かわしいことではございますが、(徳川家茂に対する)征夷大将軍の宣下《せんげ》(この場合、任命書を下すこと)も終わり、人々の気持ちもやや落ち着いてきております。そのような状況で、義旗一挙《ぎきいっきょ》、正義のために戦う旗印を立て、蹶起するなどということは、実に簡単にできることではございません。却って、国家に害を引き起こすであろうことはまちがいありません。

しかしながら、幕府の役人は猛々しく、悪い奴がいます。それで、志のある同志や諸侯に隠居を命じるとか、また、諸外国との貿易が開始された後には、必ず傍観することのできないような状況となるでしょう。そうなった時こそ、本当に、お互い、国家のため、全力を尽くすべき時であります。それまでは、じっと思いを押さえ、堪え忍び、国家に害を引き起こすことがないよう、国のため心から祈念申し上げるところであります。急ぎの便りで、細々と記すことができず、つまらない便りでございます。しかしながら、私共同志一同、血の沸き立つような思いを絞り出して記したものでございます。どうかご熟察くださいますよう、お願い申しあげます。

十二月十一日

高杉《たかすぎ》晋作《しんさく》（花押・血判）
久坂《くさか》玄瑞《げんずい》（花押・血判）
飯田《いいだ》正伯《しょうはく》（花押・血判）
尾寺《おでら》新《しん》之丞《のじょう》（花押・血判）
中谷《なかたに》正亮《しょうすけ》（花押・血判）

吉田松陰先生

松陰が手紙を読み、高杉らの諫言に激昂《げっこう》したことはいうまでもない。同十一日、彼は「某」あての書を草し、「今日は亡き友金子《かねこ》重之助《しげのすけ》の命日である。私は未だに命を野山獄に生きながらえており、冥土《めいど》（あの世のこと）の金子に対し、恥ずかしく思っている」と書き起こす。そして、「今日、極論ではあるが、役所の担当を替えることができればよいのだが。（たとえば）藩政府の江戸出先機関の悪役人らを取っ替えることができれば、素晴らしいことである。しかし、それができないとは、全く何ともいいようがない。（毛利家の）多くの家来の内、私のみが忠臣という訳ではない。私がみんなに先駆けて蹶起《けっき》し、死んでみせたら、観感《かんかん》して立ち上がるものもあるだろう。私が積極的に蹶起しないのなら、いくら待っても、（志士が蹶起すべき）いざという時は来ない。また、現在の、逆焔《ぎゃくえん》（逆らう炎、転じて、藩政府による野山獄収監など、松陰らへの弾圧のこと）は誰が激しくしたのであるか。私ではないか。私がいなければ、この逆焔は千年たっても起きないであろう。私がいる限り、この逆焔はいつでも起こりうるのである。忠義というものは、鬼が留守をしている合間に、お茶を飲むように、簡単にできることではない。私が（藩政府や幕府を）恐れて息をひそめれば、逆焔も息を殺して収まるであろう。しかし、私が再び勃然として立ち上がれば、逆焔も再び勃興するのである。何度でも同様である。（中略）

江戸居住の久坂・中谷・高杉などの諸友は皆私と意見が違うようである。その分かれるところは、私は忠義をするつもりである。しかし、彼らは功業、手柄をたてるつもりである。といっても、人はそれぞれ得意とするところがある。彼らを一概にだめだといっているのではない。ただし、ほとんどの天下の人々は功業をたてるつもりである。あくまでも忠義をするつもりでいるのは、ただ私共数名の同志だけである。私共は功業をたてるには力不足である。しかし、忠義をたてるには、あり余る程の力はもっている。かえすがえすも、（野山獄再入獄時に）何の罪で収監されるのかという罪名論《ざいめいろん》の追求を徹底しなかったことは、私の一生の失敗であった（後文欠）」と一気呵成《いっきかせい》に書き上げている。

「私がみんなに先駆けて蹶起《けっき》し、死んでみせたら、観感《かんかん》して立ち上がるものもあるだろう」との一節は、高杉らへの怒髪天《どはつてん》を衝《つ》く程の怒りと失望からであろうか。また、「私は忠義をするつもりである。しかし、彼らは功業、手柄を立てるつもりである」とのそれは、弘化二年（一八四五）、松陰が十六才時に記した、「大切なのはやはり『忠義』（＝義）を生きることであり、『功業』の有無ではない」、という理想的生死観と寸分も変わっていないことを示している。

その意味で、同十三日、兄梅太郎にあて、「私と杉蔵だけは、是非、首を斬られるといいのです。二人も義士を斬れば、藩政府の役人の逆賊である理由が明らかとなるでしょう。そうなれば、刺客《しかく》（暗殺者のこと）も出てくるようになるでしょう」と述べていることは注目に値する。確かに、これは自暴自棄ゆえの発言であろう。その背景には、高杉らからの諫言にみられたように、松陰が、「桃李《とうり》の枝《えだ》」を植える場として情熱を注いだ松下村塾教育の崩壊があったことはまちがいない。松陰は大変な衝撃を受けたものと思われる。

しかし、同時に、この一文は、かつて下田事件の際、月性から「刺客」と評された松陰が、その真相を察知していたと思われる兄にあてたという特異性があることも看過すべきではない。とすれば、彼のねらいは無為の生を脱し、「義」に生きること、積極的な死と引き替えに、藩政府の「逆賊である理由」を藩内外に明らかにし、「刺客」の出現を待って、その政策転換を招来することにあったと見ることも可能となる。しかし、現実には、画餅《がべい》に帰した「間部要撃策《まなべようげきさく》」らを理由に、首を斬られることはおろか、取り調べを受けることもなく、野山獄に放置された日々が続くのである。

伏見要駕策への期待

松陰がそのような心情にあった正月十五日、今度は、梅田雲浜《うめだうんぴん》の門人である播磨《はりま》人（現兵庫県）大高又次郎《おおたかまたじろう》と備中人《びっちゅう》（現岡山県）平島武次郎《ひらしまたけじろう》の二人が来萩した。彼らは、この安政六年三月、参勤交代で江戸へ向かう長州藩主毛利敬親を京都の伏見に待ち受け、大原重徳《おおはらしげとみ》らと合同して天皇からの詔勅降下《しょうちょくこうか》を願い、幕府の失政を正す、という「蹶起」案をもっていた。それで、長州藩の重臣らとの面談を希望しての来萩であった。

これを耳にした松陰は、大喜びし、早速、門人入江杉蔵《いりえすぎぞう》・岡部富太郎《おかべとみたろう》・増野徳民《ましのとくみん》ら「同志諸友」にその斡旋を命じた。十八日、松陰は特に入江杉蔵にあて、「お前が（大高・平島らの『伏見要駕策《ふしみようがさく》』のため）上京することに賛成である。（中略）大高・平島二氏へ早々に帰らないように（念押しをしておけ）」という手紙を送っている。また、二十一日にも、「同志諸友」にあて、次のような手紙を送っている。

　このたび、（大高・平島の）二人が萩へ来ていうには、西国では我が長州藩だけをめざして来た、ということである。とすれば、これは吾が藩の名誉というべきである。それをきっぱりと拒否するということは、恥というべきではないか。また、彼らがいうには、このたび、長州藩政府が面会もしてくれないのであれば、伏見で三十名の同志らと毛利敬親公の参勤を待ち伏せし、思いを遂げる、ということである。こうなってから、藩政府が狼狽《ろうばい》するようなことでもあれば、却って大恥ではないか。それよりは、二人の客に直接会ってそのいうところを聞いて確かめ、実際にできないことであればその理由を述べ、断るべきである。そうすれば、伏見での災いを取り除ける、というものである。

あり得ないことではあるが、もしも、吾が藩から幕府へ、伏見の謀略を密告するようなことでもあれば、彼ら同志三十名らはどれ程いきどおり、怒ることであろうか。そのような場合には、参勤交代の旅は、三百里の長い道のりであり、途中、どんな暴挙が起こるか、予測することも難しい。だから、いずれにしても、益田弾正様や殿様が直接お会いになるのがいいと思う。

しかし、藩政府は大高らとの面談を拒否した。二人の来萩目的は失敗したのである。正月二十三日、大高・平島の二人は空しく萩を発った。その出発に際し、彼らは前年の安政五年、京都で同志として行動を共にした野村和作に対し、「このような結果になったからには、吾々はあくまでも伏見で初志を貫徹するだけである」、といい残したという。この発言を聞き、松陰の頭をよぎったのは、安政五年、「大原西下策」のため、野村と共に上京した田原荘四郎が、大原重徳本人から託された、「毛利敬親公が参勤交代をされるのであれば、伏見で直接お会いし、議論を尽くしたい。家来らがどんなにじゃまをしようとも、命に懸けても志を達成したい。もしも、思いが叶わない時には、兵庫の某寺は私の弟が住職をしている寺である。私は急ぎくだって、出家をすると松陰へ伝えてくれ」という、伝言だったものと思われる。よって、松陰は、大高らの発言を真摯《しんし》に受け止めざるを得なかったのである。以後、彼は藩主の参勤交代に危惧を抱くこととなる。

さて、この「伏見要駕策」に関し、後、安政六年二月二十七日、松陰は次のような一文を記している。当時の彼の幕府観、「墨夷《ぼくい》（米国使節、ここではハリスのこと）」観、また、「草莽崛起《そうもうくっき》」論などを見る上で重要と思われるので、主要部分を記す。

> 米国使節ハリスのいうことは、全て従うべきではない。私はすでに一つひとつの案件について、その理非を明らかにし、米国側の言説を攻撃し、そして、「墨使申立《ぼくしもうしたて》の趣《おもむき》論駁《ろんばく》条件《じょうけん》」という意見書をまとめた。まだ完璧なものではない。しかし、彼らの考え方を知るには十分である。彼らが考えていることは、私が、「米国の願いは、我が国を家来・妾にすることである」と書いた通りである。それなのに、幕府は米使の言葉を疑わず、諸大名らはそれをお諫《いさ》めもしない。あるいは、お諫めする者も、ただ、形式だけであって、内容のない、くだらない文章を作って、責任逃れをしているだけである。天皇はお怒りになり、明らかに幕府に対し、日米修好通商条約締結反対という勅《みことのり》をおくだしになった。幕府はそれをお聞きせず、また、諸大名も従わなかった。これは天地がひっくり返り、陰と陽とが逆さまになるようなものであり、人として守るべき大道《だいどう》の絶滅である。
>
> 大体、この日本に生きている者で、どうしてこのような状態を、かたわらから見る

だけで、関わろうとしないようなことでよかろうか。そんな時ではない。しかしながら、英雄が物事を考え、推し進めるというのは、時機を見ることを要点とする。「伏見要駕策」は、将にその時機に遭遇していたのである。「要駕策」を断行するべきであった。大原公と大高・平島はよくそれを察していた。つまり、我が国の興隆は、実に、この蹶起《けっき》にあったのである。

松陰がなぜ「要駕策」に期待したのか、また、何を期待したのかが分かる。

しかし、松陰が具体的な行動を託すべき門人の内、入江杉蔵《いりえすぎぞう》・吉田栄太郎《よしだえいたろう》・品川彌二郎《しながわやじろう》・野村和作《のむらわさく》らは、松陰の再入獄時、城下を騒がせた暴徒として、依然、自宅謹慎中であった。一方、佐世《させ》八十郎・岡部《おかべ》・増野《ましの》らには命を懸ける、という覚悟がなかったという。

断食

大高らの去った翌日の正月二十四日、松陰は門人作間忠三郎《さくまちゅうざぶろう》あてかと思われる手紙に、次のように記している。

私の尊王攘夷は生も死も全て懸けて行っている。自ら考えているのは、この気持ちで天地神明《てんちしんめい》にお応えしたいということである。ところが、思いもかけず、最初は、つまらない人物や役人らが私を敬遠するようになった。次には正しい徳のある人や心ある立派な人が私を避けるようになった。そして、ついには、日頃、師として敬ってきた友人・門人ら、最もお互いに尊敬し、信じ合ってきた者が、ある時には私を捨て去ろうとし、また、ある時にはとどめ、抑えるようになろうとは。彼らは尊皇攘夷を否定しているのではない。私のいう尊皇攘夷を否定しているのである。私が尊皇攘夷だと思っても、尊皇攘夷ではないという。私のなすべきことは終わってしまった。とすれば、どうすればいいのであろうか。誠を積むことから始めるべきだろうか。私の尊王攘夷は誠がないのであろう。なるほど、人が動かない訳である。今から追々次のような努力をしたい。誠があれば生かされるであろう。誠がなければ、死ぬのみである。そうでなければ、何をもって、天地神明にお応えすればいいのであろうか。吉田矩方《よしだのりかた》謹識《きんしき》

必要でない言葉は口にしない。冗談、嘘はいうまでもない。世を憂える言葉であっても、善悪を判定するような議論はみな無用である。私はよくしゃべる性格である。多言は敬いの心を失い、まごころを散りうせさせてしまう。だから、無用の言葉を口にしないことを第一の戒めとする。

天皇様は、今日どのようなお考えをおもちであろうか。心を込めて（絶交状態にある師友に）説明し、その意識を喚起《かんき》しよう。

吾が毛利敬親公は、今日どのようなお考えをおもちであろうか。心を込めて（絶交状態にある師友に）説明し、その意識を喚起しよう。

天祖のご恩に対しては、何を以てお報いすればいいのであろうか。心を込めて（絶

交状態にある師友に）説明し、その意識を喚起しよう。

毛利家からいただいてきたご恩に対しては、何を以てお応えすればいいのであろうか。心を込めて（絶交状態にある師友に）説明し、その意識を喚起しよう。

祖先孝行とは、栄誉や俸禄をより多く得ることではない。父母にお仕えするとは、子が日夜親に仕えて孝養を尽くすことではない。祖先が（殿様へ）捧げてきた忠（＝まごころ）を失わず、父母の名前を傷つけない。孝行や仕えるということの最大のものは、これだけである。これが、前に述べた四つのことを合わせて、一つにする方法である。心を込めて（絶交状態にある師友に）説明し、その意識を喚起しよう。自分が必ず行えるとは限らないことを他人へ勧めてはいけない。行うべきではないことを他人に督促してはいけない。行わないではいられないことを他人へ勧め、行うべきことを他人に督促しなさい。

そして、松陰は「以後、一つの快事《かいじ》（胸のすくような事柄のこと）があれば一回の飲食を取りたい。そうでなければ、ただちに斃《たお》れるのみである」という誓いをたて、この日の午後より、「断食《だんじき》」を始めた。

その理由や背景を、前の文章に続き、松陰は次のように記している。

確かに、私は野山獄へ再投獄されて以来、毎日のように怪奇《かいき》な事柄を耳にしてきた。（藩政府は）すでに水戸の関や矢野、播磨の大高・備前の平島らを追い払った。また、「大原西下策」に奔走した伊藤伝之助や野村和作を禁固刑《きんこけい》とし、私の再入獄の際、罪名論の件で市中を騒がせたとして、入江杉蔵・吉田栄太郎・品川彌二郎の自宅謹慎をまだ放免していない。更に、萩の国相府《こくしょうふ》（当職《とうしょく》のこと。藩主の在江戸、在萩にかかわらず、萩に常置された行政機関。また、藩主に常時随行する公的な役人グループを当役《とうやく》、行相府《ぎょうしょうふ》といった）では、参勤交代の都合を議論したという。世事《せじ》はこんな状態になってしまった。私はどうして堪《た》えることができようか。できはしない。

　しかし、最も堪えることができないのは、親しく交友してきた者の内、小田村伊之助・久保清太郎以上の親しい者はいないのに、二人とも、私との交友を絶って、一文字の手紙さえ寄こしてくれないことである。よく理解してくれている者は、桂小五郎以上の者はいない。私は桂に書を送ったのに、返事さえくれない。また、桂は叔父玉木文之進へ、私と門人との往復を絶たせるべきであると、ほのめかしたということである。今、私は同志と絶交している。この三名は皆君子《くんし》（心ある、立派な人のこと）である。君子が私との交友を絶ったのである。私の行《おこな》い方がまちがっているのであろうか。私の行い方がまちがっているのであれば、いうまでもなく、まさしく斃《たお》れるべきである。私の行い方がまちがっていないのであれば、彼らが私を絶ったとしても、私はどうして　天祖天神《てんそてんじん》（天照大神《あまてらすおおみかみ》や天の神々のこと）・先公先祖《せんこうせんぞ》（歴代の殿様や御先祖のこと）から絶交されることがあろうか。ありはしない。

松陰は生死を天に聞こうというところまで、追い込まれ、悩んでいた。

ところが、この獄中での断食《だんじき》の件は、翌二十五日、同囚であり、松陰の再入獄後門人となった安富惣輔《やすとみそうすけ》から松陰の父母へ連絡された。そして、すぐに叔父の玉木文之進、同志・門人らへと広まっていった。

この断食に対し、父百合之助、叔父玉木文之進らからは、叱責の手紙が続々と届いたという。しかし、松陰の心を最もうったのは母瀧《たき》からの次の手紙であった。

一言申します。あなたはいかがお暮らしでしょうか。先程、断食されているということをちょっと耳にしました。あまりにも心配ですので、手紙をお送りする次第です。昨日から食事をお絶ちとのこと、驚いております。万が一、それでお亡くなりになっては、不孝であり、また、なによりも、くやしいことではございませんか。私も病気がちで弱っており、長生きも難しい状態です。しかし、たとえ野山屋敷（野山獄のこと）におられても、あなたがご無事でさえあれば、励みになり、力にもなるのです。どうか、短慮をやめられ、長生きをしてくださるよう祈っております。この品々はわざわざととのえ、お送り致しました。どうかこの母に対しても、食べてくださるようお頼み致します。くり返し、お気持ちをお変えになるよう、かえすがえすも祈っております。めでたくかしこ

今日　　　　　　　　　　ははより

大様《だい》（松陰の幼名《ようみょう》大次郎《だいじろう》のこと）

これら、父母や叔父らの手紙に接し、松陰も人の情を思い出したのであろう。当日、父

百合之助へあて、「水一椀《わん》、つるし柿一個食べました。まずはご安心ください」と送っている。また、同日、入江杉蔵・品川彌二郎・吉田栄太郎・野村和作らが謹慎などを放免された。松陰はそれらを翌二十六日に知る。そして、この「快事」を聞き、彼は断食を中止する。

役人更迭の投書

さて、長州ではこの頃、藩主毛利敬親の参勤交代が迫っていた。萩出発は三月の予定であった。松陰は早くからこのことを意識していた。前年の安政五年十一月十三日、「己未御《きびご》参府《さんぷ》の議《ぎ》」という一文を草し、「この頃、急ぎの用務は多岐にわたっている。しかし、さし当たり重要と思われるのは、来春の参勤交代一件である」として、次のように述べている。

大義という観点から論ずれば、六月、幕府は違勅《いちょく》条約を締結したのである。本来なら天皇のご了解をいただき、条約締結を強行した井伊直弼《いいなおすけ》や間部詮勝《まなべあきかつ》らの罪を糺《ただ》し、殺害することは当然である。しかし、天朝では格別に、「徳川御扶助、公武御合体」という寛大なお考えであって、現在まで煮え切らない態度で時間だけが過ぎてきたのである。そんな将軍のところへ参勤することは、天朝へ対しても恐れ多いことである。だから、参府は控え、しばらく様子を見るのがよい。(中略)大きな変革の動きが迫っていることは多くの人々の見るところである。よって、来年、安政六年春の参府から、再来年のご帰国まで、平安を維持することは仲々難しいものがある。ご参府中に、もしも事件が起これば、実に危うい。というのは、志のある大藩がにわかに上京して、天皇にお力添えをするか、または、本国に割拠《かっきょ》するか。それに対し、幕府が兵を向けるか。または、在野《ざいや》の正義と勇気にあふれた武士らが徒党を組んで、幕府の不正をはたらいている役人らを討ち果たすかなどということが予想されるからである。つまり、どのみち、内乱の恐れがあるのである。ましてや、西欧諸国らも現在いくらおとなしいといっても、どんな申し合わせから事件が起こるかは全く予測もできない。（中略）
したがって、来春のご参府はご病気ということで、お見合わせになるのがよろしいかと思う。（中略）幕府の不正な役人共がひっくりころげ、敗れることはどのみち遠いことではない。だから、しばらくおとなしくしているのがよい。将来、永遠に伸びる方策というのは、この策である。物事の是非を判断する見識のある方々は留意するべきである。

松陰は「大義」という観点から、「参勤交代」延期論を述べている。しかし、安政五年十一月という、松陰自身が、老中間部詮勝《まなべあきかつ》要撃《ようげき》策《さく》など、次々と「作戦」を画策していた時期に、「どのみち、内乱の恐れがあるのである」からと述べ、参府延期論を展開しているのは、実におもしろい。
ところが、安政六年正月末を迎え、状況は大きく変わっていた。つまり、松陰自身は野山獄へ再収監されていた。一方、大原三位、大高、平島らの「伏見要駕策」断行は、具体的な、正に眼前の藩主参府の懸案事項として目前に迫っていた。
安政六年正月晦日《みそか》、松陰は「感《かん》を書《しょ》す」との一文を草し、「吾が殿のご参勤出発は、先例ではこの三月初めである。とすれば、これからの三十日は、官軍《かんぐん》となるか賊軍《ぞくぐん》となるか、邪《じゃ》と正《せい》の分かれる時である。志のある武士たる者が、『時期を待つ』という口実をもうけて、（何もしない）言い訳とすることができようか。できはしない」と起筆して、次のように情勢を分析し、決意を記している。

現在の情勢では、国相府《こくしょうふ》（当職《とうしょく》のこと。藩主の在江戸、在萩にかかわらず、萩に常置された行政機関）の役人は行相府《ぎょうしょうふ》（当役《とうやく》のこと。藩主に常時随行する公的な役人グループのこと）の役人を敬遠している。一方、行相府の役人はできの悪い大臣や殿のお側に仕える役人を恐れている。また、できの悪い大臣や殿のお側に仕える役人らは幕府の怒りを買うことを恐がっている。そして、幕府は諸外国の恐喝《きょうかつ》（威力でおどすこと）にうろたえ、あわてている。（我が国の現状は）この通りである。そして、（誰も）天皇のお言葉や吾が殿のお考えなどに対しては、ぼんやりとした対応をするだけで、全く気にかけようともしていない。我が国はこのような状況のままであってはならない。

仮にも、天皇と君公のご存在を理解し、他の権力などに、憚《はばか》り、恐れ、惑いなどを感じない者であれば、私はこのような人をこそ有志の士として評価するものである。諸外国にうろたえ、あわてているものは解任するべきである。幕吏を恐れている役人も解任するべきである。これらの職には、まさに腹が据わっていて、すぐれた才能、弁舌のある侍を登用し、任命するべきである。国相府・行相府という二つの役所の志が一つになれば、どうして、大臣や側役人を恐れることなどあろうか。ありはしない。国相府の志が決まれば、どうして、行相府を遠ざけることがあろうか。ありはしない。「断《だん》じて之《こ》れを行《おこな(え)》へば、鬼神《きじん》も之《こ》れを避《さ》く（決心して断行すれば、何事をもそれを妨げ得ない）」という。大事なことを断行しようとすれば、まず成功するか失敗するかなどは一切考えるべきではない。そんなことは全て忘れよ。

そして、松陰は具体的な「行動」を開始する。その最初は、二月四日、目安箱への投書であった。内容は藩政府の主要役人の更迭《こうてつ》提案である。松陰は「梨羽直衛《なしはなおえ》・坪井九右衛門《つぼいくえもん》・山縣半七《やまがたはんしち》・平田新右衛門《ひらたしんえもん》・椋梨藤太《むくなしとうた》・中川善次郎《なかがわぜんじろう》・内藤俊衛《ないとうとしえ》」らを、「幕府にへつらい、天朝を軽蔑する」者として非難し、更に、重職にあった「内藤万里介《ないとうまりすけ》」他数名の罷免《ひめん》・更迭《こうてつ》を提唱している。

「草莽崛起」提唱

また、この役人更迭《こうてつ》提唱と表裏をなすと思われるのは、二月九日、門人佐世《させ》八十郎へあてた、「草莽崛起《そうもうくっき》」の提唱であった。松陰は、「御終身忠孝《ごしゅうしんちゅうこう》の目的《もくてき》」として、「吾が藩の今の状況を推測するに、公職にあったり、殿様から禄をいただく身分にあるようでは、とても本物の忠孝は果たせません。普通の忠孝を尽くすつもりなら（在官在禄でも）可能でしょう。本物の忠孝を尽くすことに志があるのであれば、一度は亡命して、草莽崛起《そうもうくっき》を謀《はか》らなければいけません。（中略）伏見《ふしみ》の一難《いちなん》、我が殿が参勤の途中、伏見で他藩の志士らに待ち伏せされるであろうことは、まちがいなく、のがれることはできません。多くのご家来中で、このことを本当に分かっている者は何名いるでしょうか」と述べていた。

　そして、松陰の提唱は、門人の伏見潜入、そして、要駕策実施へと続く。つまり、これ以前、入江杉蔵ら何名かの門人は来萩した大高、平島と接触していた。そこで、松陰は伏見で藩主の参勤の一行と彼らとの間でのいざこざまで想定し、入江ら門人を伏見に潜入させ、まずはその仲介役をさせる。そして、一致協力し、一気に要駕策を完遂させようとしたのである。

　しかし、後、二月二十七日、松陰が記した「要駕策主意上《ようがさくしゅいじょう》」によれば、松陰の提唱に対し、「諸友」、多くの門人らは、「伏見要駕策はよくない」とか、「政府に人物がいない。だから、伏見要駕策は意味がない」などと述べ、むしろ「沮《はば》」もうとする始末であったという。これに対し、松陰は「私の考えはそうではない。藩政府に人物がいれば、どうして要駕策を必要とするであろうか。ありはしない。人物がいないからこそ、必要なのではないか。すでに必要であるといっている。だから門人らに実行を迫っているのである。これは我が長州一国であえて不善を行い、天下の大正義を伸ばす企てである。だから、礼儀作法のみを大事とするような者が関知するようなことではない。私が試みにその訳を述べよう」として、この間の事情および持論を、同書中に次のように述べている。

天朝のお考え、天皇は明らかに日米修好通商条約締結に反対であるということについては、もうここでは述べない。また、幕府のもくろみ、その天皇のお考えを聞かず、ただ、米国の使節ハリスのいうことを疑わず、そのいうがままに行動していることについては、もうここでは述べない。ただし、吾が毛利敬親公は尊皇攘夷の方である。吾が敬親公は尊皇攘夷に志があるのである。とすれば、家来たる者、いうまでもなく、そのご意志を受け、従うことに躊躇《ちゅうちょ》すべきではなかろう。しかし、現状はそうではない。藩政府は殿のお考えをねじ曲げ、幕府に媚びをうり、朝廷に逆らっている。これは誰が首謀者であるか。藩政府の諸君は、どうしてその責任を逃れることができるであろうか。できはしない。私は以前、幕府の堀田正睦《ほったまさよし》や間部詮勝《まなべあきかつ》を憎んで、彼らを奸賊《かんぞく》（奸悪《かんあく》な賊のこと）として、その肉を食らわなかったことを憾《うら》みとしてきた。今、私の憎悪《ぞうお》の対象は変わり、藩政府の役人らがそれである。藩政府の彼らが、この度の伏見要駕策という義挙に応じないのであれば、これを斬り殺し、すぐに敬親公に申し上げて、晋陽《しんよう》の甲《はじめ》（晋陽は七世紀頃の中国の都市名。唐の高祖李淵《りえん》がこの町で挙兵し、天下統一に成功した。これより、松陰は新たな国家体制作りのスタートという意味でつかったものと思われる）を行いたい。

また、鬻拳《いくけん》の諫《いさめ》（鬻拳は古代中国春秋時代の楚の人。文王を強く諫めたが、聞かれず、兵力をもって王を従わせた）を行いたいのである。かつて、鎌足《かまたり》が入鹿《いるか》を殺し、重盛《しげもり》が清盛《きよもり》を諫めたことも、我が国家のことを考えた上での、やむを得ない臨機応変の処置であった。ただ、長州藩士の内、忠義に厚く、情けに深い武士十数名を同志として、その要駕策実施部隊に入れておけば、それ程、残忍なこともなく、また、少なからず、効果をあげ、我が国の国体も保持できるはずである。それなのに、諸友はこれを阻止しようとする。実に残念なことというべきである。

これが、松陰が伏見要駕策に固執する理由であった。更に、彼は続けて、「私は敬親公のお考えに感動すること、大変深いものがある。もしも、藩政府に丸め込まれて、この度蹶起せず、だらだらと人生を送るのであれば、殿のお気持ちにそむいて、私情に従うということとなる。そのようなことは、何度死のうとも、私にはできないことである。諸友はそうではない。全て阿《おもね》りへつらい、藩政府に従うことは知っているが、敬親公のお考えを奉るということを知らない。つまり、諸友は藩政府の奴隷というべきである。もしもそのような諸友と絶交しないのであれば、私も又敬親公のお考えにそむいて、私情に従うということになる」と述べていた。実際、後、三月二十九日、松陰は小田村伊之助他にあてた書中に、小田村伊之助・久坂玄瑞・岡部富太郎・松浦松洞・高杉晋作・来原良三・桂小五郎・佐世八十郎らは、「尊皇攘夷の心がないので、私から絶交している」と記していた。

三月十九日、再び松陰は「要駕策主意下《ようがさくしゅいげ》」を記す。そして、「吾が公の尊皇攘夷というお考えは、すでに頓挫《とんざ》したようである。すでに頓挫したのであれば、家来として伏見要駕策など何かを行うべきであろうか。そうではなかろう」と述べたという「諸友」を批判し、次のように記している。

なんというひい種《ぐさ》であるか。昔の人が、「吾が主君はとうていダメだと見限って善政を勧めないのは、本当の賊という」と、いっている。私の日頃の同志らは今は国家の賊である。何と悲しいことであろうか。（中略）我が敬親公のような殿をいただきながら、それでも善政をお勧めできないというのであれば、人臣たる者、一度だって奉公という機会は来ないであろう。また、吾が公の尊皇攘夷というお考えが頓挫したという。これは本当にどこから出た話なのであろうか。私はかつて、「殿のお側近くに仕え、藩政府で権力を握っている者達が、むやみにこのような話を作って、心ある武士の考えをおさえている。そして、それで、殿のお考えにそむいているという自分達のよこしまさを覆い隠しているのである」と聞いたことがある。権力を握っている者たる者、一度でも殿のお考えが頓挫するのを目にしたならば、どうしてお諫めしないのであろうか。お諫めしてお聞きいただけないのであれば、どうして職を辞さないのであろうか。（中略）

吾が公がすばらしいお考えをもっておられても、それを沮《はば》もうとする者は千百と群れをなし、一人として、そのお考えに従おうとする者はいない。（中略）よこしまな悪臣の肉を細切れにして食らわなければ、他にどうして家来としての憤りを抑えることができようか。できはしない。それなのに、同志の者達は却って悪臣らの言葉に合わせ、これを唱えている。だから、私は彼らを国賊といっているのである。これがどうして道理でないといえるであろうか。大体、今年の参府は吾が日本国の大義と吾が藩の栄辱、長州藩の栄誉となるか恥辱となるかがかかっているのである。そして、それは、決して小さなことではないのである。それなのに、藩政府において、一人として参府を諫め、また、止める者がおらず、草莽に一人として罰せられ、また死ぬ者さえいないのである。これを問えば、「殿の尊皇攘夷というお考えはすでに頓挫したのである。家来たる者、伏見要駕策など何かを行うべきであろうか。そうではなかろう」と答えるのみである。とすれば、伏見要駕策は簡単にできないと分かっているが、どうしてもやらないわけにはいかないのである。

しかし、松陰は簡単にはあきらめなかった。それは、当時、「諸友」から「すでに心が死んだ」といわれていた吉田栄太郎を思い、安政六年二月十二日、「無逸《むいつ》（吉田栄太郎のこと）の心死《しんし》を哭《こく》す」と題し、「古人に、『痛ましいということにつき、心が死ぬということほど痛ましいことはない』という言葉がある。確かに、肉体は滅んでも、心が死んでいない者は、古の賢者聖人の仲間というべきであり、不朽の人である。肉体は生きていても、心が死んでいる者は、今のつまらない人間の類であり、歩く死骸である。世の中の人々は、肉体の生き死にを大事と思っている。しかし、心の生き死には、現世だけではなく、永世にかかわる、より大きな問題である。これが分かっていない。そんな類の人間に、どうして吉田栄太郎の心の死を泣き叫び、また、私の悲しみ、痛みが分かるであろうか。分かるはずはない」と記していることよりも明らかである。

また、三日後の十五日には、松陰は当の吉田栄太郎へあて、「諸友がそれぞれ『吉田栄太郎の心は死にました』といっていた。それで、私はついそれを信じてしまった。しかし、今、そうではないことが分かった。それを信じたことが恥ずかしくて、冷や汗が流れている。（中略）嗚呼、私は悔やんでいる。どうか私を許してくれ。（中略）まだ不満であれば、お願いだから、一度獄へ来て、直接顔を見せてくれないか。（中略）私はお前こそ第一の日本男児だと思っている。私はこの度諸友と絶交し、また、世間のことに口を挟まないこととした。世事は夢幻《ゆめまぼろし》のようなものである。人生は一つだけ、不朽のことをなし遂げればよいのである。お前が本物の孝行息子となってくれれば、これよりすばらしい不朽というものはない」と送っていた。そして、同日、更に、入江杉蔵にあて、「私は吉田栄太郎と絶交状態にある。この悲しみや心の痛みは、かつて古代中国で国士《こくし》無双《むそう》（天下第一の人物のこと）と称された韓信《かんしん》を謀略で殺害する以上のものがある。だからといって、私が無理に吉田栄太郎を私の仲間へ引きつけようというのではない。ただただ、この世の中で不朽の人物にさえなってくれたら、私にそむこうと、私の悪口をいおうとよいのである」と述べていた。松陰はどうしても諦めきれなかったのであろう。

　このような状況の中、松陰の意見に賛意を示したのは入江《いりえ》杉蔵《すぎぞう》であった。残された史料より、彼はまだ「家囚《かしゅう》」中の正月十八日の時点で、すでにその意志をもっていたことが確認できる。

　二月十四日、松陰は大原重徳《おおはらしげとみ》にあて、「この度三名の者が上京致します。私共で何度も議論致しましたことは、我が国の興廃《こうはい》、また、吾が殿の栄辱《えいじょく》は、全てこの度の『伏見要駕策』にかかっているということでございます。恐れ多いことではございますが、どうか、執事《しつじ》さま（大原のこと）にも、上は我が国のため、また、下には、吾が藩の愛護《あいご》をもお考えいただき、これまで積もりに積もらせてこられたお憤りを一気にお出しいただきますよう、お願い申し上げます」と送っていた。また、同書中に、松陰が「吾が日本国の民として、米国との条約を破棄できないのであれば、死んだ方がよい」と続け、「とどのつまりは、米国・ロシア・英国・フランスらを論破し、我が国の威力を世界へ振るい、国家の基礎を永遠に建立することであります」と述べていた。

なお、松陰の記した「三名」とは、後、明治七年（一八七四）、野村靖《やすし》（和作のこと）の記した大原三位あての書簡より、「入江杉蔵《いりえすぎぞう》・佐世《させ》八十郎・松浦松洞《まつうらしょうどう》」であったことが確認できる。

入江杉蔵の決断

さて、入江である。松陰は二月十九日に至っても、「伏見で殿が大高らに待ち伏せされることは、絶対に避けることはできないに決まっている。しかし、吾が藩の人間がその現場にいれば、状況もよく分かり、また、（殿様や吾が藩の受ける）恥も少しは軽減することができよう。これが将に伏見へ行くべき理由の一つである」などと全部で六つの理由を列挙しながら、「君が自分で信じ、いいと思えば、きっぱり決断して、行け」と激励の手紙を送っていた。しかし、入江は迷っていた。その主因は家族、とりわけ母満智《まち》の存在であった。

実は、入江は、安政三年、父嘉伝次《かでんじ》を亡くしていた。それで、安政六年当時、入江家には、病弱な母満智《まち》五十五才、入江二十二才、弟野村和作《のむらわさく》十八才、妹寿美子《すみこ》十二才の四人が残されていた。長男である彼の立場を考えれば、その気持ちは十分に理解できる。そして、苦悩の末、入江が選んだのは、自分の代わりに弟野村和作を上京させるという案であった。弟野村和作が快諾したことはいうまでもない。

二月二十三日、野村は松陰を訪ね、決意を告げた。松陰は、「この伏見潜入、そして、要駕策の決行役を、入江は野村和作に譲った。和作は将に行くべきである。伏見要駕策をなすべき大義は、私と入江とで何度も議論をしており、極めて熟している。具体的な処置は和作の判断にある。和作の判断にあるのである」と激励している。なお、野村が萩を出奔《しゅっぽん》したのは翌二十四日であった。松陰はこの時にも、「この度の義挙は十人の決死の士があれば十分である。十人の決死の士が（伏見で吾が殿に）声をあげて泣きつき、伏見に留まられるように請願し、また、大義をもって説得すれば、必ず殿のお許しはあるであろう。不運にもつまらない役人が野村らを捕らえようとするのであれば、それは心中で外国人に呼応し、朝廷と吾が殿様を見捨てるということである。このような人間を名付けて賊《ぞく》という。賊は斬るべきである。許すべきではない。我が国は平和が続き、長い間、血を見るような事件は起こっていない。しかし、一旦、生々しい血を見たならば、まごころはわき上がって震動《しんどう》し、大義も伸張するはずである」と壮行している。

断腸《だんちょう》の叫び

ところが、野村の伏見要駕策は失敗に終わる。それは、野村本人および母入江満智がつい佐世八十郎へ計画をもらし、その後、岡部富太郎、小田村伊之助を経て、藩政府が知るところとなったからである。二月二十七日、藩政府は野村和作追捕状《ついぶじょう》を発し、かつて大原西下策の裏切者田原荘四郎《たはらそうしろう》を追っ手とし後を追わせた。また、野村の兄入江杉蔵に対しては、投獄命令をくだした。翌二十八日、入江は、母満智の病気看護のため、投獄延期を申請した。しかし、許されることはなく、同二十八日、岩倉獄へ収監された。入江の母満智は、「吉田松陰先生ですら野山獄におられるのである。お前如き者にこのような命令があるのは何ら不思議なことではない」と、気丈《きじょう》に見送ったという。

翌二十九日、松陰は入江の投獄を知る。そこで、すぐに次のような激励の書を送っている。

お前が投獄されたとのこと、実に悲しいことである。しかし、お前のことで悲しむのは、久しい前からである。それで、今は悲しみも極まり、却って喜んでいる。お前は伏見要駕策という不朽の大事を惜しげもなく弟に譲り、弟も喜んでこれを受けた。

しかも、天はまだお前を不朽の人物にしようと望んでいるようである。だから、お前は喜んで天命を受ければいい。ただ、母上のお気持ちを考えれば、誠に憐れむべきものがある。しかし、息子二人が不朽の人物となるのであれば、その母上もまた不朽の人物である。人生は一瞬であり、また、百年といっても夢幻《ゆめまぼろし》のようなものである。ただし、人間が天地に生を受け、動植物と異なるのは、不朽ということをおいて他にはない。

李卓吾《りたくご》の一文を筆写して贈った。何度も拝読しなさい。お前は大変道家者《どうかしゃ》（古代中国で、天性に従い、自然をたっとび、無為《むい》にして外物《がいぶつ》に侵されないことをよしとした人々のこと。彼らから道教《どうきょう》が生まれた）っぽい資質があるので、必ず悟ることだろう。聞くところによれば、役所では和作を逮捕しようと議決したという。和作は絶対捕まえられないだろう。しかし、万が一捕まるようなことがあれば、私は必ずはっきりと、私が首謀者であると自白する積もりである。その結果、お前達兄弟と私が共ににっこり笑って死ぬこととなれば、それもまた、最後の大きな快事《かいじ》である。

なお、この間の三月五日、藩主毛利敬親は予定通り、参勤交代のため、萩を発った。

一方、萩を発った野村である。彼はかねて大高・平島と密約していた通り、「播州龍野《ばんしゅうたつの》（現兵庫県たつの市）」をめざした。しかし、すでに二人は上京した後であった。そこで、すぐに二人を追って上京し、彼らと合流した。そして、三人で大原重徳に面会し、「伏見要駕策」実施を迫《せま》ったという。しかし、大原卿は、「時期的によくないものがある」として、決行を拒否、大高・平島もそれに同意した。ここに至って、野村は進退窮《きわ》まった。そこで、やむを得ず大坂へ向い、萩原廣道《はぎわらひろみち》家に潜伏することとした。ところが、長州藩京都藩邸の役人福井忠次郎《ふくいちゅうじろう》が野村を探し出し、自首を勧めてきた。そして、他に策のなかった野村は結局自首をした。その後、護送されて帰萩し、三月二十二日、岩倉獄へ収監されたのである。

後、明治二十六年（一八九三）十月、亡き母満智の四十九日の法事の際まとめられたという野村の「追懐録」によれば、その夜、次のようなことがあったという。

護送されて、三月二十六日《(ママ)》夜、萩に着き、岩倉獄の第二室に投獄された。牢屋の戸締まりは大変厳しく、かつ、真っ暗であった。辺りは静かでひっそりとしており、人の声は全くしなかった。たまたま隣の室より低い声で私の名を呼ぶものがいた。その顔を見ることはできなかったが、すぐに兄入江杉蔵であると分かった。言葉よりも先に悲しい、辛い気持ちがこみ上げてきた。兄もまた涙を流し、嗚咽《おえつ》されていた。やがて、「お前が発って後、三日目に私は投獄の命を受けた。すぐ、母上のために投獄延期をお願いしたが、お許しをいただくことはできなかった。今、お前が無事に帰ってきた。たぶん、私の赦免《しゃめん》は近日中であろう。私は誓って必ず母上のお気持ちを安んずるようにする。お前はどうか母上のことを心配することのないように」といわれた。

三月二十七日、松陰はその野村へあて、「手紙を貰って、京都でお前がよく働いてくれた状況を詳しく知った。ありがとう、ありがとう」と書き出し、「お前はまだ十八才であり、また、身分は軽卒《けいそつ》（身分の軽い兵卒のこと）である。たった一人で、覚悟を決めて、東へ向かった。伏見要駕策はうまく行かず、帰国して投獄された。しかしながら、（お前の行動は）世間の人々に、長門には忠義の種はない、などとはいえないようにしてくれた。その功績を思えば、私は感激の余り涙が出て、止めることができないのである」と感謝の気持ちを伝えている。

その一方で、前日の二十六日、松陰は野村へあて、「現在のなりゆきでは、諸侯は勿論時勢にうまく対応することはできず、また、公卿もできないであろう。かろうじて草莽に期待できるだけである。しかし、その草莽も実力がある訳ではない。天下を歩き回って、どこか百姓一揆でも起きているところへつけ込み、何か奇抜な謀《はかりごと》でも行うべきであろうか。しかし、何をいっても、もう時勢をひっくり返すことは難しい。私とお前は、これから四、五年の間は、出獄する可能性はないだろうから、勤王の実行はこれまでと思うべきである。同志の中にもこれだと思えるような人物は一人もいない。長門の国もこうなってはどうにもならない。もう生きていることさえいやになってきた。（中略）私は一昨日以来、食っては寝、食っては寝で、書物は一枚も読んでいない」と送っていた。「もう生きていることさえいやになってきた」との一言、松陰の断腸《だんちょう》の叫びであろう。この背景にあったのは、前年安政五年九月九日、門人松浦松洞《まつうらしょうどう》へ「水野忠央《みずのただなか》暗殺」を教唆して以来の政治活動の一連の不成功、また、安政三年以来、「桃李《とうり》の枝《えだ》を植ゑ《う（え）》ん（心ある青年の育成を行いたい）」と情熱を注ぎ、最も期待した同志、門人の離反、「絶交」、そして、直前まで命を懸けた伏見要駕策の失敗らがあったのであろう。実際、安政六年正月十五日、松陰自身が、久保清太郎にあて、「松下村塾も崩壊したとのこと。こんな状態になるのが分かっていれば、私は再入獄時の罪名論《ざいめいろん》の時、死ぬべきだったのである。『大丈夫《ますらお》の死ぬべき時に死にもせで猶《な》ほ《(お)》蒼天《そうてん》に何と対《こた》へ《(え)》ん（立派な日本男児が死ぬべき時に死にもせず、今もおめおめと生を盗んでおります。この上、私を此の世に生み出してくださった天帝《てんてい》に何とおこたえすればいいのでしょうか）』という心境であります」と送った、将にその心境だったのであろう。

　そして、安政六年（一八五九）三月二十六日、松陰は来島又兵衛《きじままたべえ》・小田村伊之助《おだむらいのすけ》・桂小《かつらこ》五郎《ごろう》・久保清太郎《くぼせいたろう》らへあて、「吾が藩や天下の状態を考えれば、気持ちはもだえ、ふさぎます。不満で、私は一日たりともこの世に生きていたくありません。早々に死を賜るよう周旋くださるようお願い申し上げます」と、「賜死《ようし》」の依頼を開始する。彼がより積極的に死を求めるようになった理由である。その基底にあったのは、前述した心境の他、四月二日、野村にあてた書中に見られる、「去年の三月以来、天皇は（修好通商条約締結問題などを）お一人で憂え、悩んで来られた。それなのに、家来の内、そのお気持ちを安んじ申し上げるために、ただの一人として命を落とした者はいない。これはどう考えても我が国の歴史を汚す、実に無念なことではないか。このことを考えれば、生きた心地もしない」との思いであろう。また、他は四月四日、同じ野村にあてた手紙に見られる次の一節である。松陰は手紙の最初に、「日頃の親友らは一人も私の気持ちを分かってくれる者がいない。一人として尊皇攘夷を実行してくれる人はいない。本当に、少しも楽しいことはないではないか。何とも辛く、じれったい。だから、つい軽薄な言葉をはいた。私の弱い心を許せ。私の過ちを許せ。以後はいわないから」と述べながらも、「私が死を求めるのは、生きて何かをなし遂げる見込みがないからである。私が死ねば、諸友などに何かを感じさせることができるのではないかと考えたからである。また、この度の我が国にとって大切な事態に、一人として命を落とした者がいない。余りにも日本人が臆病になってしまったのが情けない。だから、私一人でも死んで見せたら、親友や古くからのなじみの者ら、生き残っている者達も少しは力を尽くしてくれるのではないかと思ったまでのことである」と述べていた。

松陰は、本当に万策尽きていたのであろう。彼の願いはあくまでも、かつて吉田栄太郎の心死を憂えて草したと思われる、「肉体は滅んでも、心が死んでいない者は、古の賢者聖人の仲間というべきであり、不朽の人である」との「生」を送ることにあった。

「我一人《われいちにん》」の自覚

ところが、その松陰を驚喜《きょうき》させる「事件」が起きた。松代藩士北山安世《きたやまあんせい》の来萩である。しかし、これも何ら具体的な行動を生まなかった。ただ、この失敗は、松陰の意識を大きく変えた。それは、「我一人」という自覚である。

松陰は、四月某日、最初入江杉蔵にあて、後十四日、改めて野村和作にあてた同じ書中に、「死は難しい。難しい。小田村・久坂でさえ、現実がまるで分かっていないような馬鹿なことをいっている。とすれば、私が藩政府などへ議論をふっかけてもだめである。そこで、縊死《いし》（自分で首をくくって死ぬこと）でもするかとある晩、読書をやめて工夫してみた。縊死も悪くはない。しかし、命が惜しい」と起筆し、次のように述べている。

なぜかというと、私と入江の二人が死ねば、一時的には、涙してくれる者もあるであろう。しかし、どう考えてみても、私が見たところ〈当今の武士を即座にそしるべきではない。仮に私見を述べるが〉私ほど志が高く、時勢を見通している人間はいない。だから、うぬぼれではあるが、吉田義卿（松陰のこと）は我が国のために自愛するべきである。また、これまでの私の行動に心残りがないかといえば、そんなことはない。それは何かといえば、藩政府を相手にしたのが一生の誤りであった。以後は、きっぱりと草莽《そうもう》と計画を変えて、更に手を尽くしてみよう。この後、五年、十年の間、野山獄に繋がれたとしても、私はまだ四十歳でしかない。お前は更に若いのである。この度、首をくくろうとまで思った気持ちを、生涯忘れさえしなければ、私共の思いは必ず成功するはずである。もしも、私とこれからも一緒に行動してくれる積もりであれば、今は「正論」を慎み、そしらぬ顔をして、藩政府や諸友を安心させ、一年でも早く出獄を勝ち取るというのも妙案《みょうあん》である。

そして、続けて、「読書というものは最も人の考えを変えるものである。何と読書とは、恐ろしいものではないか。私は昨日、『建文諸臣伝《けんぶんしょしんでん》』（建文帝は、中国明王朝第二代皇帝）

を読み、しきりに死にたいと思っていた。今、『永楽諸臣伝《えいらくしょしんでん》』（永楽帝は、中国明王朝第三代皇帝）を読み、しきりに生きて思いを遂げたいと考えるようになった。しかしながら、忠というものは、誠に生来のものである。生きようと死のうとどっちでもいい。大切なことは、そのどちらか一つを選択したら、他は一切かえりみないことである」と記していた。

　これらの手紙を読んだ入江は、手紙の「うぬぼれではあるが、吉田義卿は我が国のために自愛するべきである」との行間に、「一人の松陰先生がご存命《ぞんめい》である限り、共に命を懸けようとする志士は少なくないでしょう」と記し、また、「首をくくろうとまで思った気持ちを、生涯忘れさえしなければ、私共の思いは必ず成功するはずである」との箇所には、「この気持ちが大切であります。出獄した後も、深く思いをめぐらせ、緻密《ちみつ》に計画を練れば、五年、十年以内には必ずよい機会を得ることができるでしょう。今の天皇や藩公を見捨てて、先にあの世へ行くべきではないと思いました」と注記している。

　入江の注記を見て、松陰は、改めて野村にあてた書に、「草莽崛起の論に賛成くださったとのこと、これからはお互い、心身を尽くして学問をするべきである。（中略）自重しなければ、大事をなすことはできませんぞ。（中略）私は昨年とは別の人間です。今年以降はまたひとかどの男になってみせましょうぞ」と返していた。

　また、二十二日には、入江にあて、「他人が私のことを何といおうと、自然体でいくと決めた。死を求めないし、死を避けもしない。獄にいるときは、獄でできることをする。獄を出られたら出てできることをする」と述べ、更に、「吾が殿にただちに尊皇攘夷をしなさい、というのは無理である。尊皇攘夷が実行できるような状態を作って差し上げるのがよい」と述べている。

そして、この四月中と思われる頃、松陰は野村和作にあて、次のように決意を述べる。

道義の道は至って広く大きいものである。餓死《がし》・諌死《かんし》・縊死《いし》・誅死《ちゅうし》（刑罰によって死ぬこと）、みなすばらしい。しかし、一歩引いて、生を盗むこともまたすばらしい。死ぬことは実にむずかしいものである。しかしながら、生を盗むことは、それ以上にむずかしいということを初めて知った。ところで、草莽崛起の案である。お前は、これから先、崛起してくれる人がいるのか、いないのかを考えて見なければならないという。これは、情勢や時機をうかがい、観察し、うまくいきそうであれば崛起しようとする考え方である。時勢こそどうであれ、私こそ崛起すると決めた人間である。野山獄を許されさえすれば、私は一人でもやる、といえば、粗暴に聞こえるであろう。しかし、それが志である。

（『書経《しょきょう》』の「大禹謨《だいうぼ》」にも）「朕《ちん》が志《こころざし》先《ま(ず)》づ定《さだ》まり、詢謀《じゅんぼう》するに僉《みな》同《おな》じ（朕、天子の志がまず定まり、人々にはかってもみな一致している）」というではないか。私は自分を頼みとする思いがないわけではない。老中間部詮勝《まなべあきかつ》を成敗しようと、十七名の連判状を取り付けた時、あの十七名は本当に死を厭わなかった。今、私は獄にくだり、代わりに小田村伊之助が同志を主導している。しかし、伏見要駕策に賛同し、同志となった者は三名もいなかった。これが、私が死ぬ訳にはいかない理由である。（私が崛起するのである）どうして、崛起する人を他に求める必要があろうか。求めはしない。
そして、ここで松陰は文脈をかえ、次のように、遠大な将来展望を語る。

しかしながら、これ以後の計画は決して藩政府の俗吏《ぞくり》へは話さない。また、そのような類の面々へは、とぼけ顔をしていく積もりである。せいぜいうまくやる。私は今年三十歳であり、（下田事件で）幕府のおとがめ受けてから五年が過ぎた。今から五年もたてば、幕府からのおとがめもあるいは許されるであろう。吾が藩もこれから三度参勤をくり返す内には、藩政府の役人の顔ぶれも一変する筈《はず》である。とすれば、私が出獄する日もあるであろう。出獄後、五年間は田舎で馬鹿顔をして過ごし、その後で、他国へ出走する。〈それまでには、出走先は手配しておく〉他国へ出て、五年後位に蹶起しても、年は四十六歳だから。ただし、これは賛同してくれる人がなく、時勢がうまくない時の予定である。

しかし、私が放囚されれば、人もあちこちから集まって来て、時勢も盛りあがり、多分、十五年の後までは待たせてはくれないであろう。〈私が考えている草莽崛起からすれば〉これが困るところである。これから先、十五年の間は、思いを隠して表に出さず、世俗にまぎれ、恥も気にせず、非難の言葉も厭わない。ただ、女性が来れば女性のように対応し、子供がくれば子供のように対応する。私は、こういう苦労は安政元年十月、野山獄へ収監されてから安政二、三年の暮れまでは、大体、経験してきたところである。安政四年の春頃からは大体分かってきた。だから、安政元年から安

政三年頃までの修行をもう一度行ってみせよう。積徳累善《せきとくるいぜん》（徳行を積み、善行を重ねること）でなければ、大事をなすことはできない。私は苦死《くし》（天皇などへの具体的な忠の実践を行わず、餓死《がし》・諫死《かんし》・縊死《いし》・誅死《ちゅうし》など、本人の精神的な満足のみを目的として求める死のこと）はできない男である。しかし、甘死《かんし》（天皇などへの具体的な忠を実践し、その後、享受する死のこと）は得意とするものであり、一向に人に恥じるものではない。なぜかといえば、誠の心をもつ人間だからである。（中略）伏見要駕策は元々死罪には相当しない。〈頭の中で考えただけであり、実際に行っていないからである〉無理に死を求めるのは苦死《くし》である。いつか十五年位の後、一国か一道に騒乱を起こした後は死罪となるであろうから、その時には、甘死《かんし》をやってみせよう。

そして、松陰は、この手紙に、「私は義というものを知っている。ただ、消極的、受動的に時勢の到来を待つだけの人間ではない。草莽崛起、どうして他人の力などを借りる必要があろうか。ありはしない。恐れ多いことではあるが、天朝も幕府、吾が藩もいらない。ただ六尺《しゃく》のこの体が必要なだけである。しかしながら、私はどうして義にそむくような人間であろうか。そむきはしない。ご安心、ご安心あれ。しかし、お前の返答を聞かない内は、諸友へ私との仲直りは許さない」と記し、更に、「以上、私の計画の一端を話した。あの日蓮《にちれん》は鎌倉幕府の勢いが盛んな時期であったのに、よくその教えを天下に弘めたではないか。北条時頼《ほうじょうときより》でさえ日蓮を押さえ込むことができなかったのである。実行に際しての大変な苦労を尊んで信じよ。ここじゃ、ここじゃ」と追記していた。

しかし、松陰が「恐れ多いことではあるが、天朝も幕府、吾が藩もいらない」と述べたからとしても、それが、すぐにそれらの否定を意味するものでないことはいうまでもない。それは、最後を「私はどうして大義にそむくような人間であろうか。そむきはしない」と結んでいることが示している。「義」を尽くす対象こそ、「天朝」であり、また、「吾が藩」であった。

生死観の悟り

また、同時期、松陰は品川彌二郎へあて、生死観に関し、「死生の悟りが開けないというのは余りに情けないので、詳しく話そう。十七、八歳の死が惜しければ、三十歳の死だって惜しいものである。八十、九十、百歳になっても、これで十分ということはない。草や水辺にいる虫のように半年の命のものもある。しかし、これを短命とはいわない。松や柏《かしわ》の木のように数百年の命のものもある。しかし、これを長命とはいわない。天地の悠久の流れに比べれば、松や柏の木の命だって一瞬というべきである。ただ、伯夷《はくい》のような心ある立派な人物は、周《しゅう》の時代から漢・唐・宋・明を経て、今の清《しん》の時代になっても、未だに死んではいない」と述べ、だからこそ、「人間はよく生きてもわずか五十年ではないか。七十歳まで生きる人など稀である。何か怒りや恨みに対し、すっきりと心が晴れるようなことをやって死ぬのでなければ、成仏《じょうぶつ》はできないぞ」と教え諭していた。そして、「お前は少しでも肝《きも》があるのなら、今の生き方は古人に対しては恥ずかしいだろう。今の人間はうるさいぞ。この世で何を楽しみとする積もりか」と、依然、煮え切らない態度の品川を叱責《しっせき》していた。松陰は本気であり、最後まで、品川ら門人に期待していたことが分かる。

「草莽崛起」論

さて、松陰のいう「草莽崛起」である。「草莽」は、『孟子《もうし》』「万章《ばんしょう》章句下《しょうくげ》第七章」に、「孟子曰《もうしいわ》く、国《くに》に在《お》るを市井《しせい》の臣《しん》と曰《い》い、野《や》に在《お》るを草莽《そうもう》の臣《しん》と曰《い》う（孟子がいわれた。まだ仕官しないで、国都《みやこ》に住んでいる者を市井《しせい》の臣といい、田舎に住んでいる者を草莽の臣という）」とあり、これからの借用と思われる。また、「崛起」も、中国宋王朝、毛晃《もうこう》撰の『増韻《ぞういん》』の「勃起《ぼっき》は崛起《くっき》と曰《い》う」などからの借用であろう。しかし、二つをあわせた「草莽崛起」という語は、管見の及ぶ限り、松陰以外の用例を見たことはない。したがって、これは松陰の造語ではないかと考えられる。

「草莽」の用例は、嘉永四年（一八五一）二月、松陰が二十二才の時、長州藩政府への「上書」中に初めて出てくる。その後、安政元年（一八五四）までに、「草莽」＝「民間、在野」という意味での用例は五例を数えることができる。安政二年から四年までの間、「草莽」の使用例は見あたらない。その後、安政五年五月以降再び使用が始まり、安政六年二月までに十八例を挙げることができる。これらは内容より、全て『孟子』にある「民間、在野」という意味での使用であったと見てよい。

安政六年二月九日、松陰は門人佐世《させ》八十郎あての書中で、「草莽崛起」の語を初めて使用している。以後、「草莽崛起」および「草莽の崛起」の用例は、安政六年四月頃までに、九例を見ることができる。それらは全て「民間、在野」の志士の蹶起《けっき》という意味での使用である。また、佐世以外では、入江杉蔵《いりえすぎぞう》・小田村伊之助《おだむらいのすけ》・岡部富太郎《おかべとみたろう》・久保清太郎《くぼせいたろう》・久坂玄《くさかげん》瑞《ずい》・野村和作《のむらわさく》・北山安世《きたやまあんせい》ら、同志および門人へあてた「趣意書」および書簡中での使用である。

では、松陰のいう「草莽崛起」の対象とは何だったのであろうか。これを今も、幕府、倒幕のための蹶起だったと見ている方は多い。しかし、松陰には、「兄弟墻《けいていかき》に鬩《せめ》げども、外《そと》其《そ》の侮《あなどり》を禦《ふせ》ぐ（『詩経《しきょう》』。兄弟が内輪げんかをしても、対外的には力を合わせて外部からの侮りを防ぐ）」という意識が強く、また、彼は終生、諫幕論者であった。よって、私は「夷《い》狄《てき》」、具体的には、米国を中心とした西欧諸国に対するものだったと考えている。その背景にあったのは、林櫻園が考えていたといわれる、「徳川政権を倒したとしても、後に同じようなものができるのであれば意味がない」という幕府観、また、生涯を通じて基本的に不変だった松陰の攘夷観などが指摘できる。

安政二年（一八五五）六月二十二日、松陰は『講孟劄記《こうもうさっき》』「梁恵王上《りょうのけいおうじょう》第五章」に、「夷《い》狄《てき》」を対象としたゲリラ戦の具体的なあり方まで展開している。また、安政六年三月二十六日には、入江杉蔵・野村和作兄弟にあて、「現在のなりゆきでは、諸侯は勿論時勢にうまく対応することはできず、また、公卿もできないであろう。かろうじて草莽に期待できるだけである。しかし、その草莽も実力がある訳ではない。天下を歩き回って、どこか百姓一揆でも起きているところへつけ込み、何か奇抜な謀《はかりごと》でも行うべきであろうか」と述べ、同年四月四日には、野村にあて、「現在、我が国を取り巻く時勢というものは、我が国や中国の歴史にもかつて見ることもできなかった程の悪いきざしが見られ、太平の世から戦乱の世を経ず、すぐに亡国となる程のものである。（中略）なぜかといえば、西欧諸国が幕府を箝制《かんせい》（束縛して自由にさせないこと）し、幕府は天朝と諸大名を、また、諸大名は全国の志士など心ある人々を箝制している。だから、今の諸大名が不本意にも、幕府に制圧されて、天朝へ不忠を行っているように、将来、西欧諸国に制圧されるのではないかと、それだけが心痛である」と述べていた。敵はあくまでも「夷狄《いてき》」であった。

これらより、私は、松陰の「草莽崛起」の最終目的は、「夷狄」、具体的には米国を対象とした、士農工商を問わない、全国民の蹶起による国民総力戦・ゲリラ戦の先駆けとしての蹶起であったと考えている。

第十一章

訣別の時

涙松の遺址

安政の大獄と松陰東送

安政五年（一八五八）四月、彦根藩主井伊直弼《いいなおすけ》が大老に就任した。就任直後の六月、井伊は天皇の勅許を得ぬまま日米修好通商条約に調印した。井伊は、調印の責任を、堀田正睦《ほったまさよし》らに負わせ、また、間部詮勝《まなべあきかつ》らを起用して、強権をもって反対派を弾圧しようとした。

そこで、井伊の政策をいきどおった水戸藩士らは朝廷に働きかけた。八月、朝廷は戊午《ぼご》の密勅《みっちょく》を水戸藩に下し、井伊の排斥を命じた。この朝廷の政治関与に、幕府は態度を硬化させ、直弼は水戸藩に密勅の返納を命じるのである。そして、一方では、間部詮勝《まなべあきかつ》を京都に派遣し、密勅に関与した人物の摘発を命じた。世にいう安政の大獄である。

安政五年九月、京都で梅田雲浜《うめだうんぴん》が捕縛され、翌安政六年正月までにほぼ四十余名の公卿・志士らが逮捕された。そして、最終的に連座した者は百名を越えた。

安政六年三月、江戸へ帰着した間部詮勝《まなべあきかつ》は捕縛した志士らの取り調べを本格化させた。その一環として、四月十九日、幕府より江戸の長州藩邸へ、松陰東送の内命《ないめい》がくだったといわれる。藩邸では、長井雅楽《ながいうた》らを萩へ帰国させた。長井らは五月十三日夜、萩に帰着した。そして、翌十四日、父百合之助へ、松陰東送という内命が伝えられた。同日午後、それは、兄梅太郎より野山獄の松陰に伝えられた。明治三十六年（一九〇三）頃の速記録、「杉民治談《すぎみんじ》」によれば、聞いた松陰は、すぐに「それはでかした」と返したという。

なお、この日の夕方、兄梅太郎は在江戸の飯田正伯《いいだしょうはく》・高杉晋作《たかすぎしんさく》・尾寺新之丞《おでらしんのじょう》からの手紙を届けるため、再び野山獄を訪ねている。松陰はこの高杉らからの手紙がよほど嬉しかったのであろう。その一部を、この日から書き始めた「東行前日記」に、「この度、先生は幕府の呼び出しをお受けになることとなりました。どうか全身全霊をもって、(我が国の属国化という)国難に対応してくださいませ。また、まごころを尽くして、公武合体を推奨していただければ、我が国にとって大きな幸いであります」と、自ら転記していた。この手紙により、高杉らに対する正月以来のわだかまりも消滅したとみてよかろう。

また、この日、松陰はそれぞれ児玉初之進《こだまはつのしん》、小田村伊之助《おだむらいのすけ》、久坂玄瑞《くさかげんずい》へ嫁いでいた妹千《ち》代《よ》・寿《ひさ》・文《ふみ》へあて、「私はこの度江戸へ召喚《しょうかん》されることとなった。どのような状況か分からないが、何にしても、五年、十年以内に長州へ帰国できるとは思えない。(中略)たとえ、命を落とすようなこととなろうとも、我が日本国のためになるのであれば、本望というべきである。しかし、杉家のご両親様へ対しては、大不孝であることは先日話した通りである。そこで、お前達は相談の上、どうか私の代わりに孝養を尽くして欲しい。しかし、ご両親様へ孝行といっても、お前達はそれぞれ自分の婚家《こんか》(嫁入りした家のこと)もあるのだから、婚家を捨てて、実家へ力を尽くすことは婦人のあるべき道ではありませんぞ」と教え諭す手紙を送っている。

高杉晋作の危惧《きぐ》

松陰東送の命に驚愕《きょうがく》したのは藩政府や、かつて松陰が藩政府の長井雅楽《ながいうた》や周布政之助《すふまさのすけ》を激しく非難していたことを知っていた門人の高杉晋作らであった。それは、松陰が、あるいは幕府の訊問《じんもん》の場において、長州藩の内情などを暴露《ばくろ》するのではないかという危惧であった。

東送の命令のあった四月某日、江戸で、世子毛利定広《せいしもうりさだひろ》（元徳《もとのり》のこと）は益田弾正《ますだだんじょう》（親施《ちかのぶ》のこと）にあて、「もしも、（松陰が）幕府の獄に入牢し、取り調べを受けるようにでもなれば、彼の気質であるから、また、何を申し出るかも予測できない」として、「そんな状況になった時にはどんな方法で彼を抑えるのか、対策を聞きたい」と述べていた。彼が危惧した内容が、「毛利家の安全」に関するものであったことはまちがいない。実際、後、五月中下旬頃、入江も松陰に送った書中に、「今誰が幕府の取り調べの場に出ても、吾が殿毛利敬親公は尊皇攘夷というお気持ちは全くなく、ただ徳川家のためのみを長年励んで来られた、とは申し上げがたい」と述べていた。

そして、高杉らの危惧は松陰の心を打ったものと思われる。松陰はこの日の夜、かつて、安政六年正月二十八日の時点で、正月十五日に来萩した播磨《はりま》の大高又次郎《おおたかまたじろう》と備中《びっちゅう》の平島武《ひらしまたけ》次郎《じろう》への藩政府の対応や以後の藩政府の政治方針らを記した「愚按《ぐあん》の趣《おもむき》」に、次のような一文を添え、行相府《ぎょうしょうふ》へ送っている。

別紙「愚案の趣」は、私がこの春書き記したものであります。あの頃より、少し時勢は変わっております。この度、私は幕府に逮捕されたとしても、訊問の際、お答えしようと思っているのは、以上のようなものに過ぎません。かつて、私の長井・周布への非難が余りに激しすぎたので、幕府に逮捕された際、ひょっとしたら、私人としての憤りから、災いを他の人へ転嫁するのではないか。また、その結果、長州藩へご迷惑をかけるのではないかと疑う人もいるということを、江戸にいる高杉ら三名の同志より忠告して来たこともございます。長井や周布を声高に非難したのも、もっぱら長州藩のためと思ったからこそであり、決して私人としての憤りからではありません。もしも、私的な感情でいえば、長井や周布が私を愛してくれる気持ちは、私も木石《ぼくせき》ではないので、どうして分からないでありましょうか。十分、分かっております。

また、今日のことは、「兄弟墻《けいていかき》に鬩《せめ》げども外《そと》其《そ》の侮《あなどり》を禦《ふせ》ぐ」という教えのようにあるべき状況であります。ですから、たとえ、我が身は粉《こ》と砕《くだ》かれようと、決して長井や周布へ災いとなるようなことは致しません。これは長井や周布が私を愛してくれた私人としての恩に報いるためではありません。長州藩への災難を除くためであります。吾が藩の国相府《こくしょうふ》、行相府《ぎょうしょうふ》へ、少しでも悪影響を及ぼすようなら、どうして私は世の中に対して、合わせる顔があるでしょうか。ございません。私は以前から他人を不忠とか不義とか、大分非難してきたので、（東送は）やむを得ないことであります。しかし、この度、我が身を捨てても、長州藩の国難を防がねばならないことは、早くから心中

深く覚悟しております。このことを、どうか行相府へお伝えくださいますよう、お願い申しあげます。

では、ここで、松陰が、「訊問の際、お答えしようと思っているのは、以上のようなものに過ぎません」という、「別紙」の主旨とは何であろうか。それは要約すれば二つある。一つ目は、「天皇のご命令のご趣旨は公武合体《こうぶがったい》（天朝と幕府とを一体化すること）、徳川扶助《ふじょ》（幕府を助けること）」であり、藩主毛利敬親公が建白された趣旨も、「天皇のご命令を尊び、従うのでなければ、我が国の人心が一つになることはない」ということであった。藩公が長州へのご帰国後、出されたご命令は、「天朝へは忠節、幕府へは信義を尽くせ」ということであり、家臣全員、謹んで承ったところである。しかし、それが、「（幕府からみて）宜しくない、ということであれば、それは天下の形勢や人心のなりゆきをうかがいながら、一死を懸けて（幕府と）論争する。そして、最もうまくいけば、これまで、天皇のご命令を無視し、米国使節のいうがままであった幕府のお考えを、あるべき姿に一変する、という、魯仲連《ろちゅうれん》の功績を建てたいものである」との対応策である。また、二つ目は、「江戸でも一時的に噂になった」という間部《まなべ》要撃策《ようげきさく》は、「全く私一人で考えた計画である。長州藩政府はいうまでもなく、同志らも全て解散しており、無関係である。以上をきちんと説明し、わずかでも毛利家の傷になるようにはしない。これは最初から覚悟していたことであり、今更、申し開きすることなど全くない」という対応案であった。

また、翌十五日、松陰は父杉百合之助にあて、東送の覚悟を、「この度の江戸行きは、将来的に、我が国の国難打開につながるものと確信致しております。それで、これまで、心が狂い、もとる行動を行ってきた私にとっては、随分大手柄だと思っております。とはいえ、幕吏と向き合っての取り調べでありますから、正義と至誠の心をもって、何があろうと挫折することなく、状況に従って、対応するしかないと思っております。ただし、他人の悪をあばき、己れを正しいとしたり、極めて激しい気持ちを主とする訳ではありませんので、どうかご安心ください。また、不孝の次第は、どうかお許しくださるようお願い申し上げます」と送っていた。

これらより、松陰が、この度の東送を、かねてよりの時務論を幕府に説く好機会と捉えていたことが分かる。

覚悟

一方、門人入江杉蔵は松陰の東送を絶望的に捕らえていた。十四日か十五日、入江は、「増野徳民・品川彌二郎が来ていうには、先生は幕府の命令により、江戸へ、捕縛《ほばく》され、護送されるとのことである。このような非常事態となり、私の魂は吹っ飛んでしまった。天命であろうか。先生がかつて、『他人が私のことを何といおうと、自然体でいくと決めた。死を求めもしないし、死を避けもしない。獄にいるときは、獄でできることをする。獄を出られたら、そこでできることをする』といわれた『自然説』を思い出すだけでも涙が出てしまう。長門の運はここに尽きた。我が国の運もここに尽きた」と松陰へ送っている。しかし、十五日、松陰が増野徳民へあてた書中に、「私は（この度のようなことは）前もって覚悟していた。我が国への忠義の実践もこの時である。よって、幕府の役人に負けてはいけないと、気持ちを奮い立たせている」と記していることを伝聞したのであろう。一転して、同日再び、「先生の平素から抱かれている志はすばらしいものがあります。どうかうまくやってください。我が国の天子の徳を明らかにし、正義を世に高らかに掲げてください。幕吏へ善《よ》し悪《あ》しをいって聞かせてください。〈しかしながら、幕府に対し、善し悪しをいって聞かせただけで、それで、先生の身はどうなってもいいというのでは、藩公への恩義に報いることにはなりません。きっとそんなことはありませんよね。先生のお気持ちをお聞きしたい。しかし、あらかじめ予言されることなどできませんよね〉」と激励していた。

その意味で、後、五月中下旬、かつて五月十四日、松陰が行相府へ送った別紙「愚案の趣」にあった幕府対応策の趣旨に対し、入江が、「先生、この度、取り調べをお受けになる時、敬親公の尊皇攘夷という本心を隠せば、却って、毛利敬親公は見識がなかったと、永遠に伝わることとなります。本当は、そのようなことなど耐えられないのではありませんか」と質《ただ》したことは当然であろう。

松陰は、この部分の行間に、「作間忠三郎に答えた詩に、『我が国は全て王土《おうど》であり、人民はいずれも、真っ赤に輝く太陽ともいうべき天皇を仰いでいる。さて、この度、私は江戸へ送られ、長州へ帰ることなど望むこともできないところである。だから、どうかいつ帰ってくるかとか聞かないでくれ。ただし、信念である尊皇攘夷の大義だけは、到る所で説き明かす積もりである。だから、安心してくれ』と答えた。これである」と記し、また、一転して、「江戸の藩邸の役人らも考えがあるであろう。だから、一、二度位は打ち合わせもしなければならない。しかし、長井らの様子では、彼らは私を相手としないであろう。その時には、私一人で知っていることは全て（幕府へ）話す積もりである」と述べていることは重要である。

では、十四日夜の主張とこの主張、どちらが松陰の本心だったのであろうか。私はどちらも本心だったと考える。それは、五月十七日、松陰が入江・野村兄弟へあて、「もしも私が、江戸への道中、または江戸藩邸で毒殺されたら、友人らは長井に陥《おとしい》れられたというであろう。しかし、お前達兄弟だけは、私は毒と知って飲むであろうことを分かってくれ。人にいわなくてもよい。心中で分かってくれ。ここで涙が落ちた」と、送っていることよりも明らかである。松陰は悩んでいたのである。この背景に、天朝への忠義、主人毛利敬親への忠、また、その藩政府への不信らの交錯《こうさく》があったことはいうまでもない。ただ、後、出萩直前の五月二十四日、同志である前田孫右衛門に送った訣別の辞に、「世の中がどのように移り変わろうとも、大義は厳然として存在する。だから、今回江戸へ送られたとしても、私の個人的な冤罪《えんざい》などを抗弁《こうべん》しようとする気持ちはこれっぽっちもない。（中略）さて、私はこの身を犠牲にしても、この度の国難《こくなん》に当たろうと思っているところである。日頃、知遇をいただいた諸友には、今を最後として、これまでいただいたご恩を感謝する次第である」と、詠っていることを思えば、すでに彼の意識に「私《わたくし》」はなく、「公《おおやけ》」に向いていたことだけはまちがいない。

なお、この間、小田村伊之助らは、松浦松洞に松陰の肖像を描かせ、更に、賛《さん》（絵に添えられる詩などのこと）を望んだという。それに応じ、五月十六日、松陰は次のような賛を記している。

三分廬《さんぶいおり》を出《い(ず)》づ、諸葛《しょかつ》やんぬるかな、一身《いっしん》洛《らく》に入《い》る、賈彪《かひょう》安《いず》くにありや。心《こころ》は貫高《かんこう》を師《し》とし、而《しこう》して素《もと》より立名《りつめい》なく、志《こころざし》魯連《ろれん》を仰《あお》ぎ、遂《つい》に難《なん》を釈《と》くの才《さい》に乏《とぼ》し。読書功無《どくしょこうな》く、朴学三十年《ぼくがくさんじゅうねん》、滅賊計《めつぞくけい》を失《しっ》す猛気《もうき》二十一回《にじゅういっかい》。人狂頑《ひときょうがん》と譏《そし》り、郷党衆《きょうとうおお》く容《い》れず、身《み》は家国《かこく》に許《ゆる》し、死生《しせい》吾《わ》れ久《ひさ》しく斉《ひとしゅ》うす。至誠《しせい》にして動《うご》かざるは古《いにしえ》より未《いま》だ之《こ》れあらず、古人及《こじんおよ》び難《がた》きも聖賢《せいけん》敢《あ(え)》へて追陪《ついばい》せん。

【口語訳】かつて、古代中国の諸葛孔明《しょかつこうめい》は漢《かん》王室の復興を謀《はか》り、まず、天下三分鼎立《ていりつ》（三つの勢力が、互いに向かい合って立つこと）を劉備《りゅうび》に説いて、南陽《なんよう》の草葺きの廬《いおり》を出て、蜀《しょく》の宰相《さいしょう》となった。このように、吾が皇室のご衰微《すいび》を復興しようとする英傑の士を今は見ることができない。また、後漢の賈彪《かひょう》は桓帝《かんてい》の時代、宦官《かんがん》による政権の占有化を憂えて立ち上がった天子の外戚や豪族らが逆に弾圧を受けた時、単身、都である洛陽へ入り、まごころを尽くして桓帝を動かして、彼らを助けた。今、幕府は安政の大獄で多くの志士を弾圧している。しかし、賈彪《かひょう》のような人物はどこにいるのであろうか。一人もいないではないか。私は心中、「物事がうまく行けば、全て王の手柄とする。失敗したならば、我が身一身で責任を取る」として義を貫いた趙《ちょう》の貫高《かんこう》を師として生きてきた。つまり、手柄を立てて、名声を得たいという気持ちなどは全くなかったところである。また、志は、気高《けだか》い節操を堅持して、秦《しん》に屈服することを潔《いさぎよ》しとせず、ついに国家のピンチを救ったという魯仲連《ろちゅうれん》を敬い慕い、その言動を模範として学んできたところである。しかし、才能の乏しい私には、色々な難問を解決することはできなかった。日頃、「三余読書《さんよどくしょ》」、「七生滅賊《しちしょうめつぞく》」をスローガンとして努力してきた。この三十年間の読書はただ古い学問のみに終わり、国家に貢献するものではなかった。

しかも、ふるさとの人々は私を狂暴であるとか、かたくなであると非難し、受け入れてはくれなかった。しかし、この身は国家に捧げ、死生については早くから一つと覚悟してきたので、死を恐れることはなかった。この気持ち、この覚悟は自分の天分と思っているので、この度江戸へ送られるのであれば、ただ自分の信念のままに、私の志を貫徹《かんてつ》するのみである。「至誠《しせい》にして動《うご》かざる者未《ものいま》だ之《こ》れあらざるなり（至誠《まごころ》を尽くして天下に感動させることのできないものはない）」とは、孟子もいっている通りである。私はこれという望みもなく、才能にも乏しく、とても昔の聖賢にはおよびがたい者である。しかし、必ず至誠を尽くして、昔の聖賢の後を追い続けるのみである。また、後、十八日、松陰は小田村へあて、更に具体的な決意を書き送っている。

至誠《しせい》にして動《うご》かざる者未《いま》だ之《こ》れあらざるなり。

私は学問をすること二十年、年齢は三十歳である。しかし、いまだに、この一語の意味をよく理解することができない。今、ここに江戸へ護送されることとなった。できることならば、この身でこの一語が正しいのか否かを証明してみたい。そこで、死ぬか生きるかという非常のことは、しばらく意識の外としたい。己未《きび》五月。

この私の言葉がいつの日か正しかったと証明されれば、どうかこの一文を世間に伝え、跡形もなく、消すことのないようにしてください。また、もしも私の思いが通ぜず、粉々になるようであれば、どうかこの一文を焼却し、恥を友達に残さないようにしてください。全てあなたの処置にお任せしますので。

松陰がいよいよ幕府の訊問に覚悟を固めていることが分かる。

別れの挨拶

また、この十六日の夜、かつて伏見要駕策に反対した松浦松洞、岡部富太郎らが挨拶に来た。松陰は、その時、二人はまだ自分を快く思っていない、と感じたようである。そこで、十九日、小田村へあて、「同門の友とは兄弟のようなものである。二人は私を兄のように慕い、私はいうまでもなく、彼らを弟のように可愛がってきた。それでなくても、松浦は才能にあふれ、岡部は気概に富んでいる。どうして、こんな人物を得るのは簡単だとして、容易に彼らを見捨てるであろうか。見捨てはしない。兄弟というものは、ちょっとした怒りをもったとしても、決して、あるべき関係をそこなうべきものではない」と述べ、「申し訳ありませんが、この気持ちを彼らに伝えてください。どうかお願いします」と、伝言を依頼していた。

五月十八日、そのような松陰に塾生らから、今後の松下村塾のあり方などにつき、次のような質問状が届いた。

松下村塾は創設の基盤の上に立って、益々発展させるべく、努力しなければいけないと考えております。そこで、塾の運営や教育などにつき、何かお気づきはございませんでしょうか。要点になるようなことを一言お聞かせいただければと思います。末永く守り続けて行きたいと思いますので。この期《ご》に及んで、このようなことをお聞きするのも誠に迂闊《うかつ》ではございます。しかし、今の松下村塾をお開きになった場所のこともあり、心ある者共はずっと維持、発展させて行きたいという気持ちでございます。ご意見を一言でもいただけますれば、ありがたいことでございます。

これに対し、松陰は、「村塾には小田村伊之助先生がおられる。どうして私の言葉など待つ必要があろうか。ありはしない。塾運営の最大の要点は、ただ、小田村先生を尊奉するのみである」と返していた。そして、それは、五月東行前頃、更に、入江杉蔵にあてた、次のような手紙となった。

久保清太郎・天野清三郎が来た。天野は見識の高い人物と私は見ており、それは多

分まちがってはいないだろう。これは高杉晋作が帰ってくるのを待って決めればよい。久保は本当に私を理解している人物で、今更いうまでもない。ここに涙を落とした話がある。久保が、「私は塾に行きたくなかったのではありません。本当に時間がなかったのです。ただ、品川彌二郎一人だけが時々来ては、先生や入江杉蔵の状況を話してくれておりました。品川は本当に恐れを知らない奇特な男でありますと云々《うんぬん》」と話してくれた。嗚呼《ああ》、久保は本当に人物というものを知っており、品川もまた人を知っているというべきである。塾の中にはぺらぺらしゃべる人は少なくない。だからこそ、いつも黙っている久保を尊敬しているのである。しかし、こういう人を見抜く見識をみれば、品川もまた私の同志という人物である。吉田栄太郎について、あなたはどうか一律に見ないでほしい。彼には大変敬服するところがあるのだから。これは私一人が分かっていればいいことではあるが。

私は結局不孝な子供であった。この度の江戸行きに、少しも父母のことを心配していないのだから。ただ、妹達が、「兄上様のことを悲しむ気持ちでご両親様にお仕えいたします」といってくれた。この言葉を聞いて、私は大変嬉しく思っている。お前がもしも私のことを惜しんでくれるのであれば、久保・久坂玄瑞と三人で真情を語り合え。三人が和《やわ》らぎ、心を合わせれば、どんなことでも心配するようなことはない。高杉晋作・佐世八十郎その他の同志も追々帰ってくるはずである。同志が一つの塊《かたまり》となれば、おのずから強いものである。久保・久坂はすでにこのことを承知しているから。

松陰が松下村塾の同志、門人らに、どうか、再び結束して欲しいと願っていたことが分かる。なお、この間の十七日、松陰は妹らへあて、「心あれや人の母たる人達よかからん事は武士《もののふ》の常《つね》（何があっても微動だにしない覚悟をもつようにしてください、武士の母となるであろう妹達よ。私が江戸送りになることなどは武士の常なのだから）」という歌を送っていた。

そして、虫が知らせたのであろうか。松陰は二十二日、兄梅太郎へあて、「家大兄に留別《りゅうべつ》す」との漢詩を贈り、また、二十三日には、父百合之助へあて、「家大人《かだいじん》に別れ奉る」という漢詩を贈っている。

松陰は兄にあて、「兄上にお別れ申し上げます。兄上は十四日、東行の命令があって以来、一日として野山獄へ来て、私を激励されなかったことはありませんでした。ある時には、夜分お帰りになりました。ご教示になることで、私事に関するものは少のうございました」と記し、次のように詠っている。

囚窓《しゅうそう》客去《きゃくさ》つて（つ）夜沈沈《よるちんちん》、限《かぎ》りなき悲愁《ひしゅう》またまた侵《せま》る。
万里《ばんり》重《かさ》ねて傷《いた》む父母《ふぼ》の志《こころざし》、三十年益《さんじゅうねんえき》なし邦家《ほうか》の心《こころ》。
狂頑《きょうがん》の弟《おとうと》なほ（お）豪語《ごうご》を為《な》し、友愛《ゆうあい》の兄強《あにし》ひて（い）放唫《ほうぎん》を助《たす》く。
情《じょう》は鶺鴒《せきれい》に至《いた》りて説《と》き得《え》がたく、棣花《ていか》落《お》ち尽《つく》して緑陰深《りょくいんふか》し。

【口語訳】野山獄を訪ねてくれた客（兄梅太郎のこと）も帰り、夜はだんだんと暗く、沈み行き、限りなき悲しみや憂いが私の胸に迫ってくる。考えてみれば、これから三百里の遠い江戸へ送られる我が身である。ご両親様のご心痛はどれ程のものであるかと考えれば、悩み、悲しまずにはいられない。しかも、三十年の間、国家社会のために、これといった貢献をすることができなかったのはいかにも残念である。

それなのに、愚かで、かたくなな弟である私は、なお詩文や建白書など、豪語をしている。しかし、親愛の情に富んだ兄はそれを咎《とが》めもせず、かえって私を励まし、私が声を張り上げて歌ったり豪語することを助けてくれておられる。何という幸せであろうか。危急非常の場合に、兄弟が助け合う至情というものは、あたかも鶺鴒《せきれい》のようなものであり、これは詳しく説明しがたいものである。今や庭梅の花も落ちつくして、兄弟の情の美しさだけが深いものがある。

また、「家大人《かだいじん》に別れ奉る」には次のように詠っていた。

平素《へいそ》趨庭《すうてい》、訓誨《くんかい》に違《たが(う)》ふ、斯《こ》の行独《こうひと》り識《し》る厳君《げんくん》を慰《なぐさ》むるを。
耳《みみ》に存《そん》す文政十年《ぶんせいじゅうねん》の勅《みことのり》、口《くち》に熟《じゅく》す秋洲一首《しゅうしゅういっしゅ》の文《ぶん》。
小少《しょうしょう》より尊攘《そんじょう》の志《こころざし》早《はや》く決《けっ》す、蒼皇《そうこう》たる輿馬《よば》、情《じょう》安《いずく》んぞ紛《ふん》せんや。
温清《おんせい》剰《あまね》し得《え》て兄弟《きょうだい》に留《とど》む、直《ただ》ちに東天《とうてん》に向《むか(つ)》って怪雲《かいうん》を掃《はら(わ)》はん。

【口語訳】ふだんは、いただいたお教えに違《たが》ってばかりで、誠に申し訳ないことでございました。この度江戸へ行き、これまでいただいたご教示を幾分なりとも行うことができれば、いささかでも父上様のお心を慰め奉ることができるではないかと思っております。思えば、幼少時、常にご教訓くださった「文政十年の勅《みことのり》」は、今以て耳底に強く残っております。また、「秋洲云々」という、日々口にしてきた「神国由来」はよく心に徹しておりますので、決してご心配にはおよびません。

私の尊皇攘夷という志は子供の頃からすでに確乎《かっこ》とした信念であり、今、あわただしく、駕籠《かご》で江戸へ護送されることとなりましたが、そんなことで私の信念が乱れることなどありません。父上への孝養は、よく尽くしてくれる兄、妹らに頼みましたので、私は安心してこれより江戸表へ参ります。そして、天日を覆《おお》っている、怪雲、つまり幕府の俗政策を一掃し、かねてご教訓いただいてきました尊皇攘夷の精神を貫徹致したいと思います。

この間の二十四日、門人久坂玄瑞《くさかげんずい》は松陰の様子を、在江戸の高杉晋作《たかすぎしんさく》にあて、「昨日、ひそかに、獄へ先生をお訪ねしました。先生はお痩せになり、厳しい雰囲気でありました。また、髪の毛は乱れて顔をおおっている状態でした。しかしながら、死に対しては、何とも思っておられない感じでした」と記し、また、「先生は君のことをしきりにお話しになっておられます。どうか、先生が江戸に着かれたら、時間を見て、早くお会いください」と報告していた。

また、小田村伊之助《おだむらいのすけ》は、松陰護送要員の中に松下村塾の門人を加えるよう、藩政府へ運動していたようである。しかし、藩政府は不測事態を考え、それは却下した。ただ、松陰の父百合之助の中間《ちゅうげん》（武家の奉公人のこと。仲間とも書く）である和田小伝次《わだこでんじ》、片野十郎左衛門《かたのじゅうろうざえもん》が加えられたのは、藩政府のせめてもの好意だったものと思われる。

最後の帰宅

この二十四日、藩政府から正式の命令書が父百合之助のもとへ届いた。それには、「この度、幕府において、松陰を取り調べるとのことにて、江戸へ早々に護送せよと、町奉行所より通知が来た。ついては、松陰を江戸へ護送するので、身柄を今晩中に担当の役人へ引き渡すように」とあった。これは、形式的に、父百合之助からの「借牢願」により、松陰が野山獄へ収監されていたという事情があったからと思われる。しかし、実際は、獄から直接江戸へ向け、出発する手はずになっていたのである。

ところが、門人でもある司獄福川犀之助《ふくがわさいのすけ》は久坂玄瑞《くさかげんずい》からの依頼もあった故か、独断で、家族らとの別れをさせるため、松陰を実家杉家へ「帰宅」させるのである。松陰、家族にとっては、この処置は望外の喜びであった。後、十月、藩政府もこの福川の処置を暗に追認し、彼が命令を聞き間違えたということとして、「十日間の遠慮《えんりょ》（自宅謹慎のこと）」という軽い罪で済ませている。

松陰の「帰宅」を聞き、この夜、多くの門人らが杉家へ集まって来た。家族、門人らは思いの丈《たけ》を松陰と語り明かしたものと思われる。この夜、母瀧《たき》は風呂を沸かし、それをつかうわが子に対し、「どうかもう一度無事な顔を見せておくれ」と語りかけた。松陰は、「見せましょうとも。必ず元気な顔をお見せしますので、安心してお待ちください」と微笑みながら、返したという。更に、母瀧は松陰を仏壇へとうながし、ろうそくを立てて、「無事に生きて帰れるように拝みなさい」と松陰に合掌させた。それを見ていた門人天野清三郎は、七十余年の後まで、その時の松陰母子の姿が忘れられないと語っている。

出立の朝

翌十月二十五日、出立の朝を迎える。この日、萩は朝から雨だったという。実家を発つ際、松陰は家族、門人らへ、「これがおいとまごいでござんす。どなたもご用心なされませえ」と挨拶した。また、叔父玉木文之進へは、「叔父様、ご用心なされませえ」とくり返した。そして、特に、生来、言語が不自由であった弟敏三郎の手を取って、「お前はものがいえないが、決して愚痴《ぐち》を起こさないように。全て堪忍《かんにん》が第一だぞ」と教えたという。その後、彼は護送役人へ対し、「皆、お世話じゃ。頼みますぜ」と述べ、駕籠中の人となった。駕籠は一度野山獄へ向かった。そこで、松陰は改めて「錠前附網掛《じょうまえつきあみがか》りの駕籠《かご》」に「腰縄《こしなわ》」を打たれ、護送役人ら約三十名に取り囲まれて、獄を発った。

やがて、駕籠は萩郊外の大屋《おおや》に着く。萩往還《おうかん》（萩城下から現在の山口市を経て、防府市へ通じる藩主の御成街道《おなりかいどう》）はこの大屋から左へ折れる。よって、ここは萩城下が見える最後の場所であった。萩を発つ旅人らは、ここから松並木の間に見え隠れする萩城下を振り返り、別れの涙を流したというので、「涙松《なみだまつ》」と呼ばれる場所であった。松陰も役人に請うて駕籠を止めさせ、窓から城下を名残惜《なごりお》しげに振り返った。そして、「帰らじと思ひ《い》さだめし旅なればひとしほ《（お）》ぬるる涙松かな（もう帰っては来ないだろう、と覚悟を決めた旅であるので、一層涙にぬれる、この涙松だなあ）」と詠っている。

駕籠は進む。二十七日、一行が呼坂《よびさか》（現周南市熊毛町）にさしかかった時のことである。松陰がふと目を上げると、道端には隠れるように村塾の門人作間忠三郎《さくまちゅうざぶろう》（後の寺島忠三郎《てらじまちゅうざぶろう》）が立っていた。松陰はわが目を疑った。ほんの一瞬であった。「先生」、その一言が作間の全てであった。松陰は何を語るでもなく、ただ無言でうなずいた。その時の心情を、松陰は、「かりそめの今日の別れぞさちなりきものをもいは《（わ）》ば思ひ《（い）》ましなん（はかない今日の別れこそ幸せなものである。何か言葉でも出せば思いが増してくるから）」と詠っている。いつわりのない心情であろう。なお、作間もこの別れを、「二十一回田《でん》大恩師（田は吉田の略。松陰のこと）の東行《とうこう》を奉送《ほうそう》す」として、次のような漢詩としている。

梅天五月《ばいてんごがつ》、雨風多《うふうおお》く、青山雲鎖《せいざんくもとざ》して日気濛《ひきくら》し。
檻車軋々《かんしゃあつあつ》として東《ひがし》に向《むか（い）》ひて去《さ》り、浩気凛然《こうきりんぜん》として気象 雄《きしょうゆう》なり。
天《てん》を仰《あお》いで大息《たいそく》し地《ち》に俯《ふ》して歎《なげ》き、腥風颯々《せいふうさつさつ》、肝胆《かんたん》を裂《さ》く。
国是日《こくぜひ》に非《ひ》にして国歩艱《こくほなや》み、満地《まんち》の風光 自《ふうこうおのずか》ら惨憺《さんたん》。
胡羯来《こかつきた》り迫《せま》る中 原《ちゅうげん》の地《ち》、哀憂《あいゆう》を掃蕩《そうとう》する、時至《ときいた》らず。
那《いかん》ともするなし妖氛九 天《ようふんきゅうてん》に塞《ふさ》がる、思《おも（い）》ひ起《おこ》して空《むな》しく歎《たん》ず九 重《きゅうちょう》の事《こと》。
狡兎未《こうといま》だ死《し》せずして走狗烹《そうくに》られ、鴟鳥 未《しちょういま》だ尽《つ》きずして良 弓 蔵《りょうきゅうかく》さる。
斯《こ》の行恨《こううら》みず吾《わ》が事 蹶《ことつまず》くを、綱 常《こうじょう》を扶植《ふしょく》して千古《せんこ》に香《かお》らん。

憶《おも(う)》ふ、君行《きみゆ》きて播攝《はんせつ》の間《かん》を過《す》ぐれば、暗愁《あんしゅう》、覚《おぼ》えず涙《なみだ》潸々《さんさん》たらん。
一別心事《いちべつしんじ》、限《かぎ》りなきの恨《うら》み、腸《はらわた》は断《た》つ京城万重《けいじょうばんちょう》の山《やま》。

【口語訳】 梅雨時の五月の空は雨、風が多く、青々と茂った山々も暗雲に閉ざされて、太陽の光もはっきりしない。先生を護送する檻車《かんしゃ》（罪人を乗せる車。実際には、網駕籠であった）は、ぎしぎしと音を立てて東へ向けて去っていった。しかし、先生の態度は実に凜々《りり》しく、雄々《おお》しいものであった。この状況に、私は空を仰いでため息をつき、地に伏してなげいた。我が国を汚《けが》す夷狄《いてき》（外国人のこと）故の生臭い風はさっと吹き去り、私の心をかき乱していく。我が国の方針は、日々道理に合わないことばかりであり、国家の前途も暗澹《あんたん》たるものである。よって、地上一面の景色も自然と悲しく、痛ましく見える。外国は我が国に迫り来ておるのに、そんな我が国を悲しみ、憂えている気持ちを一気に払い去る機会さえ未だに来ない。悪いことの起きそうな怪しい気配は、天皇のおられる宮中までおおっているのに、それをどうすることもできない。それを思い起こしては、ただなげくばかりである。悪賢くすばやい兎（我が国に迫っている外国人のこと）はまだ死んでもいないのに、それを捕らえる猟犬（松陰のこと）は殺され、また、悪い鳥（我が国に迫っている外国人のこと）はまだ生きているのに、それを射殺す素晴らしい弓（松陰のこと）は蔵に収められた。

　先生、どうかこの度の江戸行きで、恐れながら、先生ご自身に不幸が降りかかるようなことなろうとも、決して怨まないでください。人として守るべき大道を我が国に植え付け、とこしえにその名を香らせてください。この先、先生の駕籠が進み、播磨と摂津をお通りになる時には、先生はさぞ人知れぬ深い悲しみに襲われ、自然と涙をお流しになるのであろう、と思っております。お別れした時の気持ちは、限りのない恨みでありました。更に、先生が多くの山々に囲まれた京都の地を通過される時、悲痛な思いをされるであろうことを思えば、将に腸《はらわた》がちぎれるほど悲しい気持ちであります。

この後、二十八日朝、高森《たかもり》（現岩国市周東町）を発った一行は長州藩と芸州藩の藩境にある小瀬川《おぜがわ》を越え、長州を後にした。その際、松陰は、「夢路《ゆめじ》にもかへ《え》らぬ関を打ち越えて今をかぎりと渡る小瀬川（夢の中でさえ、もう帰ってくることはないであろう関戸《せきど》（現岩国市関戸）を超え、今限りであろう小瀬川を渡るところである）」と詠っていた。

六月九日、一行は湊川《みなとがわ》を通過した。その際、松陰は楠木正成《くすのきまさしげ》を思って、「かしこくも公《きみ》の御夢《みゆめ》にいりにしを思へ《え》ば今も死せざらめやは（大楠公は恐れ多くも天子さまの夢枕にお立ちになりました。そう思うと今もお亡くなりになっていないのでしょうか）」と詠い、また、「嗟《ああ》、私は死ぬのみである。死の他になすべきことはない」とまで断言している。では、同年四月に、「うぬぼれではあるが、吉田義卿は我が国のために自愛するべきである」と述べた松陰の生死観は変わったのであろうか。そうではない。出萩直前の五月中下旬頃、入江にあてた書中に、「江戸でも、むやみに私が行相府へ出しゃばれば、役人らも、松陰が出てきては大変だなどと考えて、困窮した果てには、私に毒を与えるだろう。私は大変このような死を恐れている。死ぬるのは、随分と立派に死ななければならない」とあることがそれを示している。これより、松陰の理想とする死とは、「甘死《かんし》」、誠を尽くして「義」を実践し、その結果享受する死を意味するものであることが分かる。中心はあくまでも「義」を生きることにあった。

六月二十五日、一行は、無事江戸藩邸に着く。松陰はすぐに邸内の牢に収監された。そして、この間、藩政府の役人松田《まつだ》清吉・河野尚人・梶山《かじやま》文右衛門らの取り調べを受けた。幕府の「吟味」に対する事前指導であろう。世子《せいし》毛利《もうり》定広《さだひろ》（元徳《もとのり》のこと）の不安が主因と思われる。そして、松陰に、結果的にせよ、「決して、ご迷惑を長州藩に及ぼすようなことは致しません」といわせていることは、彼らの「指導」が功を奏したことを示している。

江戸評定所《ひょうじょうしょ》

安政六年（一八五九）七月九日、松陰は幕府の評定所に呼び出され、第一回目の取り調べを受ける。

取り調べの要点は二点あった。一点目は、「梅田源次郎《うめだげんじろう》（雲浜《うんぴん》のこと）が長門の国へ行った時、ひそかに面会したということであるが、何の相談をしたか」ということである。事実、梅田は、安政三年十二月中旬から翌安政四年正月十四日まで来萩して滞在しており、松陰ともひそかに面談していた。また、その間、松陰からの依頼により、「松下村塾」という額を作っている。また、二点目は、「御所内に落文《おとしぶみ》（落書《らくしょ》ともいう。公然といえないことなどを記し、わざと道路などに落としておく文書のこと）があった。その筆跡がお前の字に似ていると、梅田源次郎その他、申し出た者がいる。その覚えはあるか」ということであった。

松陰は当日の取り調べの様子を、同七月九日付けの高杉晋作あての書簡に次のように記している。それによれば、一点目の訊問に関し、次のようなやり取りがあった。

「特別に相談したことなどありません。ただ、禅を学べとか、学問のことを話し合っただけです」

「では、なぜお前は蟄居中であったのに、わざわざ面会したのか」

「ご不審に思われることも、もっともであります。私も梅田が何を考えていたのかは知ることはできません。ただ、梅田がいうには、『私が長門の国へ来たのは、君が嘉永六年の十二月、熊本から江戸へ帰る際、わざわざ京都の私の家を訪ねてくれたからである。その後、次第に長州人との縁もできた。それで、そのきっかけを作ってくれた君のことを思って来たまでである。特別、相談したいことがあって来たのではない』と。それで、私も敢えて断らずに面会したまでであります」

また、二点目の訊問は、以下のようなものであった。

「決してそのようなことをした覚えはありません。私の記したものは、『狂夫《きょうふ》の言《げん》』・『対《たい》策《さく》』・『時勢論《じせいろん》』・『大義《たいぎ》を議《ぎ》す』など、幕府が忌み嫌うものも少なくありません。もしも、これらの著作を、他人が持ち去って、御所内へ投げ込んだのであれば、私の意志ではなく、他人が勝手にしたことで、何とも仕方がありません。しかし、私はわざわざ落文《おとしぶみ》などは致しません」

「では、お前は上京をしたことはないか」

「私は蟄居《ちっきょ》していた一室の他、ずっと隣家へさえも行ったこともありません。これは、萩中の多くの目や耳もあり、隠しおおせるものではありません。それなのに、どうして上京など致しましょうか。致しはしません」

「国家を憂える余り、他人に依頼して、落文をさせたということはないか」

「私の考えは全く違います。お疑いであれば、試しに私の『時勢論』をご覧下さい。私は明らかに、立派な天皇、賢い将軍、また、忠誠心に富まれた諸大名らが、具体的な実践をおやりになれない、ということが分かっております。だから、自ら天下国家のために立ち上がろうと思ったのです。どうして、落文などという手段で、立派な天皇のお気持ちを責めることなど致しましょうか。致しはしません。このようなことを私は絶対に致しません。大体、落文はどのような文面でございましょうか」

そこで、奉行は最初の数行を読み出した。それを聞き、松陰はいう。

「私の文章ではございません。もしも、私が書簡を書こうとすれば、藍色の縦二十字、横十行の原稿用紙に楷書《かいしょ》で記します。それ以外の用紙は私のものではありません。落文はどのような用紙でございますか」

「縦の継立紙《つぎたてがみ》（半紙などをつなぎ合わせて所定の大きさにした紙のことカ）である」

「ちがいます」

ここで、奉行は話題を変えた。

「赤根武人《あかねたけと》（松陰の門人）を知っているか」

「よく知っております。彼は少年の頃、私の家へ来て、寄宿《きしゅく》しておりました」

「武人はお前の考えを全て知っているか」

「おそらく、一、二は知っているでしょうが、八、九割方は知らないでしょう。彼は梅田の塾に入塾しておりました。梅田が捕らえられた際、不審な点がなかったので、帰国を許されました。その時、萩に来て、半日ばかり話しました。しかし、すぐに吾が長州藩を亡命して、上京致しました」

「武人はなぜ上京したのか」

「師である梅田が逮捕されたのであります。その弟子が亡命して上京した。その理由など聞かなくても分かるというものではありませんか」

松陰はこの時、奉行が何とかして、自分を梅田の一味としたい意向であることを感じた、という。そこで、それを憤り、また、なげいていった。

「梅田もまた奇特《きとく》な武士で、私とはお互い認め合っており、浅からぬ仲ではございます。しかしながら、梅田は勝手気ままで、自ら尊大なところがございます。また、他人を子供のように見下します。それで、私の心中も、大変穏やかでないものもありました。だから、私は梅田と物事を一緒にすることなど考えたこともございません。私は別になすべきことがございましたので」

実は、この梅田こそ、「下田事件」の同志であり、また、事件後、肥後藩の宮部鼎蔵らと共に、江戸伝馬町獄に収監されていた松陰の奪還を画策したという、将にその人であった。よって、この供述は、梅田をかばうための偽言だったことが分かる。

以上、幕府の取り調べに関しては、玖村敏雄氏も述べているように、「この二箇条に関する限り事実に於《お》いて全く無罪」であった。

弁駁《べんぱく》

ところで、出萩に当たり、「この度の江戸行きに際し、私がどうして自分の無実の罪を幕府に訴えたりするであろうか、ありはしない」と述べ、また、「幕府の議論を一変させて、魯仲連《ろちゅうれん》の功績を建てるべきである」との覚悟で出てきた松陰が、この程度の尋問で終わることに満足したであろうか。私には到底そうとは思えない。

ちなみに、ここで松陰のいう「魯仲連の功績」とは、古代中国において、趙《ちょう》と魏《ぎ》の二国が秦《しん》国を盟主《めいしゅ》として迎えようとした際、魯仲連はそれに断固反対し、「もしも、秦の王様が天下の帝王となるのであれば、私は海に入水《じゅすい》するであろう」と述べて、敢然と大義を主張してそれをやめさせたことを指す。つまり、松陰の場合、孝明天皇の命令に反し、米国使節ハリスのいうがままの政策を続ける幕府に我が国の大義を説き、政策を一変させる、という覚悟だったものと思われる。とすれば、彼が以後、幕吏に対し、ペリー来航以来の我が国の状況を述べ、幕府の行ってきた政策に弁駁《べんばく》（他人の説などを攻撃し、論破すること）し始めたことが理解できる。奉行はそれに耳を傾けたという。そして、「これは当面の罪状とは関係のないことではある。しかし、お前の国家・社会を憂えるまごころは素晴らしいものがある。お前のためにそれを詳しく聞いてやろう。こと細かに陳述してもよいぞ」と松陰を誘った。松陰は、その態度に、「感謝再拝《さいはい》」し、暗記していた、幕府と米国との応接外交文書を一々挙げながら、弁駁を開始した。それを耳にした奉行は顔色を変えていう。

「お前は実家に蟄居しておったというのに、どうして国家の動向を詳しく知っているのか。何とも怪しいものである」

「私の親族には、読書好きで、国家を憂えている者が三名おります。これらは常に私の国を憂えるという志を是《ぜ》としており、私のためにあらゆる方面の情報を探し求め、それを知らせてくれておりました。これが私が国家のことを知っている理由です」

そして、松陰は一息ついで、次のように話した。

「実は、私には死罪に相当するものが二つございます。それらは将に自首するべき内容であります。ただ、この罪が他の人々へ波及してはいけないと大変恐れております。それで、あえてお話ししないのであります」

奉行は内心、さぞびっくりしたことであろう。しかし、あえて温厚な顔を作り、松陰を慰めるかのように、「それは大罪となることはないであろう。話すことを妨げはしないぞ」

といった。

松陰はこの奉行の反応に、「この人も人としての立派な心をもっている。たとえ欺かれたとしてもいいのではないか」と考え、まず、久坂玄瑞《くさかげんずい》と久保清太郎《くぼせいたろう》、二人の名前を告げた。奉行はそれをなじることもなく、却って、「ところで、お前は死罪に相当することが二つあるというが、何であるか」と聞いた。松陰は応えていう。

「現在の情勢を見れば、天皇、将軍、諸大名達は決して大義を実践することなどできません。私は、明白に、行われないであろうことが分かっております。だから、自ら行おうと考えたのであります。それで、手紙を大原三位《おおはらさんみ》へ送り、我が長州藩へお出でくださるようお願い致しました。もしも、大原公がお出でくださるのであれば、公と協議して、我が藩主毛利敬親《もうりたかちか》公に大義を説き、お諫め申しあげようと思っておりました。しかし、大原公からは、下向《げこう》するという、確かなご連絡はありませんでした。私は、公を、共に行動するに足る人物ではないのではないかと疑問をもちました。

そんな時、たまたま間部《まなべ》侯が上京し、朝廷を惑わせ、乱そうとされていることを聞きました。それで、同志で連判状を作り、上京して、間部《まなべ》侯を問い詰め、責めようと致しました。この二つのことは未だ実践しておりません。しかし、長州藩は命令をくだし、私を捕らえて、入獄させせられました」

奉行は飛び上がらんばかりに驚いたものと思われる。しかし、松陰の書簡などには、奉行の反応は記されておらず、ここで、一旦、取り調べが中断された、とだけ記してあった。

そして、再び、松陰は取り調べの場へ呼び出される。

「お前は間部《まなべ》侯を問い詰め、責めようと思ったということである。しかし、もしも間部侯がお聞き届けにならなかった時には、これを斬ろうとしたのか」

「そんなことは考えたこともございません」

「お前が計画したことは誠に国家・社会のためを思ってのことであろう。しかし、間部侯は幕府の高官である。お前はそのようなお方を斬ろうと思ったのであろう。大胆も甚だしい、覚悟しろ。取調中、揚屋《あがりや》（江戸、小伝馬町の牢屋のこと）への入牢を命ずる」

以上が、松陰が記した、評定所での訊問の一部始終であった。

確信的行動

ところで、この取り調べにおける、松陰の「死罪」云々の告白について、玖村敏雄氏は、「自《みず》ら語るに落ちて」とか、「藪蛇《やぶへび》の感なきを得ない」などと評している。そうであろうか。私は逆に、これこそ、確信的行動だったと考えている。その根拠は大きく分けて三点指摘することができる。

一点目は、松陰の性格である。彼は、安政二年三月、従兄弟《いとこ》である玉木彦介《たまきひこすけ》の元服を祝して贈った「士規七則《しきしちそく》」中に、すでに「武士の行いは、飾り気がなく、真面目《まじめ》で、自他をだまさないことを最も大切とする。ごまかし偽《いつわ》って失敗を隠すことを最も恥とする。人として明るく希望に満ち、正しく堂々とした態度や行動などは、みなここから生まれる」と述べている。また、取り調べ後とはいえ、安政六年八月二十五日、伝馬町獄の同囚堀江克之助にあて、「すでに召し捕らえられている以上、大抵のことは明白に申し上げる。そして、私がまちがっているのか、それとも正しいかの取り調べをお願いし、奸人《かんじん》（ここでは幕府の重役および取り調べの役人らを指すと思われる）らと対決する、という方法がよいのである。一身を犠牲にする、という覚悟があってこそ、初めてこちらの本心も相手に分かってもらえ、何事もうまくいく、と考えております。このような気持ちももたず、ただ、自分だけ助かりたい、同志をかばい、助けたい、ということばかりに意識を向け、いいたいこともいわず、ひたすら、うまく、当面の状況を乗り切ろうとだけすれば、守りの訴訟《そしょう》となり、却って、奸人らによって、思うままにされてしまうであろう」と記していることである。

二点目は、松陰が抱いていた当時の我が国の政治状況に対する認識、また、彼がかつて萩で置かれていた状況である。安政六年二月九日、門人佐世八十郎へあて、「本物の忠孝の実践に志があるのであれば、一度は亡命をして、草莽崛起を企てなければいけません」と述べているように、松陰は米国による我が国支配の状況は進展している、と憂慮していた。

確かに、手紙などにより、これらを同志・門人らへ語ることは可能であった。しかし、自身が行動することはおろか、また、当の要路者《ようろしゃ》へ語る機会などはなかったのである。そして、そのような松陰が安政五年末以来、再収監された野山獄も、「借牢」形式であった。よって、今でいう刑期はなく、また、取り調べの類もなかった。その意味で、松陰が、東送という内命を伝えた兄梅太郎へ対し、「それはでかした」と返したことは、少なくとも、幕府の当路者へ対し、国政に関する意見を述べる絶好の機会が来た、と喜んだ、一つの証拠とみてよかろう。

このような松陰が、単に幕府側の訊問だけで満足したであろうか。私には到底そうは思えないのである。

更に、三点目は、当日、松陰が高杉晋作へあてて、取り調べを振り返り、「今日、奉行へ話したことの結果は、次の三つの内のいずれかになるであろう。もしも、奉行が私の話に耳を傾け、天下の大切な政策、すぐに実行すべきことを理解し、その一、二の処置を行うのであれば、私は死罪となろうとも、名誉となる。また、もし、それらの処置を実施することができなくても、私のまごころを理解し、死罪を免除するのであれば、私は生きながらに、名誉となる。また、もしも、私は死罪となり、その上、むやみにそれが親戚や友人らに及ぶようであれば、何とも辛いことではある。しかし、これもまた太平のたるんだ気を奮い立たせ、励ます一助とはなろう。いずれにせよ、それぞれすばらしいことではある」と報告していることである。これは、当日の「自白」に関し、満足以外の何物でもない証拠となる。

また、七月中旬、高杉晋作からの、「立派な、心ある男子が死ぬべきところとはどんなものでしょうか」との問いに対し、松陰は次のような意見を披瀝《ひれき》している。

死は好むべきではない。また、厭《いと》うべきことでもない。行うべきことは全て行い、もう行うべきことが尽きて、心が安らかである状態。これが死すべきところである。

世の中には肉体は生きているが、心が死んでいるものがいる。また、肉体は滅びていても、魂が生き続けているものがいる。心が死ねば、生きていても意味はない。魂が生き続けていれば、肉体は死んだとしても意味がある。（中略）死んで朽ちない、という見込みがあれば、いつでも死ぬべきである。また、生き続けて、国家・社会へ大きな貢献を残す、という見込みがあれば、どんな状況であろうとも、生き続けるべきである。私の考えからすれば、生きるとか死ぬるとかは思いの外に置き、ただ、いうべきことをいうだけである。

そして、続けて、最も苦慮していた対米政策、また、国内問題に関し、次のように述べている。

私は江戸に来て以来、米国の行っていることを見聞し、大いに驚き、また、ひそかに喜んでいる。しかし、一方、（我が国の対応については）大変残念に思っていることがある。米国人は横浜の本牧《ほんもく》だけでは不足だとして、江戸に進出し、腰をすえて、市中を自由に行き来している。これは、条約の内容からすれば当然のこととはいえ、実際にそれを目撃したので、大変驚いた。（中略）米国人は吾々日本人を手なずけ、抱き込む手段において、大変、英国人に劣っている。この点は、ひそかに喜んでいる。しかしながら、機会というものは得難く、また失いやすいものである。現在の米国人の行いは、一時的には民心を失うであろう。しかし、数十年の間、平和であれば、民心も従順になり、服従するようになるのである。今のこのような機会を失う、ということはいかにも残念である。幕府は、最初は、米国の力を利用して、他の西欧諸国や我が国の諸侯らの動きを押しとどめようと思っていたようである。しかしながら、現在では、どことなく、それを悔い、反省しているような気配である。そうだとしても、米国を膺《よう》懲《ちょう》するための奇抜なはかりごとがなければ、相率いて一緒に滅亡する以外方策はない。

なお、また、安政の大獄の発端となった密勅《みっちょく》降下問題（安政五年八月、孝明天皇が幕府と水戸藩に対して下賜《かし》された勅書。水戸藩への勅書は正式の手続きを踏まない、前例のない藩への直接降下であったので密勅となった。戊午《ぼご》の密勅という。内容は、幕府には、水戸斉昭らの処罰の理由を問い、更に御三家や諸大名は幕府に協力して公武合体を強化せよとの趣旨のものだったといわれる）についても、幕府は最初、思い違いをしていたようである。だんだん取り調べが進んでみれば、それ程、幕府への反逆を企てていた訳ではないので、現在では少し後悔しているようである。以上より、現在は諸侯にとっては大変大切な時期である。今、正論をもって幕府の責任を問う、というのは宜しくない。しかし、最もよいのは、大老井伊直弼、老中間部詮勝《まなべあきかつ》については、誠実に忠告をすることである。また、次策は人知れず自藩を富強にして、いつでも幕府が頼みとするような藩となるように努力することである。

松陰が、「生きるとか死ぬるとかは思いの外に置き、ただ、いうべきことをいうだけである」と述べ、更に「幕府」は「悔い、反省しているような気配である」と記していることは、「生き続けて、国家・社会へ大きな貢献」ができるのではないか、と感じ始めていた証左となる。

その後、取り調べはしばらく間が空き、九月五日、十月五日に行われた。しかし、松陰は、九月六日には、同囚堀江克之助にあて、「私の処分はどのようになるのでしょうか。国元でまた蟄居《ちっきょ》となるのでしょうか。それとも、他家預けにでもなるのでしょうか。どちらになっても、志は以前と同様にて、全く挫けることはありません」と送り、また、十月には、門人飯田正伯《いいだしょうはく》へ、「昨五日、私は評定所に呼び出されました。まだ口書《くちがき》（江戸時代、法廷で当事者の申し立てを筆記した供述書のこと。誤りのないことを承認した証として印などを押させた）を行ってはおりませんが、まちがいなく、慈悲にあふれたお取り調べとなるようです。（中略）死罪は免除されるようです。遠島でもないようです。追放は願うところですが、恐らくそのようにはならないでしょう。とすれば、重ければ他家預け、軽ければ、また以前のように帰国ということでしょう」と述べていた。これより、彼に死の予感など皆無であったことが分かる。

刑死

十月十六日、松陰は評定所に呼び出され、「罪状の申し渡し」を受けた。翌十七日、彼は門人尾寺新之允《おでらしんのじょう》にあて、「私は昨日呼び出しがあり、供述書に署名しました。それは、思いもかけなかった判決でありました。ただ、今更、途方に暮れることなどしませんが、きっぱりと覚悟しました。（中略）文末に、『公儀に対し不敬の至り』という文章があり、また、『お調べを受け、私の誤りを深くお詫び申し上げます』という一文がありました。とうてい、生きる道はないことと覚悟しました。（中略）取り調べの役人が終始寛容であったのは、全く意味のないことを、いかにも意味ありげにして、私を騙《だま》しただけであります。石谷因幡守《いしがやいなばのかみ》（石谷穆清《あつきよ》のこと）・池田播磨守《いけだはりまのかみ》（池田頼方《よりかた》のこと）らは最初から首を取る積もりにまちがいなかったのであります。（中略）鵜飼《うがい》（水戸藩士鵜飼幸吉《こうきち》のこと）や頼《らい》（儒学者頼三樹三郎《らいみきさぶろう》のこと。頼山陽《らいさんよう》の子）・橋本（越前藩士橋本左内《さない》のこと）らの高名な人々と同じ死罪であれば、私には満足である。昨日の幕府の役人とのやり取りについては、随分と納得できない言葉も多かった。しかし、これを一々いってもおもしろくない。ただ、天下後世の賢者には、どうか私の志を知っていただきたいものである。（中略）いずれ、十日以内には全て片付くと思っている」と送っている。これより、松陰は十六日に初めて「きっぱりと」死を「覚悟」したことが分かる。

　さて、死罪宣告を受けた松陰は、二十日、父・叔父・兄にあて、永訣の書をしたためる。

日頃の学問が足らず、また、浅はかでありましたので、私の至誠は天地を感動、理解させることができず、死罪確定となりました。さぞお嘆き、お悲しみになることとお察し申し上げます。

親思ふ《（う）》こころにまさる親ごころ
けふ《（きょう）》の音づれ何ときくらん

【口語訳】父母のことを心配している私の心より、私を心配してくださる父母の心の方がはるかにまさっている。今日の便り（私の刑死確定の知らせ）をどんな思いでお聞きになるのであろうか。

しかしながら、去年十月（正しくは十一月）六日にお送り致しました手紙をとっくりとご覧いただきますれば、それほどまでに、嘆き、お悲しみになることもないかと思っております。なお、この五月、旅立ちの際、心に思うことは一々申し上げておりますので、今更思い残すことはございません。この度、漢文で記しました「諸友に語《っ》ぐる書」もお回し読みくださいませ。

幕府は正義を全くお取り上げになることなどなく、西欧諸国は我が国で、その権威をほしいままにし、振る舞っております。しかし、我が神国は未だに衰え、すたれてはおりません。上には心ある立派な天皇がおられ、下には忠義に燃える志士が充満しております。ですから、我が天下・国家のこともお力落としにならないようお願い申し上げます。どうかお心持ちを大切にされ、長命をお保ちになりますように。以上。

十月二十日　したためました。　寅二郎《とらじろう》（ママ）百拝《ひゃくはい》

家大人《かだいじん》（父杉百合之助のこと）膝下《しっか》

玉丈人《たまじょうじん》（叔父玉木文之進のこと）膝下

家大人（兄杉梅太郎のこと）膝下

松陰は、ことここに至っても、「幕府は正義を全くお取り上げになることなどなく、西欧諸国は我が国で、その権威をほしいままにし、振る舞っております」と述べていた。これと、同日、入江杉蔵にあて、「私が萩を出発する際、お前が、『一命を投げ出す、ということをきっと腹に据えて』ということをいったが、実に至当な言葉であった。私が誠といったのは、まだ命が惜しかったからであろう。今となっても、後悔の気持ちも少なくはない。しかしながら、命を惜しんだのも、訳もなく惜しんだのではない。大原公並びにお前達のために半ばは惜しんだのである。この度、私一人が死ぬこととなり、大原公やお前などにわざわいがなかったことは幸いなことであった。お前達もこの後の死すべきところをしっかり考えるべきであるぞ」、と送っていることを合わせ考えれば、松陰が天下・国家のため、死ぬわけにはいかない、との意識をもっていたことは明白であろう。

その意味でも、彼が二十五日から書き始めた、遺書ともいうべき書に、「留魂録《りゅうこんろく》」、魂だけでもこの世に留まる、と名付けた意味が分かる。

留魂録

さて、「留魂録《りゅうこんろく》」である。松陰はその書き出しに、「身《み》はたとひ（い）武蔵《むさし》の野辺《のべ》に朽《くち》ぬとも留置《とどめおか》まし大和魂《やまとだましい》（私の体は、よしんば武蔵の国の野原で朽ちることとなろうとも、大和魂だけはこの世に残し置きたいものである）」と詠む。そして、「去年以来、恐れ多いことではあるが、天朝と幕府の間には誠意が互いに食い違って、通じないという状況があった」と述べ、それに対し、自分は、「取るに足りないものではあるけれども、天が私の誠を分かってくださるのであれば、幕府の役人も必ず私の説くところを分かってくれるだろう、と志を立てた。しかし、蚊《か》や虻《あぶ》に山を背負わせる、微力《びりょく》なものは、重任に堪えられない、という言葉通り、ついにそれを果たすことはできず、今日にいたった。これも、私に徳が少ないためであり、今更、誰をとがめ、怨むことがあろうか。ありはしない」と断じる。更に、取り調べの経過を振り返り、「鯖江公《さばえこう》（間部詮勝《まなべあきかつ》のこと）要撃策の件で、私は獄に投じられることとなった」と述べる。そして、次のように思いを記している。

（供述書には）私が苦心してきた米国使節との交渉のあり方、また、航海雄略、積極的に我が国から西欧諸国へ進出するべきであるという論などは、何一つとして記していない。ただ、数カ所の開港ということを都合よく記し、国力が充実した後、外国を打ち払うのがよいなどと、私の心にもない愚かで意味のない論を書いて、供述書としている。私はいっても益がないことを知っていた。それで、あえて口にしなかった。しかし、大変不満である。かつて、安政元年、「航海一条」、下田事件の時の供述書に比べると雲泥《うんでい》の差がある。（中略）私はどうして死を惜しむであろうか。惜しみはしない。しかし、石谷因幡守《いしがやいなばのかみ》・池田播磨守《いけだはりまのかみ》のごまかしに、負けて従う訳にはいかない。（中略）今日、私はよこしまな権力のせいで死ぬのである。天地の神々がご覧になっている。何を惜しむことがあろうか。ありはしない。（中略）

六月の末、江戸へ到着し、外国人らの状況を見聞した。そして、七月九日、伝馬町獄に収監された。その頃、天下の様子を見て、我が国にはまだ私が行わなければならないことがあると考え、初めて、生き抜きたい、なすべきことを行いたい、という気力が盛んにおこった。私がもしも死なないのであれば、この思いは決して埋もれることはないであろう。しかしながら、十六日の供述書に見られたように、三奉行のたくらみは、あくまでも私を殺すつもりであることを知り、今更に生を願う気持ちはない。これは日頃行ってきた学問で得た力によるものである。

そして、ここで松陰は文脈を変え、玖村敏雄氏が、「松陰の安心立命《あんじんりゅうめい》するところ」と評して来た、大自然の四時《しじ》の循環について、次のように続ける。

一、今日、私が死をきっと覚悟しながらも、心が平穏であるのは、春夏秋冬という、季節の巡りに学び得たからである。確かに、穀物を見れば、春に種をまき、夏に苗を植え、秋に刈り取り、冬にそれを貯蔵する。秋冬になれば、人々は皆一年の農作物の収穫を喜び、酒や甘酒をつくり、村々には喜びの声が満ちあふれる。いまだかつて、秋にものが成熟することを悲しむ者があったということを聞いたことはない。

私は三十歳で人生を終えようとしている。未だ一つとして物事をなし遂げることがない。このまま死ぬのは、穀物が未だ穂を出さず、実もつけないことに似ているので、惜しむべきかもしれない。しかしながら、私の人生からすれば、これもまた稲の穂が長く伸びて、実る時である。どうして、悲しむことがあろうか。ありはしない。なぜなら、人の寿命には定まった年数というものはない。穀物が必ず四時を経て、成長するようなものではないのである。十歳で死ぬ者は、その十年の間におのずと四時がある。二十歳で死ぬ者は、その二十年の間に、おのずと四時がある。三十歳で死ぬ者は、その三十年の間におのずと四時がある。五十、百歳で死ぬ者は、おのずと五十年、百年の間に四時がある。十歳をもって短すぎるというのは、蜩《ひぐらし》をして、長生する霊木《れいぼく》のようにしようと願うことである。百歳をもって長すぎるというのは、長生する霊木をして、蜩にしようと願うことである。いずれも、天寿《てんじゅ》を全うすることではない。

　私は三十歳、人生の四時はすでに備わって来たし、また、花も咲かせ、実もつけている。それが単なる籾殻《もみがら》であるか、成熟した籾《もみ》であるのかは、私の知るところではない。もしも、同志諸君の中に、私のまごころを憐れと思い、志を受け継いでやろうという人がいれば、とりもなおさず、将来、実を結ぶであろう種は絶えないこととなる。そして、そうであれば、私は穀物のよく実った豊年に恥じることはないのである。同志諸君、このことをしっかりと考えて欲しい。

　そして、松陰は、同囚で水戸藩士であった鮎沢《あゆざわ》伊《い》太夫《だゆう》からの、「今、あなたにどのような判決が下るかは予測できない。私の判決は遠島《えんとう》であり、島へ送られれば、天下のことは全て天命にまかせるより他はないと思っている。しかし、天下の益になることは同志に託し、後輩に残しておきたい」との伝言を記し、「この言葉は大いに我が意を得た。私が祈念をこめて願うのは、同志の人々が強い意志をもって私の志を受け継ぎ、尊皇攘夷という偉勲《いくん》を立ててくれることである」と述べている。更に、「今日のことに関しては、同志諸君、戦に敗れた後でも、傷ついた同志に会い、状況を尋ねて今後の参考にせよ。一度敗れたからといって、挫折してしまうのは、どうして、真の勇士が行うことであろうか。そうではなかろう。どうか頼む。頼むぞ」と記していた。

松陰が、「石谷因幡守・池田播磨守のごまかしに、負けて従う訳にはいかないのである」と記し、「天下の様子を見て、我が国にはまだ私が行わなければならないことがあると考え、初めて、生き抜きたい、なすべきことを行いたい、という気力が盛んにおこった」と明言していることは重要である。これより、彼が死を決して納得していないこと、また、天下・国家のため、死ぬわけにはいかない、との強烈な自負を抱いていたことが分かる。とすれば、「留魂録」の中に、「今日、私が死をきっと覚悟しながらも、心が平穏であるのは、春夏秋冬という、季節の巡りに学び得たからである」以下、死を円悟したかのような言辞をくだくだと連ねた意味が理解できる。これが玖村敏雄氏のいうごとく、「松陰の安心立命」ゆえの言辞とどうしてとれようか。そうではない。これこそ、国家・社会のため、死を納得していない松陰が、将に自分自身に向けたものだったのである。

安政六年十月二十七日朝、松陰は「死罪」の申し渡しを受け、「四ツ時（午前十時のこと）又は九ツ時（正午のこと）頃（中略）伝馬町」の露と消える。

あとがき

私を吉田松陰先生の世界へ誘《いざな》ってくださったのは、恩師上田孝治先生（当時、山口県教育庁指導課長、東京帝国大学文学部国史学科卒）であった。先生は今も私にとって、将に松陰先生そのものである。

また、研究対象という視点で「松陰」を見る世界を教えてくださったのは、恩師井上久雄先生（当時、広島大学教育学部長、文学博士）である。先生は、「研究者の命は研究である。焦ることはない。君が死ぬまでに、松陰を本当に知っているプロが唸る論文を一本書ければいい」と、常々諭してくださった。これは今も私の信条である。

さて、そのような私が信条を一時脇に置き、敢えて菲才をも顧みず「松陰先生の伝記を書こう」と心に誓った。それは四年前、次の出来事がきっかけである。

平成十八年七月、私は大分県玖珠《くす》町立日出生《ひじゅう》中学校に、畏友白石恭子先生（当時、同校教諭）とその生徒たちを訪ねた。話はその三月、白石先生の来学に遡る。先生は鞄から私の『吉田松陰先生名辞』を数冊取り出され、「これは、毎朝一緒に拝読している、本校の生徒たちの本です。今日、これをまとめられた先生に会う、といって玖珠を出て来ました。何か一言ずつ書いてやってくださいませんか」とおっしゃった。見ると本には、それぞれかなり読み込んだあとがあった。後日、生徒たちから届いた礼状に、私は「いつか君たちに会いに行きます」と返事を書いた。玖珠行きは、その約束を果たす旅であった。

学校に到着し、何かお話をとのことで教室へ行くと、全校五名の生徒が緊張した面持ちで私を見つめている。約一時間の話を終え、生徒たちに導かれて隣の教室に入ると、黒板に大きく、「川口雅昭先生、ようこそおいでくださいました」の文字があった。そして、生徒たちは、「私たちが毎日素読している松陰先生の名辞の中から、みんなで決めた一文を素読します」といい、先生の名辞を斉読してくれた。

ふるさと長州から離れた大分の地で耳にした松陰先生の名辞。途中から、生徒たちの姿がゆがみ、やがて見えなくなった。あの時の感動は、今も強く心に残っている。そしてその時、白石先生はぽつりと、「この子たちは大分の子で、実は、松陰先生という方をよく知らないんです」とおっしゃった。これが、私が松陰先生の生涯を綴ることを決心した理由である。

志を立てて以来、毎日が「戦場」だった。日々、いかに松陰先生を知らないかを自覚させられ、また、自分がいかに馬鹿であるかということを思い知らされた。途中、何度やめようと思ったことか。そんな時、いつも写真の生徒たちの笑顔が私を奮い立たせてくれた。あの子たちに松陰先生を伝えたい。その思いだけであった。その意味で、本書は伝記と呼べるほどのものではない。むしろ、『私の松陰先生』ともいうべきものである。ただし、本書にフィクションは一切ない。すべて学会報告した拙稿および史料を元に書き下ろした。これが唯一自慢できることである。

なお、本書は、拙編著『吉田松陰一日一言』（致知出版社刊）と併せてご覧いただければさらに理解が深まると信じている。

最後に、このような拙い原稿に目を留め、刊行をお誘いいただいた致知出版社の藤尾秀昭社長、また、直接担当してくださった高井真人氏、その他、多くの御指導、御協力をいただいた方々に、衷心よりお礼申し上げる。その中でも特に、学校法人大分高等学校の廣瀬茂教諭およびその教え子で、現同中学校三年生の矢野由起さん、薬師寺亜耶さん、廣瀬杏奈さんには感謝してもしきれない。この三名の生徒諸君は、当初から、毎日のようにメールで廣瀬先生へ送る拙稿を読み、問題点・疑問点などを折々に指摘してくれた。

また、史料や内容などに関し、色々な協力・指導をしてくれた山口県立宇部高等学校時代の教え子で、現山口県教育庁教育政策課の杉原宏之君（現在、文部科学省に出向中）、現海上自衛隊二佐の北川敬三君（一九九三年、米国海軍兵学校卒）、山口県立山口高等学校時代の教え子であり、又、学生時代の研究室の後輩でもある、現東海学園大学講師の烏田直哉君には御礼の言葉もない。特に烏田君は、毎土日、私に合わせて自分の研究室に詰め、将に「同走」してくれた。それどころか、彼は校正最終日まで付き合ってくれた。

更に、最終段階で校正を手伝ってくださった福岡の同志、生田千博（県立特別支援学校）、井上英一郎（県立城南高校）、山内省二（同嘉穂高校）、齊藤啓亮（同嘉穂東高校）の各先生方にも感謝申し上げる。

さて、上田、井上両先生は、本書をどう思われるのであろうか。お二人とも、刊行だけはきっとお許しくださると信じている。とりわけ、井上先生は、あの笑顔と共に、「ええ勉強になったろう」と、おっしゃってくださるような気がする。いつの日か、「ようやった」とお褒めいただける論考がまとめられるよう、精進を誓って、擱筆する。

平成二十二年八月四日、松陰先生御生誕百八十周年の日に

人間環境大学
川口雅昭

平成十八年七月十九日、日出生中学校にて。中央が著者

著者略歴

川口 雅昭（かわぐち・まさあき）

昭和28年山口県生まれ。同53年広島大学大学院教育学研究科博士課程前期修了。山口県立宇部《うべ》・美祢《みね》・山口高校教諭、山口県史編さん室専門研究員などを経て、平成10年岡崎学園国際短期大学教授。同12年より人間環境大学教授、現在に至る。吉田松陰研究は18歳の頃より携わる。著書に『吉田松陰一日一言——魂を鼓舞する感奮語録』、『吉田松陰名語録——人間を磨く百三十の名言』、『大教育者のことば』（いずれも致知出版社）などがある。

吉田松陰

平成二十二年八月四日第一刷発行
平成二十六年十月三十一日第三刷発行

著　者　川口　雅昭
発行者　藤尾　秀昭
発行所　致知出版社
〒150-0001東京都渋谷区神宮前四の二十四の九
TEL（〇三）三七九六—二一一一
印刷　㈱ディグ　製本　難波製本
落丁・乱丁はお取替え致します。（検印廃止）

ISBN978-4-88474-890-6 C0095
ホームページ　http://www.chichi.co.jp
Eメール　books@chichi.co.jp